金融研究文库

本书为河南省哲学社会科学规划项目成果

金融排斥对小微企业创新的影响研究

《《《《《《 张号栋◎著 》》》》》》

THE IMPACT OF FINANCIAL EXCLUSION ON SMALL AND MICRO ENTERPRISE INNOVATION

中国经济出版社
CHINA ECONOMIC PUBLISHING HOUSE
·北 京·

图书在版编目（CIP）数据

金融排斥对小微企业创新的影响研究 / 张号栋著 . 北京 ：中国经济出版社，2024. 10. -- ISBN 978-7-5136-7905-3

Ⅰ. F279. 243

中国国家版本馆 CIP 数据核字第 2024KM6521 号

策划编辑　姜　静
责任编辑　王西琨
责任印制　马小宾
封面设计　任燕飞设计工作室

出版发行　中国经济出版社
印 刷 者　北京富泰印刷有限责任公司
经 销 者　各地新华书店
开　　本　710mm×1000mm　1/16
印　　张　17. 25
字　　数　319 千字
版　　次　2024 年 10 月第 1 版
印　　次　2024 年 10 月第 1 次
定　　价　88. 00 元
广告经营许可证　京西工商广字第 8179 号

中国经济出版社　**网址** http://epc. sinopec. com/epc/　**社址** 北京市东城区安定门外大街 58 号　**邮编** 100011
本版图书如存在印装质量问题，请与本社销售中心联系调换（联系电话：010-57512564）

前言

Preface

小微企业现代化是中国式现代化得以实现的重要路径。小微企业创新不仅关乎小微企业现代化和高质量发展，而且关乎中国式现代化和中国经济的高质量发展。然而，由2015年中国小微企业调查数据、2011—2021年中国家庭金融调查数据和世界银行2010—2021年不同年度与不同国家或地区的小微企业调查数据可知，小微企业金融排斥问题的顽固性、长期性和反复性严重制约小微企业创新与高质量发展。在此背景下，本书将从以下篇章进行设计。

第1篇是概论篇，包括第1章绪论、第2章小微企业金融排斥与创新概述、第3章中国小微企业金融排斥和创新的历史演进与现状分析、第4章金融排斥影响小微企业创新的理论分析和数理模型构建。

第2篇是验证篇，包括第5章金融排斥影响小微企业创新的实证分析、第6章金融排斥影响小微企业创新的微观机制分析、第7章金融排斥影响小微企业创新的异质性分析、第8章结论与对策建议。

第3篇是路径篇，包括第9章克服数字金融排斥，助力小微企业技术创新；第10章普及金融知识，降低金融排斥，促进小微企业创新；第11章做好预算规划，缓解金融排斥，促进小微企业创新；第12章激发家庭创业精神，减缓小微企业信贷排斥，以创业带动小微企业创新。

第4篇是走向现代化篇，包括第13章创新促使小微企业走向现代化概述和理论逻辑、第14章创新促使小微企业走向现代化的机制分析。

鉴于上述结构，本书在第1篇及第2篇中主要概述与论证金融排斥对小微企业的影响和微观机制，得出结论，并以此提出对策建议。具体而言，从需求端来说，本书提出的对策建议包括：小微企业主动融入现代主流金融体系，实现小微企业创新内外良性循环；小微企业完善现代化公司治理体系，改善小微企业创新的排斥条件；小微企业注重自身诚信系统建设，避免小微企业创新资金获得的信用缺失；小微企业强化金融知识学习和金融技能使用，解决小微企业创新的自我排斥问题。从供给端来说，本书提出的对策建议包括：健全小微企业普惠性信贷制度体系，促进小微企业创新的信息机制建设；提高小微企业的股权市场活跃度，发挥股权市场小微企业创新筛选机制；促使小微企业主流金融的数字化支付体系建设，全面降低小微企业创新交易成本；深化小微企业融资担保体系建设，形成小微企业创新风险分担的体制机制。这些举措能够有效解决小微企业的金融排斥问题，促使小微企业实现金融普惠，通过现金管理支持、融资约束缓解、交易成本降低的微观机制促进小微企业创新。

针对第 1 篇和第 2 篇验证的金融排斥对小微企业创新的抑制作用，本书在第 3 篇中以以金融排斥为传导的微观机制，探寻数字金融、金融知识、预算规划和家庭创业精神分别通过克服金融排斥促进小微企业创新的四个路径，并进行验证。

在前 3 篇经验分析的基础上，第 4 篇进一步讨论创新促使小微企业走向现代化概述、理论逻辑、机制分析以及前景和展望等内容。整体上，本书发现，推广数字金融、普及金融知识、鼓励预算规划、激发家庭创业精神，克服小微企业金融排斥，在做好现金管理机制、缓解融资约束机制和降低交易成本机制的作用下激励小微企业持续进行创新活动，然后通过市场机制、产权机制、报表机制、理性机制和治理机制促使小微企业走向现代化，助力中国式现代化完成。

本书探寻的克服金融排斥、实现金融普惠、激励小微企业创新、助力小微企业走向现代化的基本主旨是解决小微企业货币资金的获得和配置问题。小微企业货币资金的使用效率问题也特别重要，这是小微企业克服金融排斥后要重点关注的问题，即小微企业金融普惠的高质量发展问题，这对小微企业创新和走向现代化来说特别关键，也成为我们后续深入研究的重点方向。

本书主要使用 2015 年中国小微企业调查数据，对此解释说明如下。

面对数量众多的小微企业，本书利用采取科学抽样调查方法获取的全面的、权威的小微企业数据对小微企业金融排斥和小微企业创新问题直接进行研究。同时，基于小微企业调查数据，本书使用微观计量方法对小微企业金融排斥和小微企业创新问题进行学术研究又具有科学性与适配性。西南财经大学中国家庭金融调查与研究中心2015年中国小微企业调查数据作为全国性抽样调查数据，对于数量众多的中国小微企业而言又具有代表性，有利于中国小微企业金融排斥和创新方面的国情研究，以解决中国小微企业面临的金融排斥问题。为了更全面地考察中国小微企业金融排斥和创新问题，本书还结合2011年、2013年、2015年、2017年、2019年、2021年中国家庭金融数据和世界银行2010—2021年不同年度与不同国家或地区的小微企业调查数据，利用统计方法对中国小微企业金融排斥和创新问题进行演进性分析与现状描述，从而说明目前本书研究问题的时效性。通过对这些年度数据的比较，笔者还发现小微企业金融排斥问题的顽固性、长期性和反复性，从而也更为放心地选取2015年中国小微企业调查数据努力进行金融排斥问题的规律性探寻。

在西南财经大学中国家庭金融调查与研究中心采取科学调查方法形成的2015年小微企业调查数据库中，有小微企业特征数据、金融排斥数据、小微企业创新数据以及机制变量数据。正是基于此，本书直接提取金融排斥、信贷排斥、股权排斥、支付排斥、小微企业创新、小微企业技术创新、小微企业非技术创新、现金管理、融资约束、交易成本、数字金融排斥、金融知识、预算规划、相应的工具变量等关键变量，这些变量在目前获得的全国小微企业调查数据方面具有不可替代性。鉴于此，本书主要使用2015年中国小微企业调查数据进行实证研究，以便更全面地透视小微企业创新运行的微观基础，从而对金融排斥进行较为全面、系统性的经验验证，也为克服金融排斥方面的应用提供借鉴。

本书普遍采取工具变量方法，力求得出金融排斥影响小微企业创新的规律性和微观机制的一般性、数字金融排斥影响小微企业创新的规律性和交易成本机制的一般性、金融知识影响小微企业创新的规律性和金融排斥机制的一般性、预算规划影响小微企业创新的规律性，以及金融排斥机制的一般性结论，这些基于权威调查数据得出的研究结论对当下促进小微企业创新、激励小微企业走向现代化仍然具有鲜明的现实意义和时代价值，指明了小微企业走向现代化的未来方向，这也是基于完备的2015年中国小微企业调查数据所力求得到的规律性而提出来的。

为了论证金融排斥对小微企业创新的一般性结论，本书还采取一般均衡分析方法对研究问题进行数理模型分析，并使用难得的、宝贵的、完备的2015年中国小微企业权威调查数据对该数理模型提出的假说进行经验验证。

本书的特色是采用微观计量方法、工具变量方法，基于2015年全国性微观数据进行金融排斥和小微企业创新方面的研究，力求得出规律性和一般性的结论。虽然现实中很难找到十分完美的工具变量，但是我们仍力求在内生性检验和弱工具变量检验的相应标准下，努力进行因果关系的论证。所以，本书基于权威的、完备的2015年中国小微企业调查数据得出的规律性和一般性结论，对当下克服小微企业金融排斥、实现小微企业金融普惠、激励小微企业创新、助力小微企业走向现代化具有很好的现实意义与应用价值。

本书的完成是集体智慧的结晶，得益于河南省哲学社会科学规划项目成员焦继军教授、赵紫剑教授、许良副教授、段聪颖副教授、马政云讲师以及“国际金融管理”课程教学范式改革与实践研究项目成员贾松波讲师、徐元铖讲师、王有光副教授和喻军副教授的共同努力。

十分感谢河南财经政法大学博士启动资金的资助、2021年河南省哲学社会科学规划年度项目“金融排斥影响小微企业创新的微观机制研究（批准号：2021BJJ009）”的资助、2020年河南财经政法大学本科教学工程专题项目“《国际金融管理》课程教学范式改革与实践研究”的资助以及西南财经大学中国家庭金融调查与研究中心和世界银行的数据支持。

十分感谢中国经济出版社为本书出版做出的重要贡献，特别要感谢姜静和王西琨两位老师为本书出版的辛勤付出，她们的严谨性和专业性为本书增色不少。

由于笔者知识的局限性，加上时间仓促，书中难免存在缺陷和不当之处，敬请读者批评指正。

张号栋
2024 年 4 月 23 日

目录

Contents

第1篇　概论篇

第2篇 验证篇

第 3 篇 路径篇

第 4 篇　走向现代化篇

第1篇

概论篇

第 1 篇首先介绍本书的研究背景、研究意义、研究思路、创新之处和不足之处，对相关文献进行综述；其次对小微企业金融排斥与创新进行概念界定和效应分析；再次分析中国小微企业金融排斥和创新的历史演进与现状；最后基于投资组合理论、信贷配给理论和委托—代理理论提出相应假说，构建金融排斥影响小微企业创新的数理模型和微观机制分析，为后面篇章的展开奠定基础。

1 绪论

1.1 研究背景

党的二十大报告将经济的高质量发展作为中国式现代化的本质要求之一。小微企业是社会主义市场经济中非常重要的参与主体，小微企业现代化成为中国式现代化得以实现的重要路径。小微企业创新不仅关乎小微企业的高质量发展和现代化，而且关乎中国经济的高质量发展和中国式现代化的完成。小微企业作为提升创新力的经营主体，如何从模仿套利转向创新引领、从被动创新转变为主动创新（国家行政学院经济学教研部，2018），提升金融服务实体经济高质量发展，已经成为新时代的新课题。"提升普惠金融的覆盖面、可获得性和可持续性"①，实现金融普惠（尹志超，2017；尹志超等，2017），对于小微企业创新而言尤为关键。

国家统计局（2023）统计发现，2018—2022 年，我国研究与试验发展（Research and Development，R&D）经费支出分别是 19678 亿元、22144 亿元、24393 亿元、27956 亿元和 30870 亿元，同比分别增长 11.8%、12.5%、10.2%、14.6%和 10.4%；2022 年末，有效专利数为 1787.9 万件，同比增长 15.9%，说明我国经济保持较好的创新势头。中华全国工商业联合会（2020）指出，"当前，以民营企业和个体工商户为代表的民营经济市场主体超过 1.26 亿户，占市场主体总量的 95%以上"。同时，中华全国工商业联合会指出，"今年前三季度，全国民营经济销售收入同比增长 3.7%，高于全部企业销售收入增速 1.9 个百分点"。"截至 2020 年底，小微企业经营主体 3228 万户，规模以上工业企业中，有研发活动小微企业占全部有研发活动企业的 81.1%，

---

① 国家发展和改革委员会，何立峰，胡祖才.《中华人民共和国国民经济和社会发展第十四个五年规划和 2035 年远景目标纲要》辅导读本［M］. 北京：人民出版社，2021：298-299.

较2015年研发经费增长102.5%，有效发明专利数增长233.2%。”[①] 小微企业创新对国民经济的重要作用凸显。随着小微企业经营环境的日益网络化、平台化、信息化，小微企业创新显得越来越急迫。

尽管中国小微企业2015年以来的研发费用和专利数有较高水平的增长（张号栋等，2023），但根据西南财经大学中国家庭金融调查与研究中心具有权威性（甘犁等，2013）的2015年中国小微企业调查（China Micro and Small Enterprise Survey，CMES）数据和2011年、2013年、2015年、2017年、2019年、2021年中国家庭金融调查（China Household Finance Survey，CHFS）数据（经营性家庭数据）（甘犁等，2015）[②]，以及世界银行2010—2021年小微企业调查数据，发现中国乃至世界不同国家或地区的小微企业仍然面临着不同程度的金融排斥（Financial Exclusion）、信贷排斥、股权排斥和支付排斥问题，致使小微企业创新受到不同程度的抑制。因此，研究金融排斥对中国小微企业创新的影响及其微观机制、探讨制约小微企业创新的深层次原因、寻求克服金融排斥并激励小微企业创新的路径、探究创新促使小微企业走向现代化的机制等具有重要的现实意义。

1.2 研究意义

在学术价值上，探究金融排斥影响小微企业创新的微观机制的规律性，探寻小微企业创新的金融排斥克服机制的路径选择，探索创新促使小微企业走向现代化的理论逻辑和作用机理具有一定的学术价值。

在应用价值上，结合中国乃至世界不同国家或地区小微企业金融排斥的实际情况，分析金融排斥影响小微企业创新的条件和途径，揭示在什么具体措施下，克服金融排斥水平才能提升小微企业创新水平，继而提出一系列举措以克服金融排斥促进小微企业创新，促使小微企业走向现代化，以此助力中国式现代化的顺利实现具有鲜明的时代意义和应用价值。

---

① 张号栋，王潇然，焦继军．金融排斥、流动性与小微企业技术创新决策［J］．征信，2023（5）：65．其中数据来源于《关于印发“十四五”促进中小企业发展规划的通知》附件。

② 数据来源于西南财经大学中国家庭金融调查与研究中心组织管理的“中国小微企业调查”（CMES）项目和“中国家庭金融调查”（CHFS）项目。

1.3 研究思路

本书的研究思路如图 1-1 所示。首先，从小微企业金融排斥与创新概述入手，对小微企业金融排斥和创新进行界定与效应分析；其次，分析中国小微企业金融排斥和创新的历史演进与现状；再次，对金融排斥影响小微企业创新的理论分析和数理模型构建进行分析；最后，对金融排斥影响小微企业创新的现金管理机制、融资约束机制和交易成本机制进行实证分析，得出研究结论和对策建议。以此为基础，本书对促进小微企业创新的金融排斥克服机制的数字金融、金融知识、预算规划和家庭创业精神路径进行选择，并得出相应的措施建议体系。本书经过前面的分析、论证和选择，对小微企业现代化进行界定，对创新促使小微企业走向现代化的金融排斥机制搭建理论逻辑模型，并对创新促使小微企业走向现代化的市场机制、产权机制、报表机制、理性机制和治理机制进行探讨。本书最后对克服金融排斥、推进金融普惠、激励小微企业创新和助力小微企业走向现代化的美好前景进行展望。

基于上述思路，本书主要包括概论篇、验证篇、路径篇和走向现代化篇 4 篇内容，具体安排如下。第 1 篇包括绪论、小微企业金融排斥与创新概述、中国小微企业金融排斥和创新的历史演进与现状分析、金融排斥影响小微企业创新的理论分析和数理模型构建。第 2 篇包括金融排斥影响小微企业创新的实证分析、金融排斥影响小微企业创新的微观机制分析、金融排斥影响小微企业创新的异质性分析和结论与对策建议。第 3 篇包括克服数字金融排斥，助力小微企业技术创新；普及金融知识，降低金融排斥，促进小微企业创新；做好预算规划，缓解金融排斥，鼓励小微企业创新；激发家庭创业精神，减缓小微企业信贷排斥，以创业带动小微企业创新。第 4 篇包括创新促使小微企业走向现代化概述和理论逻辑、创新促使小微企业走向现代化的机制分析。

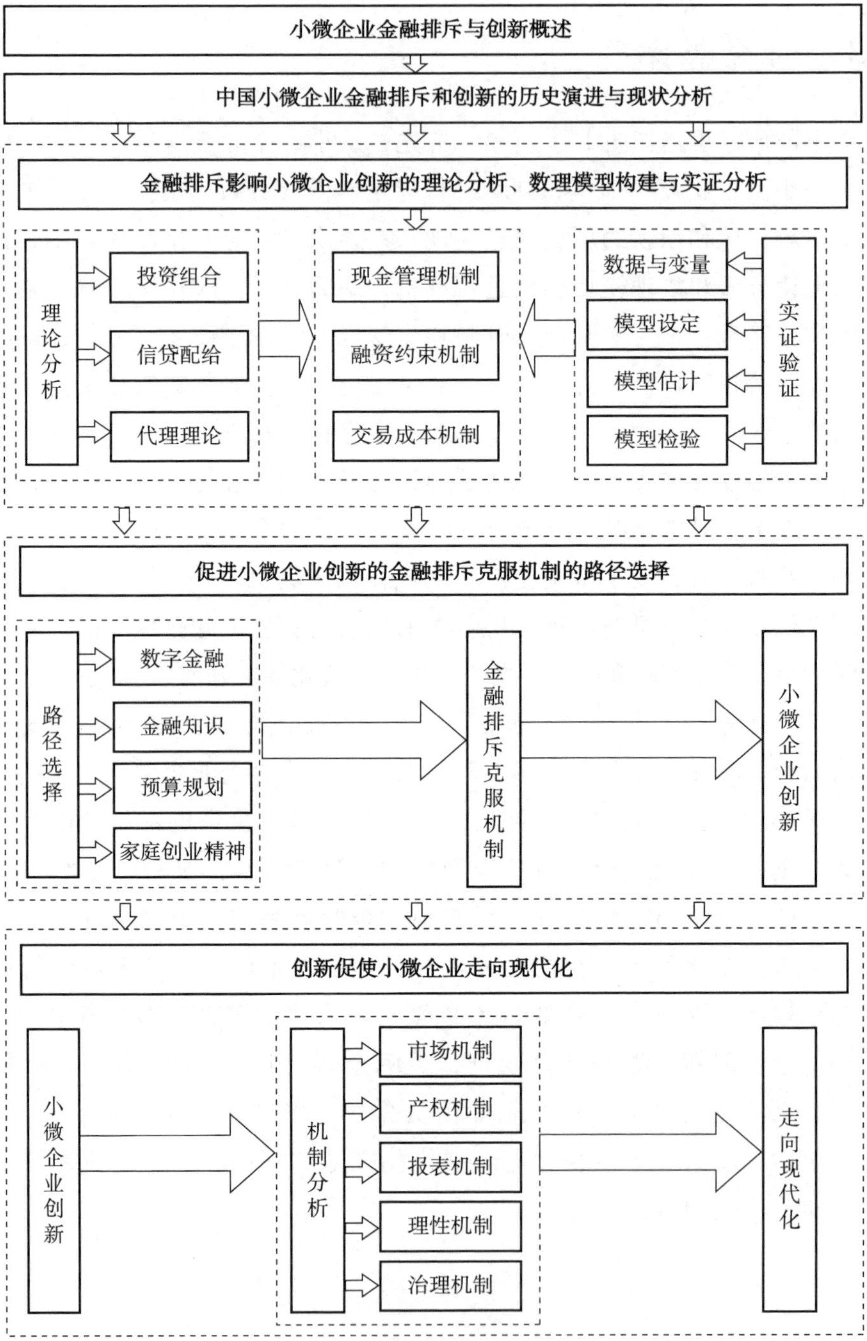
小微企业金融排斥与创新概述
中国小微企业金融排斥和创新的历史演进与现状分析
金融排斥影响小微企业创新的理论分析、数理模型构建与实证分析
理论分析
投资组合
信贷配给
代理理论
现金管理机制
融资约束机制
交易成本机制
数据与变量
模型设定
模型估计
模型检验
实证验证
促进小微企业创新的金融排斥克服机制的路径选择
路径选择
数字金融
金融知识
预算规划
家庭创业精神
金融排斥克服机制
小微企业创新
创新促使小微企业走向现代化
小微企业创新
机制分析
市场机制
产权机制
报表机制
理性机制
治理机制
走向现代化

图 1-1　本书的研究思路

1.4 创新之处

（1）本书选取的金融排斥、小微企业创新变量和微观机制变量具有独创性与一般性。本书基于中国小微企业微观调查数据，根据信贷排斥、股权排斥和支付排斥提取的金融排斥指标，从金融功能视角全面刻画小微企业金融排斥程度，具有一般性和独创性。本书根据小微企业技术创新和非技术创新提取的小微企业创新指标，能够全面衡量小微企业的创新水平，具有一般性和独创性。本书基于中国小微企业微观调查数据，选择流动资产占比、民间借款资产占比和非制度性交易成本占比作为现金管理机制、融资约束机制与交易成本机制的微观机制代理变量，通过统计分析方法和分样本、交互项的实证分析方法验证金融排斥影响小微企业创新的微观机制，同时，本书以金融排斥为微观机制变量探求促进小微企业创新的路径。本书在进行经验验证时选择的微观机制变量具有独创性和一般性。

（2）本书的研究结论具有一定的规律性。本书采用微观计量方法验证得知金融排斥、信贷排斥、股权排斥和支付排斥能够抑制小微企业创新，进一步分析发现金融排斥通过降低流动性、加重融资约束、增加交易成本抑制小微企业创新，进而努力探究金融排斥影响小微企业创新的规律性和微观机制，同时努力探究数字金融、金融知识、预算规划和家庭创业精神以克服金融排斥促进小微企业创新的规律性与微观机制，力求得出具有一般意义的研究结论。

（3）本书的研究结论具有一定的实践性。本书基于金融排斥对小微企业创新的影响及微观机制研究得出的结论，从需求端和供给端提出具有可操作性的对策建议，同时本书基于小微企业创新的金融排斥克服机制的数字金融、金融知识、预算规划和家庭创业精神路径所得出结论提出的推广数字金融、普及金融知识、做好预算规划以及激发家庭创业精神等一系列举措，对于鼓励小微企业创新、促使小微企业走向现代化、助力中国式现代化的实现具有一定的实践性。

（4）本书选择的权威数据具有可比性和一致性。本书综合运用权威的中国小微企业调查数据、中国家庭金融调查数据、世界银行小微企业调查数据、《中国金融年鉴》数据、中国银行保险监督管理委员会（现为国家金融监督管理总局）金融许可证信息数据以及《中国经济普查年鉴 2018》小微企业标准对金融排斥、信贷排斥、股权排斥、支付排斥、小微企业创新、小微企业技术创新、小微企业非技术创新、数字金融、金融知识、预算规划、家庭创业精神等变量进行界定、比较和综合分析，具有可比性和一致性。

（5）本书采取一般均衡方法进行数理模型分析。本书采取最优化方法的同时在产品或服务市场、实物资本市场、人力资本市场构造小微企业创新价值模型，分别从实物资本视角和人力资本视角分析金融排斥对小微企业创新的影响与微观机制，发现金融排斥通过影响小微企业的边际产出函数影响小微企业创新，得出一般性的研究结论。

（6）本书选题的落脚点具有新颖性和时代性。实现现代化一直是我们孜孜以求的目标，当下走向现代化业已成为时代主题。小微企业能否成功走向现代化关乎国强民富，关乎中国式现代化的完成。基于中国小微企业调查数据进行国情研究的小微企业创新作为助力中国式现代化实现的根本动力，探寻创新促使小微企业现代化的理论逻辑和机制作为本书的落脚点是新颖的，具有鲜明的时代价值。

1.5 不足之处

（1）内生性问题方面。根据外生性和相关性原则，本书选择工具变量时虽然经过多次筛选，但是在现实中很难找到非常完美的工具变量，本书参考既定文献，力求在内生性检验和弱工具变量检验的标准下不断进行探索，努力进行因果关系的论证。

（2）数据的选择方面。本书主要选择 2015 年中国小微企业调查数据进行实证分析，年代较为久远，笔者也是努力查找最新数据弥补这一遗憾。但是，考虑到论证方面需要的诸多变量提取，本书才精心选择 2015 年中国小微企业调查数据进行实证分析，并力求得出规律性和一般性的结论以解决当下促使小微企业金融普惠、促进小微企业创新与走向现代化时小微企业面临的金融排斥问题。

（3）微观机制验证方面。在实证研究中，机制验证是一个重点和难点问题。本书在进行金融排斥影响小微企业创新的微观机制及数字金融、金融知识、预算规划以及家庭创业精神影响小微企业创新的机制验证方面也是查询大量文献中的微观机制验证方法，并结合相应的金融理论和基本常识小心翼翼地进行微观机制验证与分析，力求寻求金融排斥、数字金融、金融知识、预算规划以及家庭创业精神影响小微企业创新背后的微观机制。

1.6 文献综述

本书首先从金融排斥、小微企业创新、现金管理、融资约束和交易成本方面进行文献梳理与文献述评，后续在路径篇分别从数字金融、金融知识等方面进行文献梳理。

1.6.1 小微企业金融排斥文献梳理

（1）金融排斥研究的历史演进。最早的金融排斥研究是从金融地理视角展开的，当金融基础设施从某些社会群体或某些地区撤出时就会造成金融系统的业务关闭或排斥（Leyshon and Thrift，1993，1995）。随后，有关金融排斥的研究逐步深入，将金融排斥分为自我排斥（Self-Exclusion）、价格排斥（Price-Exclusion）、条件排斥（Condition-Exclusion）、营销排斥（Market-Exclusion）、准入排斥（Access-Exclusion）和地理排斥（Geographical-Exclusion）等（Leyshon and Thrift，1995；Kempson and Whyley，1999；Panigyrakis et al.，2002；许圣道、田霖，2008；彭宝玉、李小建，2009；刘长庚、罗午阳，2019；周叔媛、李建军，2021）。从金融排斥定义来看，王志军（2007）将金融排斥定义为经济主体由于多种原因而难以进入主流金融体系获得必要的金融服务。许圣道和田霖（2008）指出，金融排斥是社会排斥的一个子集，是一个动态复合概念。Gloukoviezoff（2011）进一步从金融功能方面展开研究，将金融排斥延伸到储蓄、信贷、投资、支付等金融领域，从经济主体“获得困难”（Access Difficulties）或“使用困难”（Use Difficulties）两个维度进行界定，当弱势社会群体（如家庭和小微企业等）在储蓄账户、支付账户、信贷账户、保险账户等方面存在困难时（李涛等，2010；张号栋、尹志超，2016；张号栋等，2023）则遭受金融排斥。根据小微企业无法获得或使用金融产品或服务，张号栋等（2023）将金融排斥划分为信贷排斥、股权排斥和支付排斥。在小微企业面临的金融排斥问题中，缓解信贷排斥是重点和难点（何婧、岳靓，2021）。

（2）中小企业金融排斥研究的历史演进。中小企业，尤其是小微企业，作为弱势群体，经常面临金融排斥问题，所以金融排斥研究逐步拓展到小微企业领域。在我国，东部中小企业自我排斥程度较低，而中西部较高；金融供给方排斥占主导，地理排斥影响最大，技术条件排斥略大于金融需求方主动排斥（李建军、张丹俊，2015）。从小微企业金融排斥的影响因素来看，硬信息的缺乏和高软信息的获取成本是小微企业金融排斥的主要因素（曹廷贵等，2015），另外，高管金融素养也是影响中小企业排斥的重要因素，其影响机制是企业风险管理能力和现金流管理能力（李建军、周叔媛，2019）。从中小企业金融排斥的效应来看，金融排斥增加了中小企业内源融资与非银行融资的比重，金融地理排斥和技术排斥能够提高企业短期债务率，降低企业财务的稳健性（李建军、张丹俊，2016）。作为金融排斥的互斥概念，普惠金融每提高一个标准差，东部地区人均实际国内生产总值（GDP）增长率提高 5.1 个百分点（李建军等，2020）。张号栋等（2023）基于 CMES 数据发现，金融排斥、信贷排斥、股权排斥、支付排斥对小微企业技术创新均具有显著的负向影响。

1.6.2 小微企业创新文献梳理

（1）创新研究的历史演进。

从定义上看，熊彼特（2015）将创新定义为“生产函数的变动，而这种函数是不能分解为无限小的步骤的”，主要体现为“生产方法、商业方法、生产技术的改进，新市场的占领，新产品的投入等”。德鲁克（2022）将创新界定为企业家特有的工具，凭借创新，企业家将“变化”看作开创另一个企业或服务的机遇，其中，“变化”为新颖且与众不同的事物的产生提供了机会，尤其关注创新机遇的七大来源，即机构内部的“意料之外的事件”“不协调的事件”“基于程序需要的创新”“每个人都未曾注意到的产业结构或市场结构的变化”四个来源和机构或产业之外的“人口统计数据（人口变化）”“认知、意义及情绪上的变化”“新知识，包括科学和非科学的新知识”三个来源。菲尔普斯等（2021）指出，现代社会建造的“创新经济”核心是一个巨大的“想象世界”，即用来构思、创新、销售以及采用新事物的空间，其中，“有人在发明新的产品，有人在构思新的生产工艺，还有人可能在为已有的产品思考新的市场。每个人都在寻找新的方法、新的事物，去发明、去运用”。张维迎（2022）将创新定义为“通过创造新的产品、新的生产方式、新的资源，把生产可行性边界往外推”。从分类上看，创新包括自主创新（郭沛瑶、尹志超，2022）和引进创新。无论是什么样的熊彼特式创新，在高水平的国家，大部分是自主创新。自主创新被定义为国内的企业或消费者广泛采用的一项本国发明，引进创新则为本国企业采用的其他国家的创新。一战前主要发生在英国、美国、法国和德国，一战后主要发生在美国（菲尔普斯等，2021）。张维迎（2022）将创新分为颠覆式创新和改良式创新，前者是从0到1的创新，是熊彼特的创新；后者是对产品的质量、性能进行改进，或者降低生产成本。从创新的来源和影响来看，创新源于创新引致价值观（信任、采取主动的意愿、在工作中取得成就的愿望、教育孩子独立、接受竞争和经济自由的积极贡献）的驱动，现代主义指数与自主创新、引进创新都是正相关的，低的自主创新伴随低的幸福水平（菲尔普斯等，2021）。从创新的特征来看，“创新是企业家的职能。创新最根本的特点是，其过程充满了一系列的不确定性”，即“技术可行性的不确定性”“商业价值的不确定性”“相关技术的不确定性”“政治、文化和政策带来的不确定性”。“创新的一个基本特征就是高固定成本和低边际成本。”我国进入新常态以来，发展动力已从要素投入转向创新驱动（中共中央宣传部，2019）。

（2）企业创新研究的历史演进。

现有企业创新文献不仅涉及产权性质方面的国有企业（李春涛、宋敏，2010）和私营企业（孙早、肖利平，2016）、企业规模方面的大企业（孙早、肖利平，2016）和小企业（Himmelberg and Petersen，1994），还涉及公众企业方面的上市公司（鞠晓生，2013）和非上市公司。在这些文献中，李春涛和宋敏（2010）发现国有企业更具有创新性。对于私有产权的企业来说，内部融资和股权融资有利于企业创新，但是债权融资会抑制企业创新（孙早、肖利平，2016）。鞠晓生（2013）研究发现，内部资金是企业创新投资的主要融资渠道，中国企业创新投资支出的快速增加主要是企业内部资金的积累。Himmelberg 和 Petersen（1994）使用工具变量方法估计出内部融资对 R&D 的弹性是 0.67，进一步指出由于资本市场的不完全，内部融资流是小型高科技企业通过 R&D 快速获取技术的决定性因素，并认为大公司通常产生的现金流远远超过创新投资项目的需要，因此，融资约束对其创新活动不大可能产生任何影响。黄宇虹和黄霖（2019）认为，小微企业主金融知识水平体现其使用正规金融工具的能力，验证了金融知识能够显著提升小微企业创新意识和有效改善创新活力。由于数字金融具有广泛的普惠性（吴庆田、朱映晓，2021）和深度的共享性，杨君等（2021）发现数字金融普惠有利于小微企业技术创新。Yang 等（2022）基于 CMES 数据发现，政府支持会扩大工资差距，促进中小企业管理创新，而不是技术创新。

1.6.3 小微企业现金管理文献梳理

现金管理属于公司理财的范畴，“作为一整套以收益最大、风险与之相匹配为原则的财务安排”①。本质上，小微企业现金管理是经营主体如何利用金融机构和金融市场中的金融产品实现资金的跨期配置问题。“企业界通过发行对未来现金流的索取权（企业对另一个企业内可用于价值存储和转售的股权和债权的索取权）所创造的流动性”② 被定义为内部流动性，企业界外部所创造的流动性被定义为外部流动性，如国库券、银行信贷等。鉴于小微企业理财的规划性、变现性、营利性和跨期性，小微企业理财能够充分利用这些价值存储形式为小微企业创新提供流动性，以备小微企业创新的不时之需，避免面临流动性约束（Zeldes，1989；Jappelli et al.，1998；尹志超、张号栋，2018）。对于小微企业创新而言，外源融资由于更高的代理成本比内源融资更昂贵，内部资金比外部资金更有价值（Bernanke et al.，1996）。鞠晓生等（2013）认为，高的调整成本和不稳定的融资来源会制约企业的创新活动，并进一步指出，中国企业可以通过内部资金积累和营运资本管理持续进行创新活动。以小微企业主个人出资、小微企业自我积累为主要形式的内源融资的“造血”功能（郑霞，2015）能够为小微企业创新提供持续的资金支持。所以，当小微企业创新面临外部融资约束时，小微企业现金管理可以通过提高小微企业内部流动性加以弥补。

小微企业现金管理本质上是小微企业财富管理，不仅涉及小微企业自身的理财活动，还包括小微企业咨询私人银行家、投资经理或金融顾问等有关金融财富、总体投资组合、金融市场信息等方面的建议、计划和执行（Shahrokhi，2008）。小微企业现金管理作为多阶段金融规划（Financial Planning）（Maranas et al.，1997）问题，需要动态平衡的决策规则，建立多周期投资风险与预期收益的最佳权衡，将金融财富在每个时间段购买和出售以优化配置，即利用金融机构和金融市场将内部资金进行跨期配置。随着金融系统变得更加以市场为导向，小微企业使用金融产品、衍生品和其他类似技术进行金融

---

① 王桂堂，赵紫剑. 家庭金融理财［M］. 北京：中国金融出版社，2013：52.

② 梯若尔. 公司金融理论［M］. 王永钦，等译. 北京：中国人民大学出版社，2007：798.

财富积累与风险管理（Allen and Gale，1997）尤为重要。小微企业通过使用现金、活期存款、定期存款、国债、其他债券、股票、基金、期货和其他资产等金融理财方式（李军，2018）实现内部资金的保值增值，为小微企业创新进行内源融资提供持续的现金流支持。小微企业主金融知识水平越高、投资经验越丰富，就越能在金融市场上盈利（尹志超等，2014），提高小微企业的内部流动性（鞠晓生等，2013）。对于小微企业创新而言，财务前瞻性①（德鲁克，2022）尤为重要，张号栋等（2023）基于 CMES 数据发现，金融排斥及信贷排斥、股权排斥和支付排斥分类均通过降低流动性抑制小微企业技术创新。

另外，小微企业现金管理还受到风险因素的影响。Allen 和 Gale（1997）将风险分担分为横截面风险分担（Cross-Sectional Risk Sharing）与代际风险分担（Intergenerational Risk Sharing）。横截面风险分担属于标准的分散化观点，要求个人交换资产，这样每个投资者就能持有相对较少的任何风险，风险也被交易，更多风险厌恶的人们比更少风险厌恶的人们承担更少的风险。横截面风险分担是通过个人之间在特定时间点的风险交换实现的，因此需要发达的金融市场，如美国和英国。但是，这种风险管理策略无法消除宏观经济冲击，也就是说无法对冲掉不可分散风险（Allen and Santomero，2001）。代际风险分担关注的是不能在特定时点分散的风险进行跨期平滑（Intertemporal Smoothing）将不可分散风险对冲的一种策略。代际风险分担与资产积累能够实现资产收益的跨期平滑，是以金融中介为基础金融体系的风险管理手段，如日本和德国。Allen 和 Gale（1997）进一步指出，兼顾金融市场的横截面风险分担优势和金融中介的跨期风险平滑优势的策略存在障碍，并且金融市场的竞争会使跨期平滑变得更加糟糕。随着金融市场交易成本和信息不对称程度的下降，通过跨期平滑进行风险管理的数量必然减少，参与金融市场进行风险管理的数量必然增加（Allen and Santomero，2001）。小微企业进行现金管理，如果缺乏专业的理财知识和技术，风险管理意识淡薄，小微企业在现金管理中将面临较大风险而形成损失，当小微企业理财收益为非正时，小微企业金融财富缩水可能性提高，小微企业增持理财产品（Odean，1998）的概率增大，小微企业内部流动性下降，将抑制小微企业创新活动。

---

① 财务前瞻性主要是指小微企业创新要对现金流和未来资金需求有规划，如三年的现金流规划，即小微企业创新进行现金流分析、现金流预测和现金管理。

1.6.4 小微企业融资约束文献梳理

创新是小微企业运转的不竭动力。小微企业产品、技术、组织、文化、营销、服务等方面的创新活动需要资金的投入，小微企业创新需要外部信贷资金。然而，在信贷市场中，信息不对称造成小微企业创新的外源融资面临信贷配给（Credit Rationing）（Stiglitz and Weiss，1981）而出现融资困难，外部资金支持小微企业创新的“输血”功能受限。Stiglitz 和 Weiss（1981）在信贷配给模型中指出，“在贷款中，一些获得了贷款，另一些没有。被拒绝贷款的潜在借款人，即使他们表示愿意支付高于市场利率的利息，或者愿意提供高于贷款接受要求的抵押品，也无法获得贷款”，从而造成经济主体信贷可得性（周月书等，2019；周利等，2021；蔡宏宇、阳超，2021；蔡庆丰等，2020；李朝阳等，2021）无法得到满足。由于信贷市场逆向选择和道德风险的存在，以及小微企业创新产出的高不确定性（鞠晓生等，2013），小微企业创新项目的信贷往往是配给的，小微企业是否创新不仅取决于市场利率和创新的营利性，而且取决于小微企业创新资金的可获得性（萨克斯、拉雷恩，2004）。当内部流动性下降时，为了资助借款者固定的债务如利息或经常性开支成本，将需要更多的外部融资（Bernanke et al.，1996）。

随着企业规模增大，信贷可得性水平呈上升趋势（何韧等，2012）。然而，蔡庆丰等（2020）发现信贷资源可得性会抑制大型企业的研发投入。孙早和肖利平（2016）发现债权融资能够抑制 A 股上市企业创新。相对于大型企业，小微企业经常由于现金流（Himmelberg and Petersen，1994）而面临更多的信贷约束，这将造成小微企业创新缺乏必要的资金支持。不稳定的融资来源（鞠晓生等，2013）也是抑制小微企业技术创新的重要原因。杨君等（2021）发现，数字金融普惠通过缓解融资约束促进小微企业技术创新。

当小微企业创新面临融资约束时，小微企业会积极寻求民间借贷弥补主流外部资金的约束状况。钱弘道和范凯文（2013）将民间借贷界定为“融资双方基于共同的信用转移货币、有价证券、期货以及其他金融衍生品等融资工具的占有而获得收益的资金融通行为”。张友俊和文良旭（2002）指出，民间借贷具有方便快捷、预算约束硬化、契约成本低等特点。杨汝岱等（2011）认为，民间借贷具有利率低、借款手续简单、还款周期灵活的优点。岳彩申（2011）认为，由于民间借贷双方实际地位的不平等，借贷双方之间缺乏讨价还价的现实基础。张雪春等（2013）认为，除了传统意义上的民间借贷外，非正规金融的借贷利率相对过高。在民间借款中，信息和声誉尤为重要。Diamond（1991）认为单凭声誉就能应对道德风险，因为随着时间的推移，获得的声誉越好，逆向选择问题就越不那么严重。Petersen 和 Rajan（2002）认为，金融领域的交易正在朝着信息可用性和更低的处理成本的方向变化。Denis 和 Mihov（2003）观察到企业边际融资选择与之前的融资决策相关，增量债务融资与企业之前的融资决策和企业当前的信用质量相关。Jiménez 等（2006）发现，证实借款人的信用质量是贷款中抵押品使用的主要决定因素。Sufi（2007）认为，声誉能够减少借贷双方的信息不对称问题。如果企业信用等级足够高，则可以通过声誉消除道德风险。民间借贷人缘、地缘“软信息”的比较优势能够缓解借贷双方的信息不对称（林毅夫、孙希芳，2005）。杨汝岱等（2011）发现，以亲缘关系为基础的社会网络对农户民间借款行为有显著影响。马光荣和杨恩艳（2011）发现，社会网络可以缓解信息不对称问题，从而促进民间借款。张雪春等（2013）认为，传统意义上的民间借款充分利用社区、血缘、职业和其他社会联系的软信息提供融资，同时有各种社会约束，因此民间借贷违约率较低。孙永苑等（2016）发现，关系显著提高正规信贷获得，而对非正规信贷获得不显著。

在民间借贷市场中，民间借贷的人缘和地缘信息优势（林毅夫、孙希芳，2005）能够缓解小微企业创新面临的信贷配给问题，提高小微企业获得民间货币资金的可能性，而小微企业民间借贷可得性的提高又不断积累企业信用等级，提高企业的信用声誉（Credit Reputation）（Diamond，1991），进而降低道德风险，减少风险补偿（林毅夫、李永军，2001），小微企业创新将不再过度依赖银行等金融中介的货币资金（Sufi，2007）。所以，当小微企业没有主流信贷资金需求或者主流信贷资金不可得时，小微企业创新将会积极寻求民间借贷资本。

1.6.5 小微企业交易成本文献梳理

在建设全国统一市场构建新发展格局（金碚，2022）的时代背景下，小微企业是内循环和内外双循环的重要参与主体，交易成本（Coase，1937）的存在会影响小微企业创新。姚东旻等（2022）指出，管理费用经常被作为交易成本的代理变量。彭向刚和周雪峰（2017）将交易成本界定为除生产要素外，在交易环节发生的交易费用，包括制度性交易成本和契约性交易成本。制度性交易成本是公共制度的运行引起的，而契约性交易成本是企业内部交易和内部管理协调环节产生的成本，包括“购买生产要素资源过程中各种谈判及合同签订等所需花费的成本、为把产品或服务推销到各地而进行市场开发和商务谈判所需要的销售费用、企业内部为重新整合生产要素而产生的协调管理费用等”。小微企业创新时面临搜寻成本（时间成本）、谈判成本、组织成本、契约成本、信息成本等（Furubotn and Richter，2000），这些共同构成小微企业非制度性交易成本，必将增加小微企业技术创新的决策成本，抑制小微企业创新。郑伟宏和廖林（2021）将制度性交易成本界定为交易许可带来的成本、企业为持续经营而支付给政府部门的费用以及企业为获取审批而主动承担的成本等，用调整后的营业管理费用与前期总营业成本之比进行度量。

梯若尔（2007）反复强调，“代理问题会使企业失去适当的融资机会。尽管可以设计出许多策略来增加可保证收入，但企业还是不可能达到无须外部资金时的投资水平和条件”，“代理问题将产生另一种类型的低效率。能产生正的可保证收入折现值（用投资者的跨期替代率估算）的生产计划可能并不可行”。“由委托—代理理论可知，一般来说，代理人的最优激励机制并不是‘内部股权’的形式。因此，为了给放贷者产生标准的债务合约，必须给代理关系加上一定的结构。……；而且，即使小企业有时候也允许外部股权（例如，风险资本）的进入。”然而，委托—代理问题往往又使小微企业创新失去合适的外源融资机会。就其根源而言，委托—代理产生的信息成本问题最终会抑制小微企业创新，而信息成本是交易成本的重要组成部分（Furubotn and Richter，2000）。

小微企业创新在进行债权融资时，也会面临交易成本（周月书等，2019）问题。这些交易成本不仅包括业务咨询费、保险费、担保费、保证金占用利息、房产评估费、土地评估费、动产评估费、审计验资费、土地抵押登记费等（王德群，2012），还包括贿金、娱乐餐饮费、娱乐差旅费等非生产性支出（周中胜、何德旭，2013）以及寻租行为（秦璇等，2020），这些交易成本将抑制小微企业创新意识和创新活力（黄宇虹、黄霖，2019），侵蚀小微企业创新的信贷资源，而且会扭曲外部信贷资金对小微企业的创新激励约束机制。

1.6.6 文献述评

上述金融排斥、小微企业创新、现金管理、融资约束和交易成本方面的大量文献为本书研究奠定了基础，然而尚需要进行拓展研究，主要体现在以下几个方面。

第一，从金融排斥方面的研究来看，现有文献对小微企业金融排斥的研究主要在宏观领域、金融地理领域，很少有文献根据信贷、股权和支付的金融三大基础分类综合对小微企业金融排斥进行界定、衡量与影响研究，本书基于权威的中国小微企业调查数据对小微企业金融排斥进行明确界定，并进行小微企业金融排斥的演进分析、现状分析和实证分析，可以补充现有文献。

第二，从小微企业创新方面的研究来看，在现有关于企业创新的文献中，对上市公司（多属于大中型企业）研究得比较多，直接研究小微企业的较少；利用 R&D 和专利数据的研究较多，利用微观调查数据对小微企业直接的创新活动研究得较少；现有文献在对小微企业明确界定上尚存争议。本书利用权威的中国小微企业调查数据和中国家庭金融调查数据以及世界银行小微企业调查数据对小微企业进行明确界定，并进行小微企业创新的演进分析、现状分析和实证分析，可以补充现有文献。

第三，从小微企业创新的理论模型构建来看，多属于在宏观视角的实体经济下进行构建，多遵循实体经济和货币经济的两分法，而忽视了货币经济下金融排斥对小微企业创新的影响及其机制；多重视生产成本，而忽视了将交易成本直接写入模型中。本书基于代表性小微企业，将货币资金和交易成本写入模型中，探讨金融排斥对小微企业创新的影响及其微观机制，可以补充现有文献。

第四，从计量模型选择来看，现有文献选择非微观计量模型的研究比较多，直接选择微观计量模型的研究比较少。本书基于微观调查数据选择 Probit、Ivprobit 模型进行实证验证和分析、微观机制验证和分析以及异质性验证和分析，可以补充现有文献。

第五，考虑到内生性问题，现有文献缺乏直接将金融排斥影响小微企业创新的现金管理机制、融资约束机制和交易成本机制统一纳入小微企业创新方程中综合进行研究，本书参考既定文献，直接提取现金管理机制变量、融资约束机制变量和交易成本机制变量，并将三个机制变量统一到小微企业创新方程中，可以补充现有文献。

2 小微企业金融排斥与创新概述

小微企业作为社会主义市场经济中重要的参与主体，对国民经济高质量发展，尤其对创新发展起着重要作用。然而，鉴于小微企业自身的特点，比如，有效抵押品缺乏、产权不清晰、传统支付习惯等，小微企业创新经常会面临金融排斥问题。本章围绕小微企业金融排斥的界定、小微企业创新的界定和小微企业金融排斥的创新效应分析三个方面进行概述。

2.1 小微企业金融排斥的界定

2.1.1 小微企业金融排斥的概念

早期金融排斥主要集中在金融地理方面的研究，随后拓展到小微企业等弱势群体领域。所谓金融排斥，是指弱势群体由于自身的特征而无法享受到主流金融产品或服务（王志军，2007），即被排斥在主流金融体系之外，通常体现在没有主流金融产品或服务，或者没有使用主流金融产品或服务。那么，小微企业金融排斥是指小微企业由于自身缺乏有效抵押品、财务制度不完善、传统支付习惯、可能的违约问题（Krause，2022）等，而无法获得主流金融产品或服务，或者因为其金融知识缺乏等，不去使用主流金融产品或服务而被排斥在主流金融系统之外的金融现象。

2.1.2 小微企业金融排斥的分类

（1）根据主动性，小微企业金融排斥可以分为主动金融排斥和被动金融排斥。其中，主动金融排斥是指小微企业由于担心或风险的考虑或者不需要而主动放弃获得或使用金融产品或服务的金融现象，比如，金融风险、技术恐惧等；而被动金融排斥是指小微企业由于自身条件的不满足而被限制获得或使用金融产品或服务的金融现象。

（2）根据功能性，小微企业金融排斥可以分为信贷排斥、股权排斥、支付排斥等（Gloukoviezoff，2011；李涛等，2010；张号栋、尹志超，2016；张号栋等，2023）。其中，信贷排斥是指小微企业主动或被动使用信贷产品或服务的金融现象；股权排斥是指小微企业无法或不在股权市场进行融资的金融现象，如增资扩股等；支付排斥是指小微企业由于传统支付习惯或者不会现代支付技术等而放弃使用现代支付工具的金融现象。

（3）根据原因，小微企业金融排斥可以分为自我排斥、条件排斥、营销排斥、准入排斥、价格排斥和地理排斥（Leyshon and Thrift，1995；Kempson and Whyley，1999；Panigyrakis et al.，2002；许圣道、田霖，2008；彭宝玉、李小建，2009；刘长庚、罗午阳，2019；周叔媛、李建军，2021）。自我排斥是指小微企业自身认为不符合获得或使用金融产品的条件或担心，或者由于自身金融知识缺乏而放弃获得或使用金融产品，更多属于主动金融排斥的范畴；条件排斥是指小微企业由于无法满足金融机构的获得或使用条件而被排斥在金融体系之外；营销排斥是指金融机构考虑到小微企业可能存在的违约等风险而不将其作为营销对象的金融排斥；准入排斥是指小微企业因为符合进入金融市场的具体条款或要求但被限制进入的金融排斥；价格排斥是指小微企业和资金供给方无法以合意的价格实现资金融通需求的金融排斥。

（4）根据供求方，小微企业金融排斥可以分为供给排斥和需求排斥（李建军、张丹俊，2015）。供给排斥是指资金供给方考虑到小微企业缺陷或缺点可能引起的风险而不能或不敢向其提供资金引起的金融排斥；需求排斥是指小微企业考虑到可能的债务负担或者股权稀释而引起的尽管需要但不申请外部资金，或自身有充足的现金流而不需要外部资金造成的金融排斥。

2.1.3 小微企业金融排斥的特征

（1）相对于大中型企业而言，小微企业面临的金融排斥更严重。尽管小微企业具有量上的优势，但小微企业在资产规模、营业收入、营业人数、财务制度等方面都不如大中型企业，以至于小微企业面临更严重的金融排斥。

（2）在功能上，小微企业股权排斥最严重，其次是信贷排斥，最后是支付排斥。在现代企业制度中，大中型企业股权结构较为分散，而小微企业更为集中，再考虑到股权市场的准入门槛以及风险承担性质，小微企业股权排斥最为严重。尽管小微企业是商业银行等金融机构的重要客户资源，但是由于信息不对称、交易成本、信贷评估等，小微企业也面临着严重的信贷排斥。相对于股权排斥和信贷排斥，银行等金融机构承担的风险有限，往往愿意为小微企业提供现代支付结算服务，所以小微企业支付排斥相对较弱。

（3）小微企业经常面临着供给和需求双重排斥。当获得或使用主流金融体系的产品或服务时，小微企业作为资金的获得或使用的需求方，经常会出现“需要但没有申请”的金融排斥现象，或者申请了可能会被拒绝而不进行外部资金的申请，或者由于自身金融知识缺乏而不会去申请，一种极端情况是由于自身充足的内部资金而不需要去申请。当然，还存在一种情况是，小微企业申请外部资金但被资金供给方拒绝的供给排斥。这样，小微企业“需要但没有申请”和“申请但被拒绝”的金融排斥现象通常被定义为小微企业“融资约束”。然而，现实中还普遍存在“资金供给方不向小微企业提供外部资金与小微企业不去申请外部资金”的共生现象，即小微企业面临着供给和需求双重排斥。小微企业双重金融排斥，本质上是金融与实体经济的现实分割，显然不利于小微企业的持续经营和创新发展。

2.2 小微企业创新的界定

2.2.1 小微企业创新的含义

创新是小微企业生存和持续发展的根本所在。小微企业创新，是指小微企业利用自身资源对生产要素进行创造、重塑或整合（熊彼特，2015；菲尔普斯等，2021；张维迎，2022），促使其产品、服务或组织等发生“变化”（德鲁克，2022），以确保小微企业高效、低成本和持续运营，不仅包括技术创新（唐松等，2020；杨君等，2021；张号栋等，2023），也包括非技术创新（德鲁克，2022）。小微企业创新可以以市场为导向，也可以创造新需求，以此促进经济高质量发展。在衡量上，通常采用小微企业研发费用（Himmelberg and Petersen，1994）或专利数量（唐松等，2020）进行度量，也可以采用小微企业是否进行创新的比例进行度量，还可以使用小微企业是否进行创新的虚拟变量形式进行衡量（杨君等，2021；张号栋等，2023）。

2.2.2 小微企业创新的形式①

（1）小微企业技术创新。从产品或技术创新方面来看，小微企业技术创新投入的形式包括自主研发、委托其他单位研发、引进技术与合作研发等（菲尔普斯等，2021），小微企业技术创新产出的形式包括新产品、新技术、新工艺等（菲尔普斯等，2021）。

（2）小微企业非技术创新。小微企业的其他创新被划分至小微企业非技术创新中，主要包括小微企业组织创新、服务创新、营销创新和文化创新等（德鲁克，2022）。其中，小微企业组织创新是指小微企业采用了新的或改进的管理方法、新的工作流程、管理层级的变化或部门的整合等；小微企业服务创新是指小微企业采用了新的或者改进的服务方式，包括销售过程中的相关服务和售后服务等，如客户满意度反馈系统；小微企业营销创新主要体现在营销方式、营销渠道、营销策略等方面的创新上，如改变产品或服务的包装、销售模式、促销方式、付款方式等；小微企业文化创新是指体现企业共同价值观的企业文化不断创新和发展的过程，如企业独特的领导力风格、独特的精神追求、独特的凝聚力或团队精神等。

2.2.3 小微企业创新的风险

尽管创新是小微企业持续发展的动力和源头，但小微企业创新是存在风险的。在社会主义市场经济中，小微企业面临诸多竞争，随着市场竞争逐渐激烈，小微企业的利润水平呈下降趋势。小微企业只有不断创新，才能在激烈的市场竞争中降低经营成本以寻求持续利润新的增长点。这就要求小微企业不断进行技术创新，提高其在市场中的竞争力，或者持续进行非技术创新，在组织、服务、营销、文化、模式等小微企业管理层面进行创新，以降低生产成本和交易成本，向管理要效益。但是，小微企业创新也存在风险，即小微企业“研发与创新不成功”情况，比如，小微企业“有过创新的点子，但没有付诸实施”，“有过创新的点子并进行了研究，但没有成功”，“研发虽然成功，但成果未能商业化”等。

由于小微企业创新存在风险，小微企业的创新动力经常受到抑制，直接

① 本书小微企业创新的形式、小微企业创新的风险、小微企业创新成果的保护部分均来自西南财经大学中国家庭金融调查与研究中心组织管理的“中国小微企业调查”项目（CMES）的调查问卷。

影响小微企业创新活动的开展。激发小微企业创新的动力，不仅需要金融手段提高小微企业创新的风险分担水平，而且需要完善小微企业创新的体制机制对创新进行保护。

2.2.4 小微企业创新成果的保护

小微企业创新成果的保护可以从小微企业自身和政府两个方面进行。就小微企业自身而言，主要体现在申请专利、诉诸法律手段、保守技术秘密、不断创新、寻求当地政府保护、从开始就不投入那些易于被模仿侵权的创新等方面。就政府而言，体现在税收优惠、通过政府采购专利产品支持、定期培训和技术指导、申请专利登记的政府补贴、开发技术列入政府计划项目、专项贷款支持等。由此可知，这些保护小微企业创新成果的措施能够为小微企业积极展开创新活动营造良好的创新氛围、创设良好的制度环境。

2.3 小微企业金融排斥的创新效应分析

大量文献从金融视角对小微企业创新进行研究，那么若小微企业面临金融排斥（信贷排斥、股权排斥和支付排斥），将对小微企业创新产生哪些效应呢？下面，本书从小微企业创新能力、学习能力和产品竞争力[①]三个角度进行分析。

2.3.1 小微企业金融排斥的创新效应分析

如表 2-1 所示，非金融排斥 1 小微企业比金融排斥 1 小微企业的学习能力高出 1.42 个百分点，非金融排斥 1 小微企业比金融排斥 1 小微企业的产品竞争力高出 2.80 个百分点，说明金融排斥 1 对小微企业创新的学习能力和产品竞争力有抑制效应，也就是说，遭受金融排斥 1 的小微企业更不重视小微

---

① 根据西南财经大学中国家庭金融调查与研究中心组织管理的“中国小微企业调查”（CMES）项目的调查问卷中设计的三个问题：问题一“您认为贵企业对员工学习能力的重视程度如何？1. 非常重视；2. 比较重视；3. 一般；4. 不太重视；5. 非常不重视；6. 没必要”；问题二“您认为贵企业对员工创新能力的重视程度如何？1. 非常重视；2. 比较重视；3. 一般；4. 不太重视；5. 非常不重视；6. 没必要”；问题三“您认为贵企业主要产品（服务）在市场上的竞争力如何？1. 非常强；2. 比较强；3. 一般；4. 比较弱；5. 非常弱”。本书在问题一中选择“1”和“2”来定义小微企业学习能力，在问题二中选择“1”和“2”来定义小微企业创新能力，在问题三中选择“1”和“2”来定义小微企业产品竞争力。

企业创新的学习能力建设，其产品在市场上更不具有竞争力。然而，有意思的是，金融排斥 1 小微企业对创新能力的重视程度高出非金融排斥 1 小微企业 0. 60 个百分点，原因主要在于小微企业信贷排斥和支付排斥，如表 2-2 和表 2-4 所示。非金融排斥 2 小微企业比金融排斥 2 小微企业的创新能力高出 5. 94 个百分点，非金融排斥 2 小微企业比金融排斥 2 小微企业的学习能力高出 0. 40 个百分点，非金融排斥 2 小微企业比金融排斥 2 小微企业的产品竞争力高出 11. 19 个百分点，由此可以看出，当小微企业面临信贷排斥、股权排斥和支付排斥中的至少一种金融排斥时，金融排斥将抑制小微企业的创新能力、学习能力，并且降低小微企业在市场上的产品竞争力。

表 2-1　中国小微企业金融排斥的创新效应分析（%）

类型	创新能力	学习能力	产品竞争力
金融排斥 1 小微企业	69. 38	73. 70	62. 26
非金融排斥 1 小微企业	68. 78	75. 12	65. 06
差额 1	-0. 60	1. 42	2. 80
金融排斥 2 小微企业	68. 52	74. 84	63. 87
非金融排斥 2 小微企业	74. 46	75. 24	75. 06
差额 2	5. 94	0. 40	11. 19

资料来源：2015 年中国小微企业调查数据。

注：表中的创新能力、学习能力和产品竞争力的差额=非金融排斥小微企业-金融排斥小微企业。金融排斥 1 即小微企业同时面临信贷排斥、股权排斥和支付排斥，金融排斥 2 即小微企业面临信贷排斥、股权排斥和支付排斥中的至少一种金融排斥。差额 1=非金融排斥 1 小微企业-金融排斥 1 小微企业，差额 2=非金融排斥 2 小微企业-金融排斥 2 小微企业。

2. 3. 2　小微企业信贷排斥的创新效应分析

从表 2-2 中可知，信贷排斥小微企业比非信贷排斥小微企业的创新能力、学习能力和产品竞争力分别高出 0. 80 个百分点、2. 62 个百分点和 0. 23 个百分点，可以看出，信贷排斥反而有利于小微企业创新能力、学习能力和产品竞争力的提高，也说明信贷资金对小微企业创新能力、学习能力和产品竞争力是不利的。很可能的原因是，外部信贷资金的风险分担，弱化了小微企业对创新能力、学习能力和产品竞争力的重视程度。那么，信贷排斥抑制小微企业创新的机制是什么呢？下文将论证信贷排斥影响小微企业创新的流动性（张号栋等，2023）、融资约束和交易成本机制。从表 2-2 中可以发现，信贷排斥小微企业的学习能力重视程度最高，达到75.59%；最低的为非信贷排斥小微企业产品竞争力的重视程度，为64.39%。

表2-2　中国小微企业信贷排斥的创新效应分析（%）

类型	创新能力	学习能力	产品竞争力
信贷排斥小微企业	69.11	75.59	64.62
非信贷排斥小微企业	68.31	72.97	64.39
差额	-0.80	-2.62	-0.23

资料来源：2015年中国小微企业调查数据。

注：表中的创新能力、学习能力和产品竞争力的差额=非信贷排斥小微企业-信贷排斥小微企业。

2.3.3　小微企业股权排斥的创新效应分析

如表2-3所示，非股权排斥小微企业比股权排斥小微企业的创新能力、学习能力和产品竞争力分别高出3.28个百分点、3.45个百分点和6.70个百分点，由此可知，股权排斥抑制小微企业创新的产品竞争力的效应最大，其次是学习能力，最后是创新能力。这也说明小微企业股权普惠的风险自担性质对小微企业创新能力、学习能力和产品竞争力具有激励效应，为小微企业创新的股权市场建设提供了经验解释。从表2-3中可以发现，非股权排斥小微企业的学习能力重视程度最高，达到77.51%；股权排斥小微企业的产品竞争力重视程度最低，为62.99%。

表2-3　中国小微企业股权排斥的创新效应分析（%）

类型	创新能力	学习能力	产品竞争力
股权排斥小微企业	68.12	74.06	62.99
非股权排斥小微企业	71.40	77.51	69.69
差额	3.28	3.45	6.70

资料来源：2015年中国小微企业调查数据。

注：表中的创新能力、学习能力和产品竞争力的差额=非股权排斥小微企业-股权排斥小微企业。

2.3.4　小微企业支付排斥的创新效应分析

如表2-4所示，非支付排斥小微企业比支付排斥小微企业的学习能力、产品竞争力分别高出1.24个百分点和3.50个百分点，但是非支付排斥小微企业的创新能力比支付排斥小微企业低0.16个百分点。从表2-4中可以看出，支付普惠对小微企业创新能力的重视程度非常有限，而能够提升小微企业的学习能力和产品竞争力。究其原因，很可能是小微企业创新能力的重视具有长期性，支付普惠并不具有这种长期效应；但是支付普惠的便利性和快捷性对小微企业学习能力的重视具有积极效应，并且支付普惠的交易成本降低效应能够促使小微企业产品竞争力的提升。另外从表 2-4 中还可以看出，非支付排斥小微企业的学习能力重视程度最高，达到 75.22%；而支付排斥小微企业的产品竞争力重视程度最低，为 62.05%。

表 2-4　中国小微企业支付排斥的创新效应分析（%）

类型	创新能力	学习能力	产品竞争力
支付排斥小微企业	69.00	73.98	62.05
非支付排斥小微企业	68.84	75.22	65.55
差额	-0.16	1.24	3.50

资料来源：2015 年中国小微企业调查数据。

注：表中的创新能力、学习能力和产品竞争力的差额=非支付排斥小微企业-支付排斥小微企业。

3 国内外小微企业金融排斥和创新的历史演进、现状分析与统计分析

针对小微企业的界定，国内外并没有统一的标准。世界银行将5~19人的企业定义为小微企业（世界银行2010—2021年小微企业调查）；有的学者根据企业的营业收入、从业人员、资产总额等界定小微企业（张号栋等，2023），有的学者将个体工商户纳入小微企业①，还有的学者以独立的法人划分小微企业（张号栋等，2023）。考虑到数据的可获得性和可比较性，本书根据西南财经大学中国家庭金融调查与研究中心2012年、2015年、2017年和2019年中国家庭金融调查中的经营性家庭（包括个体工商户和不包括个体工商户），以及世界银行5~19人（包括经营性家庭及成员和不包括经营性家庭及成员）对小微企业进行界定，然后对国内外小微企业金融排斥和小微企业创新的历史演进进行梳理。

同时，考虑到小微企业金融排斥和创新各项指标的完整性以及与下文的实证论证数据保持一致，本书选择2015年中国小微企业调查数据进行中国小微企业金融排斥、中国小微企业创新的现状分析，并且进行中国小微企业金融排斥与中国小微企业创新之间关系的统计分析。

3.1 国内外小微企业金融排斥的历史演进

（1）界定人数中包括经营性家庭及成员的中国小微企业金融排斥的历史演进。

第一，考察小微企业（不包括个体工商户）的中国小微企业金融排斥的历史演进。如表3-1所示，从信贷排斥比例来看，我国小微企业信贷排斥比例由2015年的79.38%增长到2019年的81.47%，增加了2.09个百分点，说

① 谢雅萍和黄美娇（2014）将“小微企业”定义为小型企业、微型企业、家庭作坊式企业、个体工商户的统称。

明信贷排斥逐步严重；而支付排斥比例由 2015 年的 74. 56%降低到 2019 年的 43. 67%，减少了 30. 89 个百分点，说明支付排斥程度的下降幅度较大，同时说明小微企业支付的现代化水平越来越高。从经营性家庭股权持有比例来看，我国小微企业经营性家庭股权持有比例由 2015 年的 88. 81%降低到 2019 年的 74. 67%，减少了 14. 14 个百分点，说明小微企业的股权集中度呈下降趋势。

表 3-1 2012 年、2015 年、2017 年、2019 年、2021 年中国小微企业（界定人数中包括经营性家庭及成员）金融排斥的历史演进（%）

年份	小微企业（不包括个体工商户）			小微企业（包括个体工商户）		
	信贷排斥比例	支付排斥比例	经营性家庭股权持有比例	信贷排斥比例	支付排斥比例	经营性家庭股权持有比例
2012	86. 10					
2015	79. 38	74. 56	88. 81	78. 49	73. 44	88. 42
2017	80. 63		75. 87	80. 47		82. 17
2019	81. 47	43. 67	74. 67	80. 13	48. 74	78. 89
2021	85. 56			84. 46		

资料来源：2012 年数据来源于企业调查（Enterprise Surveys），世界银行，http：//www. enterpri se-surveys. org。2015 年、2017 年、2019 年、2021 年数据来源于 CHFS 微观调查。

注：参照世界银行 5~19 人界定小微企业标准，其中小微企业人员构成中包括经营性家庭及成员。小微企业组织形式包括股份有限责任公司、有限责任公司、合伙企业和独资企业。信贷排斥是指小微企业生产经营活动没有尚未还清的银行/信用社贷款。2019 年支付排斥是指小微企业日常经营中未使用 POS 机、银行卡方式。2015 年支付排斥是指 POS 机刷卡结算中未使用银行、银联商务、银联在线。信贷排斥是指拥有银行贷款/信贷额度的公司百分比的反向指标。根据 2021 年调查问卷的调查问题，2021 年小微企业直接界定为经营性家庭。

第二，考察小微企业（包括个体工商户）的中国小微企业金融排斥的历史演进。如表 3-1 所示，从信贷排斥比例来看，我国小微企业信贷排斥比例由 2015 年的 78. 49%增长到 2019 年的 80. 13%，增加了 1. 64 个百分点，说明信贷排斥逐步严重，但低于不包括个体工商户的小微企业信贷排斥比例，说明个体工商户群体的信贷排斥较独立法人小微企业要轻；而支付排斥比例由 2015 年的 73. 44%降低到 2019 年的 48. 74%，减少了 24. 70 个百分点，说明支付排斥程度的下降幅度较大，但低于不包括个体工商户的下降幅度，也说明个体工商户群体的支付排斥状况要严重于独立法人小微企业。从经营性家庭股权持有比例来看，我国小微企业经营性家庭股权持有比例由 2015 年的 88. 42%降低到 2019 年的 78. 89%，减少了 9. 53 个百分点，说明小微企业的股权集中度呈下降趋势，但低于不包括个体工商户的下降幅度，说明独立法人小微企业股权集中度下降得更快。

第三，世界银行小微企业调查的 133 个国家或地区信贷排斥比较。据统计发现，世界 133 个国家或地区小微企业的平均信贷排斥比例为 73.2%，有 89 个国家或地区（占所调查国家或地区的 66.92%）的信贷排斥高于该比例。从表 3-2 中可以看出，世界不同国家和地区小微企业或多或少面临着不同程度的信贷排斥程度，欠发达国家或地区小微企业面临的信贷排斥程度更为严重。进一步研究发现，2012 年中国的信贷排斥比例为 86.1%（张号栋等，2023），排在第 31 名，即使按照表 3-1 2019 年 81.47%的情况，也排在第 44 名左右。中国小微企业信贷排斥较为严重的原因除了小微企业供给信贷排斥外，还有小微企业需求信贷排斥，即诸多小微企业“需要但没有申请”以及“不需要”造成的小微企业信贷排斥。

表 3-2　世界银行小微企业调查的 133 个国家或地区信贷排斥比较

国家或地区	年份	信贷排斥		国家或地区	年份	信贷排斥	
		比例/%	排序			比例/%	排序
也门	2013	98.1	1	利比里亚	2017	89.4	19
几内亚	2016	97.5	2	泰国	2016	88.8	20
苏丹	2014	97.3	3	喀麦隆	2016	88.7	21
巴基斯坦	2013	96.6	4	东帝汶	2015	88.6	22
阿富汗	2014	96.4	5	尼日利亚	2014	88.0	23
埃及	2020	96.4	6	哈萨克斯坦	2019	88.0	24
津巴布韦	2016	96.0	7	莱索托	2016	88.0	25
南非	2020	94.4	8	约旦河西岸和加沙	2019	87.0	26
南苏丹	2014	93.7	9	塔吉克斯坦	2019	86.9	27
赞比亚	2019	93.7	10	坦桑尼亚	2013	86.7	28
缅甸	2016	93.4	11	约旦	2019	86.7	29
莫桑比克	2018	93.2	12	马里	2016	86.2	30
刚果民主共和国	2013	92.4	13	中国	2012	86.1	31
塞拉利昂	2017	92.3	14	塞内加尔	2014	85.8	32
乌干达	2013	90.9	15	科特迪瓦	2016	85.8	33
阿塞拜疆	2019	90.9	16	多米尼加	2010	84.7	34
乍得	2018	90.8	17	圣卢西亚	2010	84.1	35
冈比亚	2018	90.3	18	贝宁	2016	84.0	36

续表

国家或地区	年份	信贷排斥		国家或地区	年份	信贷排斥	
		比例/%	排序			比例/%	排序
摩尔多瓦	2019	84.0	37	中非	2011	72.3	66
印度	2014	83.7	38	巴哈马群岛	2010	71.6	67
吉尔吉斯斯坦	2019	82.6	39	越南	2015	71.2	68
尼日尔	2017	82.6	40	斯洛伐克	2019	70.9	69
斯威士兰	2016	81.7	41	阿尔巴尼亚	2019	70.5	70
乌兹别克斯坦	2019	81.4	42	萨尔瓦多共和国	2016	70.2	71
摩洛哥	2019	81.4	43	俄罗斯	2019	70.1	72
乌克兰	2019	81.3	44	埃塞俄比亚	2015	69.6	73
巴拿马	2010	81.3	45	巴布亚新几内亚	2015	69.5	74
柬埔寨	2016	81.2	46	土耳其	2019	69.0	75
纳米比亚	2014	81.0	47	黑山共和国	2019	68.8	76
加纳	2013	80.1	48	克罗地亚	2019	68.6	77
老挝	2018	79.9	49	苏里南	2018	68.5	78
马拉维	2014	78.7	50	黎巴嫩	2019	68.0	79
毛里塔尼亚	2014	78.2	51	卢旺达	2019	67.1	80
意大利	2019	77.6	52	希腊	2018	66.8	81
菲律宾	2015	77.4	53	突尼斯	2020	66.6	82
立陶宛	2019	77.4	54	尼泊尔	2013	66.4	83
拉脱维亚	2019	76.5	55	波兰	2019	66.1	84
吉布提	2013	76.4	56	危地马拉	2017	65.9	85
白俄罗斯	2018	74.9	57	斯里兰卡	2011	65.0	86
印度尼西亚	2015	74.7	58	阿根廷	2017	64.9	87
委内瑞拉	2010	74.4	59	洪都拉斯	2016	64.9	88
牙买加	2010	74.1	60	亚美尼亚	2020	64.9	89
蒙古国	2019	73.2	61	不丹	2015	64.8	90
墨西哥	2010	73.2	62	罗马尼亚	2019	63.9	91
肯尼亚	2018	73.0	63	爱沙尼亚	2019	63.3	92
马来西亚	2015	73.0	64	北马其顿	2019	62.9	93
孟加拉国	2013	72.5	65	科索沃	2019	62.6	94

续表

国家或地区	年份	信贷排斥		国家或地区	年份	信贷排斥	
		比例/%	排序			比例/%	排序
荷兰	2020	62.5	95	特立尼达和多巴哥	2010	53.2	115
格鲁吉亚	2019	62.0	96	格林纳达	2010	52.2	116
尼加拉瓜	2016	61.3	97	圣基茨和尼维斯	2010	51.5	117
圭亚那	2010	61.1	98	多米尼加共和国	2016	51.2	118
马耳他	2019	60.8	99	塞尔维亚	2019	51.1	119
爱尔兰	2020	59.3	100	匈牙利	2019	51.1	120
奥地利	2021	59.2	101	巴拉圭	2017	50.4	121
捷克	2019	59.2	102	哥伦比亚	2017	49.7	122
哥斯达黎加	2010	58.8	103	安提瓜和巴布达	2010	48.3	123
所罗门群岛	2015	58.7	104	以色列	2013	47.6	124
玻利维亚	2017	58.5	105	厄瓜多尔	2017	45.9	125
卢森堡	2020	58.4	106	巴巴多斯	2010	41.9	126
多哥	2016	58.1	107	圣文森特和格林纳丁斯	2010	41.3	127
保加利亚	2019	58.0	108	芬兰	2020	39.0	128
葡萄牙	2019	57.2	109	斯洛文尼亚	2019	35.4	129
瑞典	2020	56.7	110	塞浦路斯	2019	30.7	130
波斯尼亚和黑塞哥维那	2019	56.6	111	秘鲁	2017	29.9	131
布隆迪	2014	56.4	112	比利时	2020	29.1	132
伯利兹城	2010	56.3	113	智利	2010	27.5	133
乌拉圭	2017	53.8	114				

资料来源：企业调查，世界银行，http：//www.enterprisesurveys.org。

注：信贷排斥是指拥有银行贷款/信贷额度的公司百分比的反向指标。

第四，从最新的2021年中国家庭金融调查数据中，我们发现包括个体工商户的中国小微企业信贷排斥和不包括个体工商户的中国小微企业信贷排斥的比例分别是84.46%、85.56%（表3-1），2015年、2017年、2019年和2021年4个年度，2021年小微企业的信贷排斥程度最高，可知目前中国小微企业信贷排斥依然严重。

第五，图 3-1 显示了 2010—2021 年世界银行小微企业不同调查年度的小微企业信贷排斥比例趋势，从 2010 年的 60.9%到 2021 年的 59.2%，2010—2021 年（世界银行不同调查年度）世界小微企业信贷排斥程度加重、减轻的不断反复中可以看出，世界小微企业信贷排斥问题是个世界性难题。

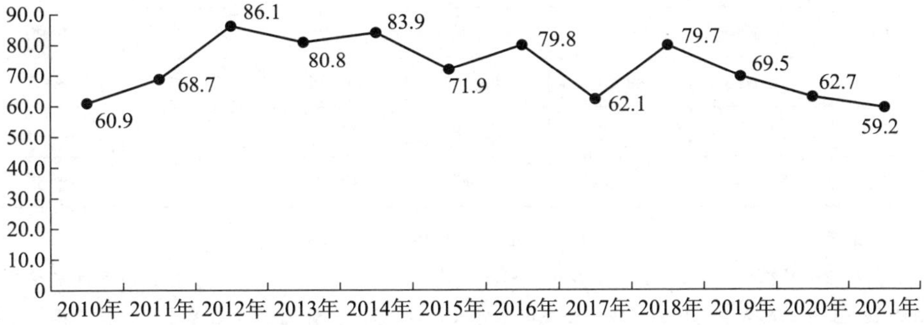

图 3-1　2010—2021 年世界银行小微企业不同调查年度的小微企业信贷排斥比例趋势

资料来源：企业调查，世界银行，http：//www. enterprisesurveys. org。

注：纵轴表示小微企业信贷排斥比例（%）。

（2）界定人数中不包括经营性家庭及成员的中国小微企业金融排斥的历史演进。

为了考察更长时期小微企业金融排斥的历史演进，同时考虑金融排斥指标口径统一，我们将小微企业人数中不包括经营性家庭及成员的 5~19 人进行界定。

首先，考察小微企业（不包括个体工商户）的中国小微企业金融排斥的历史演进。如表 3-3 所示，从信贷排斥比例来看，我国小微企业信贷排斥比例由 2011 年的 74. 76%增长到 2019 年的 85. 45%，增加了 10. 69 个百分点，同样说明 2019 年小微企业的信贷排斥程度较 2011 年而言更为严重；而支付排斥比例由 2015 年的 89. 24%降低到 2019 年的 30. 95%，减少了 58. 29 个百分点，同样可以看出 2019 年较 2015 年小微企业支付排斥程度有较大幅度下降，说明越来越多的小微企业采取现代支付方式。从经营性家庭股权持有比例来看，我国小微企业经营性家庭股权持有比例 2019 年（67. 14%）较 2011 年（68. 06%）略有下降，减少了 0. 92 个百分点，但是从整体上看，经营性家庭股权持有比例呈现先上升后下降的趋势。

表 3-3　2011 年、2013 年、2015 年、2017 年、2019 年中国小微企业（界定人数中不包括经营性家庭及成员）金融排斥的历史演进（%）

年份	小微企业（不包括个体工商户）			小微企业（包括个体工商户）		
	信贷排斥比例	支付排斥比例	经营性家庭股权持有比例	信贷排斥比例	支付排斥比例	经营性家庭股权持有比例
2011	74.76		68.06	76.74		77.01
2013	77.24		67.90	78.94		75.90
2015	76.62	89.24	80.59	76.25	74.82	86.07
2017	74.11		71.48	78.09		78.43
2019	85.45	30.95	67.14	80.72	39.43	73.55

资料来源：2011 年、2013 年、2015 年、2017 年、2019 年 CHFS 微观调查数据。

注：参照世界银行 5~19 人界定小微企业标准，其中小微企业界定人数中不包括经营性家庭及成员。小微企业组织形式包括股份有限责任公司、有限责任公司、合伙企业和独资企业。信贷排斥是指小微企业生产经营活动没有尚未还清的银行/信用社贷款。2019 年支付排斥是指小微企业日常经营中未使用 POS 机、银行卡方式，2015 年支付排斥是指 POS 机刷卡结算中未使用银行、银联商务、银联在线。

其次，考察小微企业（包括个体工商户）的中国小微企业金融排斥的历史演进。如表 3-3 所示，从信贷排斥比例来看，我国小微企业信贷排斥比例由 2011 年的 76.74%增长到 2019 年的 80.72%，增加了 3.98 个百分点，2011—2019 年呈现先上升后下降然后上升的趋势；而支付排斥比例由 2015 年的 74.82%降低到 2019 年的 39.43%，减少了 35.39 个百分点，同样说明独立法人小微企业较个体工商户更多采取现代支付方式。从经营性家庭股权持有比例来看，我国小微企业经营性家庭股权持有比例 2019 年（73.55%）较 2011 年（77.01%）减少了 3.46 个百分点，说明个体工商户股权持有比例较独立法人小微企业下降得更快些，但是仍然高于独立法人小微企业。

3.2　国内外小微企业创新的历史演进

（1）界定人数中包括经营性家庭及成员的中国小微企业创新的历史演进。

第一，考察小微企业（不包括个体工商户）的中国小微企业创新的历史演进。如表 3-4 所示，我国小微企业创新比例由 2015 年的 14.63%上升到 2017 年的 29.41%，增加了 14.78 个百分点，说明小微企业创新有较大幅度的提升。

表 3-4 2012 年、2015 年、2017 年中国小微企业（界定人数中包括经营性家庭及成员）创新的历史演进（%）

年份	小微企业（不包括个体工商户）	小微企业（包括个体工商户）
	小微企业创新比例	小微企业创新比例
2012	30. 60	
2015	14. 63	20. 09
2017	29. 41	27. 45

资料来源：2012 年数据来源于企业调查，世界银行，http：//www. enterprisesurveys. org。2015 年、2017 年数据来源于 CHFS 微观调查。

注：小微企业创新是指在产品、技术、组织、文化、营销、服务等方面的创新活动（如研发、新点子、新做法等）。小微企业创新是指在研发上花费的公司百分比。参照世界银行 5~19 人界定小微企业标准，其中小微企业人员构成中包括经营性家庭及成员。

第二，考察小微企业（包括个体工商户）的中国小微企业创新的历史演进。如表 3-4 所示，我国小微企业创新比例由 2015 年的 20. 09%上升到 2017 年的 27. 45%，增加了 7. 36 个百分点，同样说明小微企业创新有较大幅度的提升，但是个体工商户创新低于独立法人小微企业创新。

第三，世界银行调查的 133 个国家或地区小微企业技术创新比较。据统计，世界 133 个国家或地区小微企业的平均技术创新比例为 33. 2%，低于该比例的国家或地区有 62 个（占所调查国家或地区的 46. 62%）。如表 3-5 所示，世界上芬兰等发达国家小微企业的技术创新水平相对较高，而欠发达国家小微企业的技术创新水平相对较低，很奇怪的是，意大利的小微企业技术创新水平也比较低。进一步研究发现，中国小微企业技术创新的比例为 40. 6%，排在第 46 位，比排在第 1 位的芬兰低 33. 5 个百分点（张号栋等，2023），说明在技术创新方面，中国小微企业仍然处于发展阶段。

表 3-5 世界银行调查的 133 个国家或地区小微企业技术创新比较（%）

国家或地区	年份	小微企业技术创新	
		比例/%	排序
芬兰	2020	74. 1	1
乌拉圭	2017	72. 1	2
格林纳达	2010	71. 5	3
厄瓜多尔	2017	69. 3	4
爱尔兰	2020	63. 5	5

续表

国家或地区	年份	小微企业技术创新	
		比例/%	排序
乌干达	2013	61.6	6
荷兰	2020	60.5	7
哥伦比亚	2017	59.7	8
瑞典	2020	58.9	9
巴哈马群岛	2010	57.8	10
玻利维亚	2017	57.2	11
纳米比亚	2014	57.1	12
哥斯达黎加	2010	56.7	13
毛里塔尼亚	2014	56.2	14
卢森堡	2020	55.7	15
斯洛文尼亚	2019	55.6	16
秘鲁	2017	55.5	17
巴布亚新几内亚	2015	54.4	18
利比里亚	2017	52.7	19
苏丹	2014	51.6	20
比利时	2020	51.6	21
尼日利亚	2014	50.3	22
危地马拉	2017	50.2	23
巴巴多斯	2010	48.0	24
巴拉圭	2017	47.2	25
肯尼亚	2018	47.0	26
阿根廷	2017	46.9	27
格鲁吉亚	2019	46.9	28
南苏丹	2014	46.8	29
尼加拉瓜	2016	46.4	30
加纳	2013	46.2	31
中非	2011	45.8	32
奥地利	2021	45.8	33
坦桑尼亚	2013	45.5	34

续表

国家或地区	年份	小微企业技术创新	
		比例/%	排序
尼泊尔	2013	45.5	35
塞内加尔	2014	45.3	36
波斯尼亚和黑塞哥维那	2019	44.9	37
布隆迪	2014	44.7	38
冈比亚	2018	44.3	39
马拉维	2014	44.3	40
不丹	2015	42.5	41
贝宁	2016	42.1	42
也门	2013	41.6	43
北马其顿	2019	41.3	44
智利	2010	40.7	45
中国	2012	40.6	46
洪都拉斯	2016	40.1	47
圣文森特和格林纳丁斯	2010	39.2	48
阿尔巴尼亚	2019	38.8	49
塞浦路斯	2019	38.8	50
摩尔多瓦	2019	38.4	51
阿富汗	2014	38.2	52
印度	2014	38.1	53
蒙古	2019	37.9	54
乍得	2018	37.7	55
马耳他	2019	37.7	56
科特迪瓦	2016	37.0	57
白俄罗斯	2018	36.8	58
喀麦隆	2016	36.6	59
吉尔吉斯斯坦	2019	36.4	60
所罗门群岛	2015	36.4	61
东帝汶	2015	35.9	62
爱沙尼亚	2019	35.4	63

续表

国家或地区	年份	小微企业技术创新	
		比例/%	排序
塞尔维亚	2019	35.4	64
多米尼加共和国	2016	35.3	65
拉脱维亚	2019	34.8	66
刚果民主共和国	2013	34.5	67
圣基茨和尼维斯	2010	34.4	68
多哥	2016	33.7	69
特立尼达和多巴哥	2010	33.6	70
萨尔瓦多共和国	2016	33.3	71
乌克兰	2019	33.1	72
伯利兹城	2010	32.8	73
亚美尼亚	2020	32.4	74
莫桑比克	2018	31.9	75
克罗地亚	2019	31.8	76
尼日尔	2017	28.9	77
马里	2016	28.8	78
菲律宾	2015	28.4	79
赞比亚	2019	28.3	80
柬埔寨	2016	28.1	81
捷克	2019	27.9	82
津巴布韦	2016	27.5	83
立陶宛	2019	27.1	84
安提瓜和巴布达	2010	25.9	85
苏里南	2018	25.2	86
科索沃	2019	25.2	87
墨西哥	2010	25.1	88
罗马尼亚	2019	24.7	89
委内瑞拉	2010	24.6	90
塞拉利昂	2017	23.8	91
吉布提	2013	23.8	92

续表

国家或地区	年份	小微企业技术创新	
		比例/%	排序
斯威士兰	2016	23.4	93
希腊	2018	22.1	94
孟加拉国	2013	22.0	95
圭亚那	2010	21.5	96
圣卢西亚	2010	21.4	97
乌兹别克斯坦	2019	21.2	98
巴基斯坦	2013	21.0	99
波兰	2019	19.1	100
老挝	2018	18.1	101
哈萨克斯坦	2019	17.5	102
黑山共和国	2019	17.4	103
几内亚	2016	17.2	104
塔吉克斯坦	2019	17.2	105
埃塞俄比亚	2015	16.4	106
匈牙利	2019	16.0	107
牙买加	2010	15.9	108
卢旺达	2019	15.8	109
斯里兰卡	2011	15.7	110
以色列	2013	14.1	111
缅甸	2016	13.7	112
突尼斯	2020	13.7	113
保加利亚	2019	13.6	114
意大利	2019	11.5	115
阿塞拜疆	2019	11.4	116
越南	2015	10.6	117
莱索托	2016	10.3	118
葡萄牙	2019	10.3	119
斯洛伐克	2019	10.0	120
巴拿马	2010	9.3	121

续表

国家或地区	年份	小微企业技术创新	
		比例/%	排序
约旦河西岸和加沙	2019	9.0	122
约旦	2019	8.7	123
泰国	2016	6.9	124
俄罗斯	2019	6.8	125
摩洛哥	2019	6.0	126
黎巴嫩	2019	5.8	127
印度尼西亚	2015	5.0	128
南非	2020	4.7	129
土耳其	2019	3.6	130
马来西亚	2015	2.0	131
埃及	2020	1.5	132
多米尼加	2010	0.0	133

资料来源：企业调查，世界银行，http：//www.enterprisesurveys.org。

注：采用“使用新产品或服务的小微企业占比”度量小微企业技术创新。

第四，图 3-2 显示了 2010—2021 年世界银行小微企业不同调查年度的小微企业技术创新比例趋势，从中可以看出，世界小微企业技术创新从 2010 年的 17.0%到 2021 年的 45.8%，2017 年达到最高的 51.2%。尽管其间世界小微企业技术创新有过反复（世界银行不同调查年度），但是整体上表现为上升趋势。

图 3-2　2010—2021 年世界银行小微企业不同调查年度的小微企业技术创新比例趋势

资料来源：企业调查，世界银行，http：//www.enterprisesurveys.org。

注：纵轴表示小微企业技术创新比例（%）。

（2）界定人数中不包括经营性家庭及成员的中国小微企业创新的历史演进。

首先，考察小微企业（不包括个体工商户）的中国小微企业创新的历史演进。如表 3-6 所示，我国小微企业创新比例由 2015 年的 23.53%上升到 2017 年的 27.91%，增加了 4.38 个百分点，同样说明小微企业创新有较大幅度的提升。

其次，考察小微企业（包括个体工商户）的中国小微企业创新的历史演进。如表 3-6 所示，我国小微企业创新比例由 2015 年的 20.92%上升到 2017 年的 27.46%，增加了 6.54 个百分点，也说明小微企业创新有较大幅度的提升，个体工商户创新低于独立法人小微企业创新。

表 3-6　2015 年、2017 年中国小微企业（界定人数中不包括经营性家庭及成员）创新的历史演进（%）

年份	小微企业（不包括个体工商户）创新比例	小微企业（包括个体工商户）创新比例
2015	23.53	20.92
2017	27.91	27.46

资料来源：2015 年、2017 年 CHFS 微观调查数据。

注：参照世界银行 5~19 人界定小微企业标准，其中小微企业人员构成中包括经营性家庭及成员。小微企业创新是指在产品、技术、组织、文化、营销、服务等方面的创新活动（如研发、新点子、新做法等）。

为了全面分析中国小微企业金融排斥现状、中国小微企业创新现状以及中国小微企业金融排斥与创新的统计关系，我们利用 2015 年中国小微企业调查数据进行以下分析。

3.3　中国小微企业金融排斥的现状分析

（1）从整体上分析中国小微企业的金融排斥现状。

根据张号栋等（2023）对信贷排斥、股权排斥和支付排斥虚拟变量形式的界定，我们提取金融排斥 1（小微企业同时面临信贷排斥、股权排斥和支付排斥时赋值为 1，否则为 0）、金融排斥 2（小微企业至少面临信贷排斥、股权排斥和支付排斥任何一种金融排斥时赋值为 1，否则为 0）和金融排斥程度（信贷排斥、股权排斥和支付排斥的加总），详细情况见 5.1 节的描述。

如表 3-7 所示，我国小微企业的金融排斥程度为 1.776，有 17.93%的小微企业面临金融排斥 1，有 93.87%的小微企业面临金融排斥 2。在分类金融排斥中，最严重的是股权排斥，其次是信贷排斥，最后是支付排斥。也就是说，76.68%的小微企业没有尚未偿还的信贷产品（银行/信用社以及信用卡），72.41%的小微企业没有进行增资扩股，28.55%的小微企业尚未使用主流金融支付方式。由此可以看出，我国小微企业面临着不同程度的金融排斥。

表 3-7　中国小微企业的金融排斥现状

金融排斥			分类金融排斥		
金融排斥程度	金融排斥 1/%	金融排斥 2/%	信贷排斥/%	股权排斥/%	支付排斥/%
1.776	17.93	93.87	72.41	76.68	28.55

资料来源：2015 年中国小微企业调查数据。

（2）中国高、低经营年限小微企业的金融排斥现状分析。

如表 3-8 所示，我国低经营年限小微企业比高经营年限小微企业的金融排斥程度高出 0.222，从虚拟变量来看，金融排斥 1 高出 7.24 个百分点，金融排斥 2 高出 3.60 个百分点。从分类金融排斥来看，我国低经营年限小微企业比高经营年限小微企业的股权排斥高出 8.54 个百分点，其次是支付排斥高出 8.41 个百分点，最后是信贷排斥高出 5.27 个百分点。这说明小微企业经营年限越长，我国小微企业金融排斥、信贷排斥、股权排斥和支付排斥越轻。而在分类金融排斥中，低经营年限小微企业的股权排斥最重，为 79.99%；高经营年限小微企业的支付排斥最轻，为 23.40%。

表 3-8　中国高、低经营年限小微企业的金融排斥现状

类型	金融排斥			分类金融排斥		
	金融排斥程度	金融排斥 1/%	金融排斥 2/%	信贷排斥/%	股权排斥/%	支付排斥/%
高经营年限小微企业	1.640	13.49	91.67	69.19	71.45	23.40
低经营年限小微企业	1.862	20.73	95.27	74.46	79.99	31.81
差额	-0.222	-7.24	-3.60	-5.27	-8.54	-8.41

资料来源：2015 年中国小微企业调查数据。

注：表中差额=高经营年限小微企业-低经营年限小微企业。其中，高、低经营年限按照经营年限均值进行划分。

（3）中国高、低资产小微企业的金融排斥现状分析。

如表 3-9 所示，我国低资产小微企业比高资产小微企业的金融排斥程度高出 0.388，从虚拟变量来看，金融排斥 1 高出 11.66 个百分点，金融排斥 2 高出 6.97 个百分点。从分类金融排斥来看，我国低资产小微企业比高资产小微企业的信贷排斥高出 13.88 个百分点，其次是股权排斥高出 13.31 个百分点，最后是支付排斥高出 11.59 个百分点。这说明小微企业资产越高，我国小微企业金融排斥、信贷排斥、股权排斥和支付排斥越轻。而在分类金融排斥中，低资产小微企业的股权排斥最重，为 82.97%；高资产小微企业的支付排斥最轻，为 22.44%。

表 3-9　中国高、低资产小微企业的金融排斥现状

类型	金融排斥			分类金融排斥		
	金融排斥程度	金融排斥 1/%	金融排斥 2/%	信贷排斥/%	股权排斥/%	支付排斥/%
高资产小微企业	1.572	11.78	90.20	65.10	69.66	22.44
低资产小微企业	1.960	23.44	97.17	78.98	82.97	34.03
差额	-0.388	-11.66	-6.97	-13.88	-13.31	-11.59

资料来源：2015 年中国小微企业调查数据。

注：表中差额=高资产小微企业-低资产小微企业。其中，高、低资产按照资产均值进行划分。

（4）中国城镇、乡村小微企业的金融排斥现状分析。

如表 3-10 所示，我国乡村小微企业比城镇小微企业的金融排斥程度高出 0.134，从虚拟变量来看，金融排斥 1 高出 12.23 个百分点，而金融排斥 2 低于 1.95 个百分点，主要原因在于乡村小微企业信贷排斥较轻。从分类金融排斥来看，我国乡村小微企业比城镇小微企业的支付排斥高出 14.19 个百分点，其次是股权排斥高出 5.73 个百分点。这说明相对城镇小微企业，我国乡村小微企业金融排斥、股权排斥和支付排斥更重。然而，城镇小微企业的信贷排斥高于乡村小微企业 6.57 个百分点，原因可能在于城镇小微企业数量远高于乡村小微企业（城镇小微企业 2946 家、乡村小微企业 73 家），乡村小微企业信贷被覆盖的可能性更大。而在分类金融排斥中，乡村小微企业的股权排斥最重，为 82.23%；城镇小微企业的支付排斥最轻，为 28.12%。

表 3-10　中国城镇、乡村小微企业的金融排斥现状

类型	金融排斥			分类金融排斥		
	金融排斥程度	金融排斥 1/%	金融排斥 2/%	信贷排斥/%	股权排斥/%	支付排斥/%
城镇小微企业	1.772	17.55	93.93	72.61	76.50	28.12
乡村小微企业	1.906	29.78	91.98	66.04	82.23	42.31
差额	-0.134	-12.23	1.95	6.57	-5.73	-14.19

资料来源：2015 年中国小微企业调查数据。

注：表中差额=城镇小微企业-乡村小微企业。

（5）中国公有制、非公有制小微企业的金融排斥现状分析。

如表 3-11 所示，我国公有制小微企业比非公有制小微企业的金融排斥程度高出 0.132，从虚拟变量来看，金融排斥 1 高出 5.60 个百分点，金融排斥 2 高出 2.88 个百分点。从分类金融排斥来看，我国公有制小微企业支付排斥比非公有制小微企业高出 5.85 个百分点，其次是股权排斥高出 5.00 个百分点，最后是信贷排斥高出 2.36 个百分点。这说明我国公有制小微企业较非公有制小微企业金融排斥、信贷排斥、股权排斥和支付排斥更重。而在分类金融排斥中，公有制小微企业的股权排斥最重，为 81.44%；非公有制小微企业的支付排斥最轻，为 28.27%。

表 3-11　中国公有制、非公有制小微企业的金融排斥现状

类型	金融排斥			分类金融排斥		
	金融排斥程度	金融排斥 1/%	金融排斥 2/%	信贷排斥/%	股权排斥/%	支付排斥/%
公有制小微企业	1.902	23.26	96.62	74.66	81.44	34.12
非公有制小微企业	1.770	17.66	93.74	72.30	76.44	28.27
差额	0.132	5.60	2.88	2.36	5.00	5.85

资料来源：2015 年中国小微企业调查数据。

注：表中差额=公有制小微企业-非公有制小微企业。其中，公有制小微企业包括国有/国有控股小微企业和集体/集体控股小微企业，非公有制小微企业包括私营/私人（不含外资）小微企业、外商独资小微企业、港澳台独资小微企业、中外合资小微企业和其他小微企业。

（6）中国有限责任、非有限责任小微企业的金融排斥现状分析。

如表 3-12 所示，我国非有限责任小微企业比有限责任小微企业的金融排斥程度高出 0.129，从虚拟变量来看，金融排斥 1 高出 6.12 个百分点，金融

排斥 2 高出 2.00 个百分点。从分类金融排斥来看，我国非有限责任小微企业支付排斥比有限责任小微企业支付排斥高出 8.17 个百分点；其次是股权排斥，高出 7.52 个百分点。这说明我国非有限责任小微企业较有限责任小微企业金融排斥、支付排斥和股权排斥更重。然而，我国有限责任小微企业信贷排斥比非有限责任小微企业信贷排斥高出 2.76 个百分点，说明有限责任小微企业信贷排斥更重。在分类金融排斥中，非有限责任小微企业的股权排斥最重，为 81.03%；有限责任小微企业的支付排斥最轻，为 25.11%。由此可以看出，有限责任小微企业较非有限责任小微企业而言更多采取增资扩股方式进行融资以及使用现代主流支付方式。

表 3-12 中国有限责任、非有限责任小微企业的金融排斥现状

类型	金融排斥			分类金融排斥		
	金融排斥程度	金融排斥 1/%	金融排斥 2/%	信贷排斥/%	股权排斥/%	支付排斥/%
有限责任小微企业	1.722	15.35	93.03	73.58	73.51	25.11
非有限责任小微企业	1.851	21.47	95.03	70.82	81.03	33.28
差额	-0.129	-6.12	-2.00	2.76	-7.52	-8.17

资料来源：2015 年中国小微企业调查数据。

注：表中差额=有限责任小微企业-非有限责任小微企业。其中，有限责任小微企业包括有限责任公司小微企业和股份公司小微企业，非有限责任小微企业包括独资企业、合伙企业、农民合作社及其他小微企业。

（7）中国技术创新、非技术创新小微企业的金融排斥现状分析。

如表 3-13 所示，我国非技术创新小微企业比技术创新小微企业的金融排斥程度高出 0.093，从虚拟变量来看，金融排斥 1 高出 3.05 个百分点，金融排斥 2 高出 2.32 个百分点。从分类金融排斥来看，我国非技术创新小微企业支付排斥比技术创新小微企业支付排斥高出 6.80 个百分点；其次是信贷排斥，高出 2.79 个百分点。这说明我国非技术创新小微企业较技术创新小微企业金融排斥、支付排斥和信贷排斥更重。然而，我国技术创新小微企业股权排斥比非技术创新小微企业股权排斥略高出 0.31 个百分点，说明技术创新小微企业股权排斥更重。在分类金融排斥中，技术创新小微企业的股权排斥最重，为 72.75%；技术创新小微企业的支付排斥最轻，为 24.01%。由此可以看出，非技术创新小微企业较技术创新小微企业而言更多采取增资扩股方式进行融资，而技术创新小微企业更多采取信贷融资和现代主流支付方式。

表 3-13　中国技术创新、非技术创新小微企业的金融排斥现状

类型	金融排斥			分类金融排斥		
	金融排斥程度	金融排斥 1/%	金融排斥 2/%	信贷排斥/%	股权排斥/%	支付排斥/%
技术创新小微企业	1.655	14.52	90.19	68.74	72.75	24.01
非技术创新小微企业	1.748	17.57	92.51	71.53	72.44	30.81
差额	-0.093	-3.05	-2.32	-2.79	0.31	-6.80

资料来源：2015 年中国小微企业调查数据。

注：表中差额=技术创新小微企业-非技术创新小微企业。其中，技术创新小微企业是指目前或曾经有产品或技术上的研发与创新活动的小微企业；非技术创新小微企业是指有除了产品和技术外的其他创新，如组织、服务、营销、文化等创新的小微企业。

3.4　中国小微企业创新的现状分析

（1）从整体上分析中国小微企业创新的现状。

如表 3-14 所示，中国小微企业进行创新活动的比例超过了一半，为 54.18%。其中，中国小微企业开展技术创新的比例为 39.58%，开展非技术创新的比例为 29.89%，可以看出，中国小微企业开展技术创新活动要高于非技术创新活动 9.69 个百分点。究其原因，主要在于小微企业的技术创新能够较快提高其产品的市场竞争力，直接带来小微企业经营效益；而小微企业的非技术创新虽然能够提升小微企业运营效率和软实力，但是引起其经营效益的提升需要较为长期的经营，即小微企业非技术创新的见效较慢。

表 3-14　中国小微企业创新现状（%）

创新比例	技术创新比例	非技术创新比例
54.18	39.58	29.89

资料来源：2015 年中国小微企业调查数据。

注：表中创新比例、技术创新比例和非技术创新比例分别为进行创新、技术创新和非技术创新的小微企业比例。其中，技术创新小微企业是指目前或曾经有产品或技术上的研发与创新活动的小微企业；非技术创新小微企业是指有除了产品和技术外的其他创新，如组织、服务、营销、文化等创新的小微企业。

（2）中国小微企业技术创新中不同形式的现状分析。

如表3-15所示，在小微企业技术创新中，比例最高的创新形式是自主研发，达64.99%，在小微企业技术创新中接近2/3；其次是合作研发，比例为23.22%；之后是引进技术和委托其他单位研发，比例分别为22.49%和11.05%。由此可以看出，中国小微企业重视自主研发的技术创新形式。

表3-15 中国小微企业技术创新中不同形式的现状（%）

自主研发比例	委托其他单位研发比例	引进技术比例	合作研发比例	其他研发比例
64.99	11.05	22.49	23.22	0.52

资料来源：2015年中国小微企业调查数据。

注：技术创新是指目前或曾经有产品或技术上的研发与创新活动。鉴于2015年中国小微企业调查问卷中该问题的回答可多选，小微企业不同技术创新形式的合计数超过100%。

（3）中国小微企业非技术创新中不同形式的现状分析。

如表3-16所示，在小微企业非技术创新的不同形式中，营销创新比例最高，达到65.25%；其次是服务创新比例，为52.43%；之后依次是文化创新比例、组织创新比例和其他创新比例。由此可以看出，小微企业的营销创新和服务创新是主要的非技术创新形式，相比较而言，组织创新和文化创新更为滞后。

表3-16 中国小微企业非技术创新中不同形式的现状（%）

组织创新比例	服务创新比例	营销创新比例	文化创新比例	其他创新比例
24.81	52.43	65.25	25.53	0.57

资料来源：2015年中国小微企业调查数据。

注：鉴于2015年中国小微企业调查问卷中该问题的回答可多选，小微企业不同技术创新形式的合计数超过100%。

（4）中国高、低经营年限小微企业的创新现状分析。

如表3-17所示，低经营年限小微企业的创新比例、技术创新比例和非技术创新比例均高于高经营年限小微企业，尤其在非技术创新方面。其中，低经营年限小微企业的创新比例最高，达到55.94%；最低的是高经营年限小微企业的非技术创新比例，为24.06%。

表 3-17　中国高、低经营年限小微企业的创新现状（%）

类型	创新比例	技术创新比例	非技术创新比例
高经营年限小微企业	51.41	39.34	24.06
低经营年限小微企业	55.94	39.74	33.60
差额	-4.53	-0.40	-9.54

资料来源：2015 年中国小微企业调查数据。

注：表中创新比例、技术创新比例和非技术创新比例分别为进行创新、技术创新和非技术创新的小微企业比例。其中，技术创新小微企业是指目前或曾经有产品或技术上的研发与创新活动的小微企业；非技术创新小微企业是指有除了产品和技术外的其他创新，如组织、服务、营销、文化等创新的小微企业。高经营年限小微企业、低经营年限小微企业是按照经营年限的均值进行划分的。差额=高经营年限小微企业-低经营年限小微企业。

（5）中国高、低资产小微企业的创新现状分析。

如表 3-18 所示，高资产小微企业在创新、技术创新、非技术创新方面均高于低资产小微企业，说明资产规模在小微企业创新中具有重要作用。另外，高资产小微企业的创新比例最高，达到 60.99%；低资产小微企业的非技术创新比例最低，为 28.10%。

表 3-18　中国高、低资产小微企业的创新现状（%）

类型	创新比例	技术创新比例	非技术创新比例
高资产小微企业	60.99	46.58	31.88
低资产小微企业	48.07	33.31	28.10
差额	12.92	13.27	3.78

资料来源：2015 年中国小微企业调查数据。

注：表中创新比例、技术创新比例和非技术创新比例分别为进行创新、技术创新和非技术创新的小微企业比例。其中，技术创新小微企业是指目前或曾经有产品或技术上的研发与创新活动的小微企业；非技术创新小微企业是指有除了产品和技术外的其他创新，如组织、服务、营销、文化等创新的小微企业。高资产小微企业、低资产小微企业是按照资产的均值进行划分的。差额=高资产小微企业-低资产小微企业。

（6）中国城镇、乡村小微企业的创新现状分析。

如表 3-19 所示，我国城镇小微企业在创新、技术创新和非技术创新方面均高于乡村小微企业，其中城镇小微企业创新比例高出乡村小微企业 22.39 个百分点，技术创新和非技术创新的超出比例也都在 15 个百分点上下。这说明城镇小微企业比乡村小微企业的创新贡献更大，这很可能得益于城镇的市场、竞争、人才以及经营环境等因素。

表 3-19　中国城镇、乡村小微企业的创新现状（%）

类型	创新比例	技术创新比例	非技术创新比例
城镇小微企业	54.86	40.03	30.39
乡村小微企业	32.47	25.34	13.89
差额	22.39	14.69	16.50

资料来源：2015 年中国小微企业调查数据。

注：表中创新比例、技术创新比例和非技术创新比例分别为进行创新、技术创新和非技术创新的小微企业比例。其中，技术创新小微企业是指目前或曾经有产品或技术上的研发与创新活动的小微企业；非技术创新小微企业是指有除了产品和技术外的其他创新，如组织、服务、营销、文化等创新的小微企业。差额=城镇小微企业-乡村小微企业。

（7）中国公有制、非公有制小微企业的创新现状分析。

如表 3-20 所示，我国非公有制小微企业的创新比例、技术创新比例和非技术创新比例均高于公有制小微企业，分别高出 12.15 个百分点、11.96 个百分点和 4.98 个百分点。这一方面说明非公有制小微企业创新的贡献度更大，另一方面说明非公有制小微企业的创新动力更强，原因可能在于非公有制小微企业面临更大的市场竞争压力以及更灵活的创新机制。

表 3-20　中国公有制、非公有制小微企业的创新现状（%）

类型	创新比例	技术创新比例	非技术创新比例
公有制小微企业	42.61	28.19	25.15
非公有制小微企业	54.76	40.15	30.13
差额	-12.15	-11.96	-4.98

资料来源：2015 年中国小微企业调查数据。

注：表中创新比例、技术创新比例和非技术创新比例分别为进行创新、技术创新和非技术创新的小微企业比例。其中，技术创新小微企业是指目前或曾经有产品或技术上的研发与创新活动的小微企业；非技术创新小微企业是指有除了产品和技术外的其他创新，如组织、服务、营销、文化等创新的小微企业。公有制小微企业包括国有/国有控股小微企业和集体/集体控股小微企业，非公有制小微企业包括私营/私人（不含外资）小微企业、外商独资小微企业、港澳台独资小微企业、中外合资小微企业和其他小微企业。差额=公有制小微企业-非公有制小微企业。

（8）中国有限责任、非有限责任小微企业的创新现状分析。

如表 3-21 所示，我国有限责任小微企业的创新比例、技术创新比例和非技术创新比例均高于非有限责任小微企业，有限责任小微企业的创新比例最高，达到 57.90%，非有限责任小微企业的非技术创新比例最低，为 27.02%，说明有限责任小微企业更为完善的公司治理促使其比非有限责任小微企业更积极地开展创新活动。

表 3-21　中国有限责任、非有限责任小微企业的创新现状（%）

类型	创新比例	技术创新比例	非技术创新比例
有限责任小微企业	57.90	42.40	31.98
非有限责任小微企业	49.07	35.71	27.02
差额	8.83	6.69	4.96

资料来源：2015 年中国小微企业调查数据。

注：表中创新比例、技术创新比例和非技术创新比例分别为进行创新、技术创新和非技术创新的小微企业比例。其中，技术创新小微企业是指目前或曾经有产品或技术上的研发与创新活动的小微企业；非技术创新小微企业是指有除了产品和技术外的其他创新，如组织、服务、营销、文化等创新的小微企业。有限责任小微企业包括有限责任公司类型的小微企业和股份公司类型的小微企业，非有限责任小微企业包括独资企业、合伙企业、农民合作社及其他小微企业。差额=有限责任小微企业-非有限责任小微企业。

（9）中国小微企业创新不成功的现状分析。

如表 3-22 所示，中国小微企业创新不成功中，“有过创新的点子并进行了研发，但没有成功”与“研发虽然成功，但成果未能商业化”的合计比例为 67.22%，我们可以将其称为“创新了但不成功”。“有过创新的点子，但没有付诸实施”的比例为 28.10%，可以理解为“有点子但没有创新”。这些创新约束都会直接影响小微企业创新的积极性。

表 3-22　中国小微企业创新不成功的现状（%）

类型	占比
有过创新的点子，但没有付诸实施	28.10
有过创新的点子并进行了研发，但没有成功	36.39
研发虽然成功，但成果未能商业化	30.83
以上都没有	30.95

资料来源：2015 年中国小微企业调查数据。

（10）中国小微企业创新风险的现状分析。

制约小微企业创新的还有创新风险。如表 3-23 所示，认为“有较高风险”和“有很高风险”的合计比例为 27.50%，不到 1/3。而认为“风险一般”“有较低风险”“没有风险”的合计比例为 72.50%。从中可以看出，对于小微企业而言，创新风险因素在制约小微企业创新方面是有限的，同时根据表 3-22“创新了但不成功”的比例 67.22%，不管是从创新风险的态度，还是从创新不成功的实践来看，中国小微企业创新的阻力都不是很大。

表 3-23　中国小微企业创新风险的现状（%）

类型	占比
没有风险	15.23
有较低风险	17.07
风险一般	40.20
有较高风险	21.32
有很高风险	6.18

资料来源：2015 年中国小微企业调查数据。

（11）中国小微企业创新成果容易被竞争对手模仿的现状分析。

如表 3-24 所示，我国小微企业创新成果“非常容易”“比较容易”被竞争对手模仿的合计比例为 63.35%，接近 2/3；而“一般”“不太容易”“非常不容易”被竞争对手模仿的合计比例为 36.66%，说明我国小微企业创新的质量有待提升。

表 3-24　中国小微企业创新成果容易被竞争对手模仿的现状（%）

类型	占比
非常容易	31.48
比较容易	31.87
一般	16.22
不太容易	17.10
非常不容易	3.34

资料来源：2015 年中国小微企业调查数据。

（12）中国小微企业创新成果保护措施的现状分析。

如表 3-25 所示，我国小微企业创新成果保护“没有采取措施”的比例接近 30%。而“申请专利”“不断创新，使竞争对手无法赶超”“保守技术秘密，不申请专利保护”的比例分别为 35.71%、35.01%和 21.04%，合计占到 91.76%。“诉诸法律手段”“对那些易于被模仿侵权的创新，从一开始就不投入”“寻求当地政府保护”的比例分别为 8.43%、2.98%和 2.58%。这说明我国小微企业创新成果保护措施具有为多元化特征，也说明我国小微企业有较好的创新成果保护意识，但是仍然有提升的空间。

表 3-25 中国小微企业创新成果保护措施的现状（%）

类型	占比
申请专利	35.71
诉诸法律手段	8.43
保守技术秘密，不申请专利保护	21.04
不断创新，使竞争对手无法赶超	35.01
寻求当地政府保护	2.58
对那些易于被模仿侵权的创新，从一开始就不投入	2.98
没有采取措施	29.68
其他	2.56

资料来源：2015 年中国小微企业调查数据。

（13）中国小微企业希望政府创新成果保护支持方式的现状分析。

如表 3-26 所示，我国小微企业希望政府创新成果保护支持方式中，“税收优惠”“专项贷款支持”“申请专利登记的政府补贴”“开发技术列入政府计划项目”的比例分别为 60.27%、38.02%、28.63%和 21.56%，“通过政府采购专利产品支持”“定期培训，技术指导”的比例均为 17.21%，而“不需要”的比例仅为 11.72%。这说明我国小微企业还是非常希望政府对创新成果进行保护支持的，也说明在小微企业创新中政府扮演着极为重要的角色。

表 3-26 中国小微企业希望政府创新成果保护支持方式的现状（%）

类型	占比
税收优惠	60.27
通过政府采购专利产品支持	17.21
定期培训，技术指导	17.21
申请专利登记的政府补贴	28.63
开发技术列入政府计划项目	21.56
专项贷款支持	38.02
其他	2.57
不需要	11.72

资料来源：2015 年中国小微企业调查数据。

（14）中国小微企业创新制约因素的现状分析。

到底哪些因素制约了我国小微企业创新呢？表3-27给出了详细的解释。其中，中国小微企业认为“没必要创新”的比例占到26.90%，超过了1/4；认为是“市场因素（如缺乏相关市场信息）”的比例占到31.50%，是占比最高的制约因素，说明我国小微企业创新的动机主要来源于市场竞争的压力；认为“缺乏研发人员”的占比为27.59%，说明创新人才是中国小微企业创新的重要因素；认为“缺少研发经费”的占比为23.91%，说明我国小微企业创新中流动性支持具有重要作用。除此以外，主要的制约因素还有“创新意识不够强”“技术模仿容易”“研发风险过大”“知识产权保护体系不健全”“政策限制”，占比分别为18.71%、15.94%、10.84%、9.27%和7.74%。

表3-27 中国小微企业创新制约因素的现状（%）

类型	占比
没必要创新	26.90
创新意识不够强	18.71
缺少研发经费	23.91
缺乏研发人员	27.59
研发风险过大	10.84
市场因素（如缺乏相关市场信息）	31.50
技术模仿容易	15.94
知识产权保护体系不健全	9.27
政策限制	7.74
其他	3.61

资料来源：2015年中国小微企业调查数据。

3.5 中国小微企业金融排斥与创新之间关系的统计分析

从表3-27的中国小微企业创新制约因素的现状中我们可以知道，23.91%的小微企业认为“缺少研发经费”是制约其创新的重要因素，从表3-26中也可以发现，38.02%的小微企业希望得到“专项贷款支持”，说明中国小微企业创新中流动性支持具有重要作用，而为小微企业创新提供流动性的重要渠道就是金融支持。我们在进行中国小微企业金融排斥的历史演进和现状分析时也发现，中国小微企业面临不同程度的金融排斥、信贷排斥、股权排斥和支付排斥。那么，中国小微企业金融排斥与创新之间有什么关系呢？下面我们进行具体的统计分析。

（1）中国小微企业金融排斥与创新之间关系的统计分析。

如表 3-28 所示，非金融排斥 1 小微企业比金融排斥 1 小微企业的创新比例、技术创新比例和非技术创新比例分别高出 7.19 个百分点、9.09 个百分点和 0.67 个百分点。非金融排斥 2 小微企业比金融排斥 2 小微企业的创新比例、技术创新比例和非技术创新比例分别高出 19.04 个百分点、25.21 个百分点和 7.00 个百分点。其中，非金融排斥 2 小微企业的创新比例最高，达到 72.06%，超过了 70%；而金融排斥 1 小微企业的非技术创新比例最低，为 29.34%，不到 30%。这说明小微企业金融排斥 1 和金融排斥 2 均抑制小微企业创新、技术创新与非技术创新。

表 3-28　中国小微企业金融排斥与创新之间关系的统计描述（%）

类型	创新比例	技术创新比例	非技术创新比例
金融排斥 1 小微企业	48.28	32.12	29.34
非金融排斥 1 小微企业	55.47	41.21	30.01
差额 1	7.19	9.09	0.67
金融排斥 2 小微企业	53.02	38.04	29.46
非金融排斥 2 小微企业	72.06	63.25	36.46
差额 2	19.04	25.21	7.00

资料来源：2015 年中国小微企业调查数据。

注：表中差额=非金融排斥小微企业-金融排斥小微企业。表中技术创新小微企业是指目前或曾经有产品或技术上的研发与创新活动的小微企业；非技术创新小微企业是指有除了产品和技术外的其他创新，如组织、服务、营销、文化等创新的小微企业。金融排斥 1 即小微企业同时面临信贷排斥、股权排斥和支付排斥，金融排斥 2 即小微企业面临信贷排斥、股权排斥和支付排斥中的至少一种金融排斥。差额 1=非金融排斥 1 小微企业-金融排斥 1 小微企业，差额 2=非金融排斥 2 小微企业-金融排斥 2 小微企业。

（2）中国小微企业信贷排斥与创新之间关系的统计分析。

如表 3-29 所示，非信贷排斥小微企业的创新比例、技术创新比例和非技术创新比例分别高出信贷排斥小微企业 5.31 个百分点、7.33 个百分点和 1.28 个百分点。其中，非信贷排斥小微企业的创新比例最高，达到 58.03%；而信贷排斥小微企业的非技术创新比例最低，为29.54%。这说明小微企业信贷排斥能够抑制小微企业的创新、技术创新和非技术创新。

表3-29 中国小微企业信贷排斥与创新之间关系的统计描述（%）

类型	创新比例	技术创新比例	非技术创新比例
信贷排斥小微企业	52.72	37.56	29.54
非信贷排斥小微企业	58.03	44.89	30.82
差额	5.31	7.33	1.28

资料来源：2015年中国小微企业调查数据。

注：表中差额=非信贷排斥小微企业-信贷排斥小微企业。其中，技术创新小微企业是指目前或曾经有产品或技术上的研发与创新活动的小微企业；非技术创新小微企业是指有除了产品和技术外的其他创新，如组织、服务、营销、文化等创新的小微企业。

（3）中国小微企业股权排斥与创新之间关系的统计分析。

如表3-30所示，非股权排斥小微企业的创新比例、技术创新比例和非技术创新比例分别高出股权排斥小微企业9.16个百分点、8.58个百分点和7.02个百分点。其中，非股权排斥小微企业的创新比例最高，达到61.21%，接近2/3；而股权排斥小微企业的非技术创新比例最低，为28.25%。这说明小微企业股权排斥会抑制小微企业的创新、技术创新和非技术创新。

表3-30 中国小微企业股权排斥与创新之间关系的统计描述（%）

类型	创新比例	技术创新比例	非技术创新比例
股权排斥小微企业	52.05	37.58	28.25
非股权排斥小微企业	61.21	46.16	35.27
差额	9.16	8.58	7.02

资料来源：2015年中国小微企业调查数据。

注：表中差额=非股权排斥小微企业-股权排斥小微企业。其中，技术创新小微企业是指目前或曾经有产品或技术上的研发与创新活动的小微企业；非技术创新小微企业是指有除了产品和技术外的其他创新，如组织、服务、营销、文化等创新的小微企业。

（4）中国小微企业支付排斥与创新之间关系的统计分析。

如表3-31所示，非支付排斥小微企业的创新比例和技术创新比例分别高出支付排斥小微企业5.95个百分点和8.79个百分点，这说明小微企业支付排斥会抑制小微企业的创新和技术创新。然而，我们也发现，支付排斥小微企业非技术创新比例高出非支付排斥小微企业3.34个百分点，说明小微企业支付排斥并没有抑制小微企业的非技术创新。

表 3-31 中国小微企业支付排斥与创新之间关系的统计描述（%）

类型	创新比例	技术创新比例	非技术创新比例
支付排斥小微企业	49.93	33.30	32.28
非支付排斥小微企业	55.88	42.09	28.94
差额	5.95	8.79	-3.34

资料来源：2015 年中国小微企业调查数据。

注：表中差额=非支付排斥小微企业-支付排斥小微企业。其中，技术创新小微企业是指目前或曾经有产品或技术上的研发与创新活动的小微企业；非技术创新小微企业是指有除了产品和技术外的其他创新，如组织、服务、营销、文化等创新的小微企业。

3.6 世界不同国家或地区信贷排斥与技术创新之间关系的统计分析

通过表 3-2 和表 3-5，计算出信贷排斥变量与小微企业技术创新变量的相关系数为-0.33，说明信贷排斥与小微企业技术创新之间存在负相关关系。信贷排斥作为金融排斥的一种类型，是不利于小微企业技术创新的，从而在时间跨度上说明了信贷排斥与小微企业技术创新之间的反向关系。

如图 3-3 所示，2010—2021 年（世界银行不同调查年度），世界小微企业的信贷排斥与小微企业技术创新之间关系的散点图呈现负向关系，说明缺乏信贷货币资金的小微企业会减少技术创新活动。

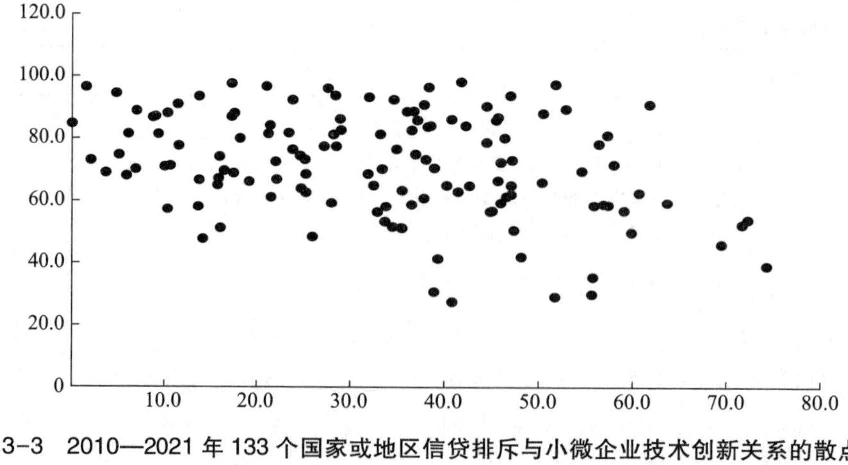

图 3-3 2010—2021 年 133 个国家或地区信贷排斥与小微企业技术创新关系的散点图

资料来源：企业调查，世界银行，http：//www.enterprisesurveys.org。

注：纵轴表示小微企业信贷排斥比例（%），横轴表示小微企业技术创新比例（%）。

4 金融排斥影响小微企业创新的理论分析和数理模型构建

通过第 3 章的分析可知，金融排斥对小微企业创新有不利影响，我们认为原因如下。

小微企业面临的金融排斥问题实际上是小微企业获得或使用货币资金，或者流入货币资金时存在困难的问题。由第 3 章中的 2015 年中国小微企业调查数据、2011—2019 年中国家庭金融调查数据和世界银行 2010—2021 年不同国家或地区的小微企业调查数据可知，金融排斥问题仍然是时下小微企业面临的重要问题。单纯从信贷排斥来看，发达国家的信贷排斥水平较低，而发展中国家的信贷排斥水平较高。2011—2019 年，我国小微企业信贷排斥水平不降反而上升，由 74. 76%增长至 85. 45%。由表 3-1 可知，根据 2021 年中国家庭金融调查数据，2021 年中国小微企业（界定人数中包括经营性家庭及成员，不包括个体工商户）信贷排斥比例为 85. 56%，说明目前中国小微企业的信贷排斥依然严重。从支付排斥来看，由表 3-3 可知，我国小微企业（界定人数中不包括经营性家庭及成员，不包括个体工商户）支付排斥比例由 2015 年的 89. 24%下降到 2019 年的 30. 95%，说明我国小微企业使用主流金融支付系统的比例大幅提高。从股权排斥来看，由表 3-3 可知，我国小微企业 2019 年经营性家庭股权持有比例较 2011 年而言略微下降了 0. 92 个百分点，说明我国小微企业股权排斥程度略有上升。从我国小微企业金融排斥的历史演进中发现，金融排斥问题一直困扰着中国小微企业。由此可以看出，小微企业金融排斥问题具有顽固性、长期性和反复性的特点。

对于小微企业而言，为什么金融排斥问题是一个世界性的难题呢？除了不确定的外部冲击外，小微企业自身的弱势性更是决定小微企业金融排斥问题的关键因素，即小微企业弱势性直接影响小微企业金融资源的获得性和使用性，小微企业金融排斥问题就产生了。为什么发达国家小微企业的金融排斥水平要低于发展中国家呢？除了发达国家先进的金融系统外，发达国家小微企业的弱势性表现得不那么明显，也就是说，发达国家小微企业不那么明显的弱势性决定了发达国家小微企业的金融排斥程度不那么严重。所以，相对于非小微企业而言，小微企业弱势性的改善相当重要。这不仅需要小微企业努力改善自身的弱势性，还需要全社会以公平性、平等性、非歧视性的眼光看待小微企业的社会地位，这对于缓解小微企业的金融排斥程度来说是相当重要的。

创新对于小微企业的意义在于：创新对小微企业生产函数的倍数效应，即创新促使小微企业生产曲线向右上方移动，这种向右上方移动，或者是连续的，或者是跳跃式的，不管是哪种形式，小微企业创新成功都将促使小微企业价值大幅提升。那么，小微企业什么时候才进行创新呢？通常情况下，当小微企业观察到其边际产出开始下降，即单位要素投入带来的产出下降时，小微企业将会考虑如何使单位要素投入带来更高产出的问题，此时是小微企业的创新时机，如果小微企业对自己的边际产出提前进行预判，那么小微企业的创新时机很可能会提前。如果小微企业不进行观察或者观察不到，那么小微企业很可能会错过创新时机而处于行业的被动地位，甚至被行业淘汰。

同时，小微企业创新活动的开展还受制于小微企业自身禀赋和现实资源的获取，尤其是金融资源的获取。如果小微企业在自身或者外部金融资源的获取上面临障碍，就会处于金融排斥地位，将无法正常组织生产而降低产出（Okeyo et al.，2022），那么小微企业就无法按照潜在的生产曲线进行生产，或者实际生产曲线偏离潜在生产曲线太远，从而无法准确判断自己的边际生产曲线，错过创新时机。所以，克服金融排斥、促使小微企业金融普惠的真正意义就在于，保障小微企业在既定的生产曲线上正常组织生产，从而使小微企业的边际产出曲线能够准确反映出小微企业的创新时机，从而引导小微企业积极进行创新活动。由此可以看出，健全的金融机构和发达的金融市场对于小微企业创新具有重要价值。

进一步地，金融排斥影响小微企业创新除了受到小微企业产出的作用，还受到小微企业产品或服务市场价格、实物资本价格和人力资本价格的左右。也就是说，金融排斥影响小微企业创新受制于产出和价格对小微企业创新的相对效应。如果小微企业产品或服务市场、实物资本市场和人力资本市场形成的价格是外生的，则金融排斥影响小微企业创新受制于小微企业的边际产出。但是，如果金融排斥影响小微企业创新的定价，尤其是小微企业革新性产品或服务的定价影响到小微企业产品或服务市场、实物资本市场和人力资本市场的价格走向，那么金融排斥对小微企业创新的抑制作用可能表现得更明显，因为通常被市场认可的创新产品或服务的价格效应要大于产出效应，也就是创新产品或服务价格效应和产出效应的不对称性。当小微企业的创新意识（黄宇虹、黄霖，2019）受到金融排斥约束时，小微企业创新产品或服务的定价则是抽象的，不会影响小微企业产品或服务市场、实物资本市场和人力资本市场的价格；但是为克服金融排斥，使市场认可小微企业产品或服务的创新意识得以实现，必将对小微企业产品或服务市场、实物资本市场和人力资本市场的价格产生较大影响。可以看出，金融排斥还会影响小微企业创新市场的发展。因此，克服金融排斥，实现金融普惠，对小微企业创新和小微企业创新市场的发展都具有重要意义。

从定义上看，金融排斥是一个非常强的概念，其与金融普惠（尹志超，2017；尹志超等，2017a；尹志超等，2017b；张号栋等，2017）是互斥的，金融排斥和金融普惠共同构成完整的空间集合。金融排斥少一点，金融普惠就多一点；反之，金融排斥多一点，金融普惠就少一点。金融系统在对小微企业进行普惠时通常是有条件的，而小微企业面临金融排斥是一种刚性很强的金融约束（卢爱珍、周亚军，2009）现象，不仅包括小微企业需要时的有条件排斥，还包括小微企业不需要时的无条件排斥（小微企业完全不需要现代金融服务系统提供的全方位金融服务所面临的金融排斥，这种情况应该是非常少的，小微企业对于能够提供信贷服务、股权服务和支付服务的现代金融服务系统而无动于衷的应该是少数）。当小微企业在货币资金获得或使用上被排斥在金融系统外，小微企业就面临着金融方面的刚性约束，小微企业进行创新将会十分困难。现代金融服务体系是个历史性和实践性相统一的完美的运行系统，小微企业创新自然离不开该系统；同时，小微企业是现代金融服务系统得以运行的重要贡献者，应该享受到该系统提供的现代金融服务，而现实中小微企业享受到的现代金融服务与现代金融服务系统实际提供的现代金融服务是严重不对称的。所以，克服掉小微企业的弱势性，小微企业终将会被现代金融服务系统覆盖，小微企业创新也将得以长期维持。至于现代金融服务系统最担心的小微企业债务风险、违约风险等问题只是技术、识别、发展和个别性问题而已，这丝毫不影响克服金融排斥的紧迫性。可以看出，克服金融排斥、实现金融普惠、促进小微企业创新不仅是必需的，也是必然的。

那么，金融排斥影响小微企业创新的理论基础是什么？我们试图结合金融中常见的投资组合理论、信贷配给理论和委托—代理理论对金融排斥如何影响小微企业创新进行理论分析。

4.1 金融排斥影响小微企业创新的投资组合理论分析

金融排斥直接影响小微企业的现金管理水平。遭受金融排斥的小微企业被排斥在主流金融系统外，或者不使用或不能获得主流金融产品或服务，将无法充分利用金融系统对其金融资产进行优化配置。

小微企业金融资产通常包括无风险资产和风险资产，而这些金融资产也是由金融产品构成的。若小微企业面临金融排斥，将无法使用或获得这些金融产品，或者在使用或获得金融产品时存在不同程度的限制。产生这种结果，可能源于金融市场优胜劣汰的竞争，或者金融机构出于经营绩效的考虑，也可能源于小微企业自身资金让渡方面的顾虑或担忧，还可能源于小微企业相应金融知识的缺乏而不知道如何去使用和配置自身的金融资产。所以，金融排斥的存在将造成小微企业现金管理水平的低效率甚至无效率，从而使小微企业创新缺乏必要的流动性（张号栋等，2023）。

因此，小微企业的现金管理水平取决于小微企业的金融排斥程度。要想克服小微企业金融排斥，积极进行金融规划（Maranas et al.，1997），促使投资风险与预期收益的最佳权衡，让小微企业充分利用主流金融系统实现其无风险资产和风险资产比例的最优化，就需要小微企业熟练掌握现代化的投资组合配置技术，使内部资金实现跨期配置，为小微企业创新提供持续的、充足的现金流支持。鉴于此，提出假说1：金融排斥通过降低现金流抑制小微企业创新。

4.2 金融排斥影响小微企业创新的信贷配给理论分析

金融排斥将造成小微企业面临不同程度的融资约束。小微企业融资约束不仅可以划分为间接融资约束和直接融资约束，还可以划分为主动融资约束和被动融资约束。而小微企业融资约束是由金融系统的信贷配给（Stiglitz and Weiss，1981）造成的。

进一步地，当小微企业面临金融排斥时，不管是因为被动排斥在主流金融体系外，还是主动排斥使用或获得金融产品或服务，都会引起小微企业创新时面临信贷配给而造成融资约束，因为小微企业或者不接受金融系统提供的融资价格，或者即使愿意给出更高的融资价格也不能获得需要的外部资金，或者担心外部融资价格可能造成的债务负担而放弃使用外部资金，从而引起小微企业创新时寻求其他外部资金融资渠道。

因此，当小微企业面临金融排斥时，外部融资资金获得困难或约束将抑制小微企业创新，尤其在小微企业自有资金不足的情况下。这就要求小微企业在外部资金的寻求上克服金融排斥，使主流金融资金和非主流金融资金达到最优权衡，实现外部资金使用与自有资金使用的最优解。鉴于此，提出假说2：金融排斥通过加重融资约束抑制小微企业创新。

4.3 金融排斥影响小微企业创新的委托—代理理论分析

金融排斥将引起小微企业经营的交易成本增加。交易成本包括非制度性交易成本和制度性交易成本（彭向刚、周雪峰，2017）。在小微企业运营过程中，交易成本的存在增加了小微企业创新的摩擦成本。当小微企业受到金融排斥时，加重小微企业资金委托方与资金代理方之间的信息不对称，从而使资金委托方与资金代理方之间的信息成本增加，致使小微企业的交易成本上升，加大小微企业创新阻力，抑制小微企业创新活动。

进一步地，针对非制度性交易成本，考虑到资金交易的市场化行为，金融排斥影响小微企业创新活动更多的是小微企业的非制度性交易成本。因此，克服小微企业金融排斥，金融的普惠性将促使资金委托方和资金代理方之间非制度性交易成本的降低，减少小微企业创新的成本支出，继而促进小微企业积极进行创新，尤其是自主研发的创新形式的开展。对于小微企业制度性交易成本而言，制度性交易成本是小微企业创新过程中的制度性支出，其将增加小微企业创新展开的运行阻力，全范围增加小微企业非制度性交易成本，所以小微企业制度性交易成本增加对于小微企业非制度性交易成本而言具有放大的杠杆效应。鉴于此，提出假说3：金融排斥通过增加交易成本抑制小微企业创新。

4.4 金融排斥影响小微企业创新的数理模型构建和微观机制分析

4.4.1 数理模型构建

结合上述理论分析提出的三个假说，我们将数理模型构建如下。

假定某代表性小微企业，产出函数 $Y=AP_Y f(K, L)$，投入函数 $C=P_K K+P_L L$，其中，Y 为小微企业产品或服务产出量，P_Y 为小微企业产品或服务市场价格，A 为小微企业创新价值，C 为小微企业投入价值，K 为小微企业实物资本存量，L 为小微企业人力资本存量，P_K 为小微企业实物资本价格，P_L 为小微企业人力资本价格，则小微企业的利润函数 π 可以表示为 $\pi=AP_Y f(K, L)-P_K K-P_L L$，小微企业经营的目标是利润最大化，一阶条件需要满足 $\frac{\partial \pi}{\partial K}=AP_Y f_K-P_K=0$ 和 $\frac{\partial \pi}{\partial L}=AP_Y f_L-P_L=0$。这样，小微企业在均衡处的最优的创新价值函数为

$$A^*=\frac{P_K}{P_Y f_K}=\frac{P_L}{P_Y f_L} \tag{4-1}$$

若小微企业产品或服务市场价格、实物资本价格和人力资本价格不变，则我们可以得出一个非常实用的判断：小微企业创新活动的开展可以通过观察小微企业的实物资本边际产出来确定。若小微企业观察到自己的实物资本边际产出处于上升期，则小微企业可能不会想着去创新；若小微企业观察到自己的实物资本边际产出处于下降期，则小微企业才会想着去创新。这是一个非常有意义的判断。

4.4.2 在实物资本视角下分析金融排斥对小微企业创新的影响及微观机制

为了在实物资本视角下分析金融排斥对小微企业创新的影响及微观机制，我们根据式（4-1）得出的创新价值函数，确定实物资本下的小微企业创新价值函数。

假定小微企业实物资本边际产出是流动性的减函数、交易成本的增函数，小微企业实物资本函数表示为 $K=K(M, T)$。在小微企业实物资本价格 $\overline{P}_K$、

小微企业产品或服务市场价格 $\overline{P}_Y$ 既定条件下，小微企业创新价值函数为

$$A^* = \frac{\overline{P}_K}{\overline{P}_Y f_K(M, T)} \tag{4-2}$$

从式（4-2）中可以看出，小微企业的实物资本边际产出与小微企业创新具有反向关系，原因在于小微企业实物资本边际产出的递减规律。若小微企业的实物资本边际产出处于上升期，则小微企业不会进行创新活动；若小微企业的实物资本边际产出曲线一旦突破临界点，则小微企业将进行创新活动。

根据上述判断，若小微企业面临金融排斥，无法获得或者无法足额获得信贷资金，或者无法通过股权获得资金，或者减少或不使用金融支付方式，小微企业将面临流动性困难。那么，小微企业将减少实物资本投资，或者减少产出甚至停止产出，小微企业实物资本边际产出将处于高位，始终无法突破小微企业实物资本边际产出曲线的临界点，小微企业将不会或者减少进行创新活动。另外，若小微企业面临金融排斥，小微企业组织生产经营活动将面临高昂的交易成本，小微企业也将会减产或者停产，小微企业也可能无法突破其实物资本边际产出曲线的临界点，小微企业也不会或者减少进行创新活动。从实物资本角度来看，小微企业金融排斥将抑制小微企业创新，其中的影响机制为现金管理机制、融资约束机制和交易成本机制。

4.4.3　在人力资本视角下分析金融排斥对小微企业创新的影响及微观机制

为了在人力资本视角下分析金融排斥对小微企业创新的影响及微观机制，我们根据式（4-1）得出的创新价值函数，确定人力资本下的小微企业创新价值函数。

假定小微企业人力资本边际产出是流动性的减函数、交易成本的增函数，小微企业人力资本函数表示为 $L=L(M, T)$，在小微企业人力资本价格 $\overline{P}_L$、小微企业产品或服务市场价格 $\overline{P}_Y$ 既定条件下，小微企业创新价值函数为

$$A^* = \frac{\overline{P}_L}{\overline{P}_Y f_L(M, T)} \tag{4-3}$$

从式（4-3）中可以看出，小微企业的人力资本边际产出与小微企业创

新具有反向关系，原因在于小微企业人力资本边际产出的递减规律。若小微企业的人力资本边际产出处于上升期，则小微企业不会或者减少进行创新活动；但是，若小微企业的人力资本边际产出曲线一旦突破临界点，则小微企业将进行创新活动。

根据上述判断，若小微企业面临金融排斥，无法获得或者无法足额获得信贷资金，或者无法通过股权获得资金，或者减少或不使用金融支付方式，小微企业将面临流动性困难。那么，小微企业将减少创新人才或者停止创新人才引进，小微企业的人力资本边际产出将处于高位，始终无法突破小微企业人力资本边际产出曲线的临界点，小微企业将不会或减少进行创新活动。另外，若小微企业面临金融排斥，小微企业创新活动将面临高昂的交易成本，小微企业也将减少创新人才引进或者停止创新人才引进，小微企业也可能无法突破其人力资本边际产出曲线的临界点，小微企业也不会或者减少进行创新活动。从人力资本角度来看，小微企业金融排斥将抑制小微企业创新，其中的影响机制是现金管理机制、融资约束机制和交易成本机制。

4.4.4 在均衡视角下克服金融排斥，降低交易成本，促进小微企业创新

我们放宽小微企业实物资本价格、小微企业人力资本价格和小微企业产品或服务市场价格不变的假设，根据式（4-1）~式（4-3）得出式（4-4）、式（4-5）。

小微企业创新价值函数为

$$A^* = \frac{P_K}{P_Y f_K(M,\ T)} = \frac{P_L}{P_Y f_L(M,\ T)} \tag{4-4}$$

进一步得出

$$\frac{f_L(M,\ T)}{f_K(M,\ T)} = \frac{P_L}{P_K} \tag{4-5}$$

由式（4-4）可以看出，随着小微企业产品或服务市场价格的下降，小微企业的利润水平在下降，小微企业会进行创新活动，也就是说，小微企业产品或服务市场价格机制会驱动小微企业进行创新活动。在小微企业克服金融排斥和降低交易成本促使小微企业产出提升、小微企业边际产出下降的共同作用下，不断激励小微企业持续进行创新活动。这种驱动机制，促使着小微企业螺旋式发展。另外还可以看出，当小微企业实物资本价格和人力资本

价格上升时，小微企业创新水平也是在提升的，这是因为在要素市场的价格作用下，小微企业会提升自身的自主研发能力（替代效应）去应对要素市场上实物资本和人力资本的价格上涨。同时，若小微企业克服金融排斥和降低交易成本，在小微企业产出提升、边际产出下降的驱动下，也会放大要素市场上实物资本价格和人力资本价格对克服金融排斥、降低交易成本带来的小微企业自主创新水平提升的扩张作用。

在小微企业产品或服务市场、实物资本市场、人力资本市场以及金融排斥克服和交易成本下降的共同作用下，小微企业创新达到式（4-5）的均衡水平。

4.4.5 具体生产函数形式下数理模型假说的论证

我们将生成函数具体形式表示为 $Y=AP_YK^{\alpha}(M,\ T)L^{\beta}(M,\ T)$，投入函数表示为 $C=P_KK(M,\ T)+P_LL(M,\ T)$，其中，$Y$ 为小微企业产品或服务产出量，A 为小微企业创新价值，C 为小微企业投入价值，$K(M,\ T)$ 为小微企业实物资本存量，$L(M,\ T)$ 为小微企业人力资本存量，P_K 为小微企业实物资本价格，P_L 为小微企业人力资本价格，M 为流动性，T 为交易成本，α 为小微企业实物资本弹性，β 为小微企业人力资本弹性，$0<\alpha<1$，$0<\beta<1$，$\alpha+\beta=1$。小微企业的利润函数 π 可以表示为 $\pi=AP_YK^{\alpha}(M,\ T)L^{\beta}(M,\ T)-P_KK(M,\ T)-P_LL(M,\ T)$，其中，$P_Y$ 为小微企业产品或服务市场价格，小微企业经营的目标是利润最大化，一阶条件需要满足

$$\frac{\partial\pi}{\partial M}=AP_Y\alpha K^{\alpha-1}(M,\ T)K_M+AP_Y\beta L^{\beta-1}(M,\ T)L_M-P_KK_M-P_LL_M=0 \quad (4-6)$$

$$\frac{\partial\pi}{\partial T}=AP_Y\alpha K^{\alpha-1}(M,\ T)K_T+AP_Y\beta L^{\beta-1}(M,\ T)L_T-P_KK_T-P_LL_T=0 \quad (4-7)$$

这样，小微企业在均衡处的最优的创新价值函数为

$$A^*=\frac{P_KK_M+P_LL_M}{P_Y[\alpha K^{\alpha-1}(M,\ T)K_M+\beta L^{\beta-1}(M,\ T)L_M]}=\frac{P_KK_T+P_LL_T}{P_Y[\alpha K^{\alpha-1}(M,\ T)K_T+\beta L^{\beta-1}(M,\ T)L_T]} \quad (4-8)$$

针对小微企业创新价值函数，我们对金融排斥影响小微企业创新的微观机制进行分析。

4.4.6 金融排斥影响小微企业创新的微观机制分析

首先，根据式（4-8），我们对金融排斥影响小微企业创新的流动性机制

进行分析。

小微企业作为理性人，为了可持续经营，需要满足自己获得的单位产品或服务的实物资本贡献$\frac{KP_K}{P_Y K^{\alpha}}$应该大于小微企业平均产出带来的边际产出$\alpha\left(\alpha=\frac{\mathrm{d}Y/\mathrm{d}K}{Y/K}\right)\Rightarrow P_K>\alpha K^{\alpha-1}(M,\ T)$；同时满足自己获得的单位产品或服务的人力资本贡献$\frac{LP_L}{P_Y L^{\beta}}$应该大于小微企业平均产出带来的边际产出$\beta\left(\beta=\frac{\mathrm{d}Y/\mathrm{d}L}{Y/L}\right)\Rightarrow P_L>\beta L^{\beta-1}(M,\ T)$。

结合式（4-2）和式（4-3）分析金融排斥通过流动性的下降进而引起小微企业边际实物资本和边际人力资本的下降，分析金融排斥影响小微企业创新的流动性机制。

根据小微企业创新价值函数$A^*=\frac{P_K K_M+P_L L_M}{P_Y[\alpha K^{\alpha-1}(M,\ T)K_M+\beta L^{\beta-1}(M,\ T)L_M]}$，当小微企业面临金融排斥时，流动性下降，流动性引起的边际实物资本K_M下降，流动性引起的边际人力资本L_M也将下降，在实物资本边际产出和人力资本边际产出的共同作用下引起小微企业创新价值A^*下降。

其次，根据式（4-8），我们对金融排斥影响小微企业创新的交易成本机制进行分析。

根据小微企业创新价值函数$A^*=\frac{P_K K_T+P_L L_T}{P_Y[\alpha K^{\alpha-1}(M,\ T)K_T+\beta L^{\beta-1}(M,\ T)L_T]}$，当小微企业面临金融排斥时，交易成本上升，交易成本引起的边际实物资本K_T下降，交易成本引起的边际人力资本L_T也将下降，在实物资本边际产出和人力资本边际产出的共同作用下引起小微企业创新价值A^*下降。

针对上面的模型分析，我们将在第5章、第6章和第7章进行实证分析。

第2篇

验证篇

概论篇对金融排斥与小微企业创新进行界定和理论建模后，本篇对金融排斥对小微企业创新的影响和微观机制进行实证分析，在实证分析中，我们采用了微观计量方法，更多采取工具变量方法对金融排斥和小微企业创新之间的努力因果关系进行论证，并进行稳健性检验，最后得出相应的研究结论。基于研究结论，提出具体的对策建议。

5 金融排斥影响小微企业创新的实证分析

5.1 数据和变量

5.1.1 数据来源

本章研究使用的数据来自西南财经大学中国家庭金融调查与研究中心组织管理的 CMES 项目，该数据库中包含小微企业基本信息，不同行业（零售业、批发业、制造业、交通运输业、餐饮业、软件和信息技术服务业、住宿业、建筑业、农业等）的生产经营（生产、销售、供应）、人力资源管理（雇工与薪酬、绩效、招聘与离职、劳动关系、员工培训等）、研发与创新（技术创新、非技术创新等）、融资（股权融资和债务融资）、财务信息（基本信息、流动资产、非流动资产、收入、成本、利润等）、税费（基本情况、各项税、税收减免）、组织管理（创业与继承、研发创新、管理制度、未来发展、金融知识）、社会责任、政企关系等方面全面、权威（甘犁等，2013）的小微企业经营方面的信息，为本书的实证研究提供微观数据支持。另外，一些省区数据还来自 2015 年《中国金融年鉴》和中国银行保险监督管理委员会（现为国家金融监督管理总局）金融许可证信息。

在小微企业界定方面，我们根据《中国经济普查年鉴 2018》中对小微企业营业收入、从业人员、资产总额方面的界定标准（张号栋等，2023），同时参考既有文献（Herrera and Minetti，2007；杨君等，2021；张号栋等，2023），结合上述数据，剔除金融业和 2015 年成立的小微企业以及缺失值，保留独立企业法人的小微企业（张号栋等，2023），最终提取小微企业创新等被解释变量、金融排斥等关注变量、城市其他小微企业金融排斥比例等工具变量、最主要高管的年龄等小微企业高管特征变量、实际经营年限等小微企业特征变量等，具体解释如下。

5.1.2 变量

5.1.2.1 被解释变量

（1）小微企业创新：参考文献（杨君等，2021；张号栋等，2023）对小微企业技术创新的虚拟变量度量形式，我们根据 CMES 问卷中小微企业创新方面的问题①，首先提取小微企业技术创新和非技术创新的虚拟变量形式；其次将选择“小微企业技术创新”或“小微企业非技术创新”赋值为 1，否则赋值为 0；最后形成小微企业创新变量。如表 5-1 所示，我国平均有 54.2%的小微企业进行创新活动，超过 50%，标准差为 0.498。

表 5-1 描述性统计

变量	观察值	均值	标准差	最小值	最大值
被解释变量					
小微企业创新	3019	0.542	0.498	0	1
小微企业技术创新	3011	0.396	0.489	0	1
小微企业非技术创新	3012	0.299	0.458	0	1
关注变量					
金融排斥	3019	1.776	0.809	0	3
信贷排斥	3019	0.724	0.447	0	1
股权排斥	3019	0.767	0.423	0	1
支付排斥	3019	0.285	0.452	0	1
城市金融排斥	3019	1.815	0.241	0.923	2.385
省区金融排斥	3019	1.820	0.191	1.344	2.120
存贷额与 GDP 比（反向指标）	3019	3.270	1.291	1.765	7.208
Ln 金融机构数量（反向指标）	3019	8.987	0.556	7.194	9.723
工具变量					
城市其他小微企业金融排斥比例	3019	0.942	0.048	0.667	1
城市其他小微企业信贷排斥比例	3019	0.665	0.127	0.167	0.868

① CMES 问卷中涉及技术创新的问题为“贵企业目前或曾经是否有产品或技术上的研发与创新活动？1. 是，2. 否”，我们将选择“是”赋值为 1，选择“否”赋值为 0，然后生成“小微企业技术创新”变量；涉及非技术创新的问题为“贵企业是否有除了产品和技术外的其他创新？1. 是，2. 否”，我们将选择“是”赋值为 1，选择“否”赋值为 0，然后生成“小微企业非技术创新”变量。

续表

变量	观察值	均值	标准差	最小值	最大值
城市其他小微企业股权排斥比例	3019	0. 700	0. 085	0. 200	0. 947
城市其他小微企业支付排斥比例	3019	0. 381	0. 127	0. 067	0. 857
小微企业高管特征变量					
最主要高管的年龄	3019	43. 538	9. 651	16	94
最主要高管年龄的平方/100	3019	19. 887	8. 817	2. 560	88. 360
最主要高管男性	3019	0. 836	0. 370	0	1
最主要高管的受教育年限	3019	12. 915	3. 303	0	22
最主要高管的工作年限	3019	8. 093	6. 652	0	60
小微企业特征变量					
实际经营年限	3019	8. 264	7. 045	1	77
实际经营年限的平方/100	3019	1. 179	2. 608	0. 010	59. 290
流动资产占比	3019	0. 095	0. 245	0	1
民间借款资产占比	3019	0. 016	0. 065	0	0. 990
非制度性交易成本占比	3019	0. 913	0. 177	0. 001	1
Ln 基本账户开户时间	3019	1. 799	0. 757	0	4. 094
Ln 企业资产	3019	14. 546	2. 109	0. 693	21. 512
乡村	3019	0. 030	0. 172	0	1
独资企业	3019	0. 268	0. 443	0	1
合伙企业	3019	0. 093	0. 290	0	1
有限责任公司	3019	0. 527	0. 499	0	1
股份公司	3019	0. 052	0. 222	0	1
农民合作社	3019	0. 047	0. 212	0	1
国有/国有控股	3019	0. 013	0. 114	0	1
集体/集体控股	3019	0. 034	0. 181	0	1
私营/私人（不含外资）	3019	0. 931	0. 253	0	1
外商独资	3019	0. 006	0. 080	0	1
港澳台独资	3019	0. 003	0. 053	0	1
中外合资	3019	0. 006	0. 080	0	1

资料来源：存贷额与 GDP 比=（省区存款余额+省区贷款余额）/GDP，数据来源于 2015 年《中国金融年鉴》；Ln 金融机构数量中的金融机构数据来源于 2022 年 2 月 17 日中国银行保险监督管理委员会（现为国家金融监督管理总局）金融许可证信息；其他变量来源于 2015 年中国小微企业调查数据的统计和计算。

（2）小微企业技术创新：如表 5-1 所示，我国小微企业进行技术创新的均值为 0.396，超过了 1/3，标准差为 0.489。

（3）小微企业非技术创新：如表 5-1 所示，我国小微企业进行非技术创新的均值为 0.299，接近 30%，标准差为 0.458。

5.1.2.2 关注变量

（1）金融排斥：参考文献（李建军、周淑媛，2019；张号栋等，2023）“主流金融账户获得困难或使用困难”的虚拟变量形式，根据 CMES 问卷中涉及金融排斥方面的问题①，首先提取小微企业信贷排斥、股权排斥和支付排斥虚拟变量，其次进行加总，最后提取小微企业金融排斥程度变量，即金融排斥的数值越大，小微企业面临的金融排斥程度越严重，当金融排斥等于 3 时，小微企业处于完全金融排斥状态。如表 5-1 所示，我国小微企业金融排斥的均值为 1.776，标准差为 0.809。

（2）信贷排斥：如表 5-1 所示，我国小微企业信贷排斥的均值为 0.724，标准差为 0.447。

（3）股权排斥：如表 5-1 所示，我国小微企业股权排斥的均值为 0.767，标准差为 0.423。

（4）支付排斥：如表 5-1 所示，我国小微企业支付排斥的均值为 0.285，标准差为 0.452。

（5）其他代理变量：在稳健性检验中，我们选择城市金融排斥、省区金融排斥、存贷额与 GDP 比（反向指标）、Ln 金融机构数量（反向指标）作为金融排斥的代理变量。

5.1.2.3 工具变量

（1）城市其他小微企业金融排斥比例：参考文献（陈前恒等，2014；黄宇虹、黄霖，2019；张号栋等，2023）构造工具变量的方法，我们生成“城

---

① CMES 问卷中涉及信贷排斥的两个问题分别是：问题一“目前，贵企业是否有尚未还清的银行/信用社贷款？1. 是，2. 否”和问题二“目前，贵企业为了生产经营是否使用企业主的个人信用卡进行融资？1. 是，2. 否”，我们将问题一选择“是”或者问题二选择“否”赋值为 1，否则赋值为 0，生成信贷排斥虚拟变量。CMES 问卷中涉及股权排斥的一个问题是：问题三“截至目前，贵企业是否有增加注册资本金的情况？1. 是，2. 否”，我们将选择“否”赋值为 1，否则赋值为 0，生成小微企业股权排斥虚拟变量。支付排斥变量的生成是根据“零售业、批发业、制造业、餐饮业、软件和信息技术服务业、住宿业等小微企业销售商品选择银行转账、支票、银行 POS 业务等结算方式，或者农业小微企业使用银行网点柜台、网上银行、手机银行、电话银行、自助银行等银行服务以及 TB 使用银行转账或银行 POS 业务”赋值为 0，否则赋值为 1 进行提取。

市其他小微企业金融排斥比例”（城市其他小微企业至少面临信贷排斥、股权排斥、支付排斥其中一种类型的排斥赋值为金融排斥的比例）工具变量，在实证分析中针对小微企业金融排斥的内生性问题加以运用。如表 5-1 所示，城市其他小微企业金融排斥比例的均值为 0.942，标准差为 0.048。

（2）城市其他小微企业信贷排斥比例：采取类似的方法提取“城市其他小微企业信贷排斥比例”工具变量，在实证分析中针对小微企业信贷排斥的内生性问题加以运用。如表 5-1 所示，城市其他小微企业信贷排斥比例的均值为 0.665，标准差为 0.127。

（3）城市其他小微企业股权排斥比例：采取类似的方法提取“城市其他小微企业股权排斥比例”工具变量，在实证分析中针对小微企业股权排斥的内生性问题加以运用。如表 5-1 所示，城市其他小微企业股权排斥比例的均值为 0.700，标准差为 0.085。

（4）城市其他小微企业支付排斥比例：采取类似的方法提取“城市其他小微企业支付排斥比例”工具变量，在实证分析中针对小微企业支付排斥的内生性问题加以运用。如表 5-1 所示，城市其他小微企业支付排斥比例的均值为 0.381，标准差为 0.127。

5.1.2.4 控制变量

（1）小微企业高管特征变量：包括最主要高管的年龄、最主要高管年龄的平方/100、最主要高管男性、最主要高管的受教育年限、最主要高管的工作年限。小微企业高管特征变量（邱茜、徐向艺，2011；雷辉、刘鹏，2013）的描述性统计特征如表 5-1 所示。

（2）小微企业特征变量：包括实际经营年限、实际经营年限的平方/100、流动资产占比、民间借款资产占比、非制度性交易成本占比、Ln 基本账户开户时间、Ln 企业资产、乡村、组织形式（独资企业、合伙企业、有限责任公司、股份公司、农民合作社）和所有制特征［国有/国有控股、集体/集体控股、私营/私人（不含外资）、外商独资、港澳台独资、中外合资］。小微企业特征变量的描述性统计特征如表 5-1 所示。

5.1.2.5 微观机制变量

（1）现金管理：参考文献（张号栋等，2023）的做法，我们选择流动资产占比（流动资产占比 = 流动资产/资产，其中流动资产是指日均流动资金，包括小微企业库存现金和银行存款）作为小微企业现金管理的代理变量。由

表 5-1 可知，流动资产占比的均值为 0.095，标准差为 0.245。如表 5-2 所示，创新小微企业的流动资产占比较非创新小微企业高出 0.45 个百分点，说明流动性在小微企业创新中具有积极作用。低经营年限小微企业的流动资产占比较高经营年限小微企业高出 0.93 个百分点，说明经营年限较短的小微企业保持较大的现金流。低资产小微企业的流动资产占比较高资产小微企业高出 6.38 个百分点，这是因为高资产越大，流动资产占比越低。乡村小微企业的流动资产占比较城镇小微企业高出 1.74 个百分点，原因在于乡村小微企业的资产规模小于城镇小微企业的资产规模，根据 2015 年中国小微企业调查数据，城镇小微企业的资产规模是乡村小微企业的 3.27 倍。公有制小微企业的流动资产占比比非公有制小微企业高出 4.60 个百分点，说明公有制小微企业有更强的流动性。有限责任小微企业的流动资产占比高出非有限责任小微企业 2.67 个百分点，说明健全的公司治理结构有利于小微企业现金管理水平的提升。

表 5-2　金融排斥影响中国小微企业创新的微观机制变量描述（%）

类型	流动资产占比	民间借款资产占比	非制度性交易成本占比
创新小微企业	9.73	1.40	90.92
非创新小微企业	9.28	1.91	91.80
差额 1	0.45	-0.51	-0.88
高经营年限小微企业	8.96	1.46	90.02
低经营年限小微企业	9.89	1.74	92.15
差额 2	0.93	0.28	2.13
高资产小微企业	6.16	1.20	90.99
低资产小微企业	12.54	2.02	91.61
差额 3	-6.38	-0.82	-0.62
城镇小微企业	9.47	1.58	91.41
乡村小微企业	11.21	3.23	88.61
差额 4	-1.74	-1.65	2.80
公有制小微企业	13.91	1.68	84.67
非公有制小微企业	9.31	1.63	91.65
差额 5	4.60	0.05	-6.98
有限责任小微企业	10.65	1.46	90.95

续表

类型	流动资产占比	民间借款资产占比	非制度性交易成本占比
非有限责任小微企业	7.98	1.87	91.84
差额6	2.67	-0.41	-0.89

资料来源：2015年中国小微企业调查数据的统计和计算。

注：差额1=创新小微企业-非创新小微企业；差额2=低经营年限小微企业-高经营年限小微企业；差额3=高资产小微企业-低资产小微企业；差额4=城镇小微企业-乡村小微企业；差额5=公有制小微企业-非公有制小微企业；差额6=有限责任小微企业-非有限责任小微企业。其中，高、低经营年限按小微企业经营年限均值进行划分；高、低资产按照小微企业资产均值进行划分；公有制小微企业包括国有/国有控股小微企业和集体/集体控股小微企业，非公有制小微企业包括私营/私人（不含外资）小微企业、外商独资小微企业、港澳台独资小微企业、中外合资小微企业和其他小微企业；有限责任小微企业包括有限责任公司小微企业和股份公司小微企业，非有限责任小微企业包括独资企业、合伙企业、农民合作社及其他小微企业。

（2）融资约束：融资约束通常体现为小微企业向主流金融系统申请外部资金时面临“申请被拒绝”或者“需要但没有申请”的信贷约束（尹志超、张号栋，2020）。鉴于此，考虑到小微企业申请外部资金的渠道包括主流金融渠道或者民间借款渠道，我们利用民间借款资产占比（所欠民间借款金额/资产）度量小微企业融资约束，也就是说，该比例越高，小微企业主流金融融资相对越少，小微企业融资约束就越严重；反之，小微企业融资约束就越轻。由表5-1可知，民间借款资产占比的均值为0.016，标准差为0.065。如表5-2所示，创新小微企业的民间借款资产占比低于非创新小微企业0.51个百分点，说明非创新小微企业面临更严重的融资约束，也说明融资约束在小微企业创新中具有抑制作用。高经营年限小微企业的民间借款资产占比较低经营年限小微企业低0.28个百分点，说明低经营年限小微企业面临更严重的融资约束。高资产小微企业的民间借款资产占比较低资产小微企业低0.82个百分点，说明低资产小微企业面临更严重的融资约束。城镇小微企业的民间借款资产占比较乡村小微企业低1.65个百分点，说明乡村小微企业面临更严重的融资约束。非公有制小微企业的民间借款资产占比较公有制小微企业低0.05个百分点，主要原因是公有制小微企业的资产规模大于非公有制小微企业，根据2015年中国小微企业调查数据，公有制小微企业的资产规模是非公有制小微企业的2.31倍。有限责任小微企业的民间借款资产占比较非有限责任小微企业低0.41个百分点，说明非有限责任小微企业面临更严重的融资约束，也说明有限责任小微企业更容易获得外部主流信贷资金。

（3）交易成本：参考文献（彭向刚等，2017；郑伟宏等，2021；姚东旻等，2022；张号栋等，2023）的做法，我们将交易成本划分为制度性交易成本和非制度性交易成本①，将“非制度性交易成本占比”作为交易成本的代理变量，非制度性交易成本占比=非制度性交易成本/（非制度性交易成本+制度性交易成本）。由表5-1可知，非制度性交易成本占比的均值为0.913，标准差为0.177。如表5-2所示，创新小微企业的非制度性交易成本占比较非创新小微企业低0.88个百分点，说明交易成本对小微企业创新具有抑制作用。低经营年限小微企业比高经营年限小微企业的非制度性交易成本占比高出2.13个百分点，说明低经营年限小微企业的非制度性交易成本占比更高。高资产小微企业的非制度性交易成本占比低于低资产小微企业0.62个百分点，说明高资产小微企业的非制度性交易成本占比更低。城镇小微企业的非制度性交易成本占比比乡村小微企业高出2.80个百分点，说明城镇小微企业的非制度性交易成本占比更高。非公有制小微企业的非制度性交易成本占比较公有制小微企业高出6.98个百分点，说明非公有制小微企业的非制度性交易成本占比更高。有限责任小微企业的非制度性交易成本占比较非有限责任小微企业低0.89个百分点，说明有限责任小微企业的非制度性交易成本占比更低，也说明现代公司制度能够降低小微企业的非制度性交易成本占比。

5.2 计量模型设定与内生性讨论

5.2.1 计量模型设定

$$P(Enterprise\_Innovation=1 \mid X)=P(\alpha Financial\_Exclusion+X\beta+\mu>0 \mid X),\ \mu \sim N(0,\ \sigma^2) \quad (5-1)$$

考虑到被解释变量的0~1变量性质，我们选择Probit计量模型进行设定。在该模型中，被解释变量为小微企业创新、小微企业技术创新和小微企业非技术创新，关注变量为金融排斥、信贷排斥、股权排斥、支付排斥、城市金融排斥、省区金融排斥、存贷额与GDP比（反向指标）和Ln金融机构数量（反向指标），控制变量包括小微企业高管特征变量和小微企业特征变量。

---

① 本书第10章将对非制度性交易成本和制度性交易成本进行明确的界定。

5.2.2 内生性讨论

反向因果问题：在模型（5-1）中可能存在金融排斥与小微企业创新之间的反向因果关系，比如，当小微企业不进行创新时，小微企业就不会去寻求外部资金的支持或者没有外部资金需求，这时小微企业就会面临金融排斥问题。反向因果问题的存在会造成估计结果的偏差，可能高估，也可能低估。当金融排斥的分类变量信贷排斥、股权排斥和支付排斥作为关注变量时，也可能存在类似的反向因果问题。

5.2.3 内生性处理

针对上述内生性问题，参考文献（陈前恒等，2014；黄宇虹、黄霖，2019；张号栋等，2023）的做法，我们利用工具变量的方法进行处理。在构造工具变量时，我们选择"城市其他小微企业金融排斥比例"作为金融排斥的工具变量。这是因为在城市中，小微企业面临的小微企业金融政策、小微企业创新的金融支持、小微企业金融市场发展程度等具有同伴效应，"城市其他小微企业金融排斥比例"与金融排斥具有相关性。但是，小微企业自身能够进行创新，并且小微企业会有创新成果保护方面的措施，则"城市其他小微企业金融排斥比例"相对于小微企业自身创新而言具有外生性，因此选择"城市其他小微企业金融排斥比例"作为工具变量是合理的。类似地，当金融排斥分类变量信贷排斥、股权排斥和支付排斥作为关注变量时，我们分别选择"城市其他小微企业信贷排斥比例""城市其他小微企业股权排斥比例""城市其他小微企业支付排斥比例"作为工具变量。另外，我们还尝试采取外生的城市、省区方面代理变量进行验证。

5.3 金融排斥对小微企业创新影响的实证分析

（1）关注变量分析。表5-3是金融排斥对小微企业创新影响的估计结果，第（1）列采取Probit模型进行估计，而第（2）列使用工具变量的方法采取Ivprobit模型进行估计。由表5-3的估计结果可以看出，第（1）列和第（2）列都说明金融排斥显著降低小微企业创新的概率。表5-3中内生性检验的Wald值为6.570（$p=0.010$）说明金融排斥的确是内生变量，表5-5中的

DWH 值 6.494（$p=0.011$）也进一步验证了金融排斥的内生性。由表 5-3 中第（2）列的估计结果可知，第（1）列的估计结果是有偏的，其低估了金融排斥对小微企业创新的负面影响。

表 5-3 金融排斥对小微企业创新影响的估计结果

被解释变量：小微企业创新	(1)	(2)
	Probit	Ivprobit
金融排斥	-0.046*** (0.012)	-0.207*** (0.049)
最主要高管的年龄	-0.001 (0.006)	-0.004 (0.006)
最主要高管年龄的平方/100	-0.004 (0.007)	0.001 (0.006)
最主要高管男性	0.007 (0.024)	0.002 (0.022)
最主要高管的受教育年限	0.011*** (0.003)	0.011*** (0.003)
最主要高管的工作年限	0.002 (0.002)	0.002 (0.002)
实际经营年限	-0.004 (0.004)	-0.008** (0.004)
实际经营年限的平方/100	0.005 (0.007)	0.010 (0.007)
流动资产占比	0.111*** (0.040)	0.069* (0.039)
民间借款资产占比	-0.240* (0.141)	-0.285** (0.130)
非制度性交易成本占比	-0.106** (0.051)	-0.099** (0.047)
Ln 基本账户开户时间	-0.043** (0.018)	-0.028* (0.017)
Ln 企业资产	0.037*** (0.005)	0.017* (0.009)
乡村	-0.141** (0.059)	-0.093* (0.056)
独资企业	-0.064 (0.089)	-0.038 (0.081)

续表

被解释变量：小微企业创新	(1)	(2)
	Probit	Ivprobit
合伙企业	-0.069 (0.092)	-0.033 (0.084)
有限责任公司	-0.034 (0.088)	-0.031 (0.080)
股份公司	-0.017 (0.095)	-0.004 (0.086)
农民合作社	-0.070 (0.097)	-0.093 (0.087)
国有/国有控股	-0.129 (0.128)	-0.084 (0.126)
集体/集体控股	0.059 (0.112)	0.080 (0.108)
私营/私人（不含外资）	0.111 (0.102)	0.082 (0.100)
外商独资	0.120 (0.141)	0.076 (0.133)
港澳台独资	0.398** (0.201)	0.267 (0.188)
中外合资	0.177 (0.148)	0.104 (0.135)
N	3019	3019
Wald chi^2 值	182.100	232.210
Pseudo R^2	0.0473	
Log pseudolikelihood	-1984.651	-5421.336
Wald test of exogeneity		6.570
p 值		0.010
第一阶段 F 值		56.400

注：*、**、***分别表示0.1、0.05、0.01的显著水平，括号内为稳健标准误，第（1）列、第（2）列报告的是平均边际效应。

金融排斥抑制小微企业创新本质上是金融系统配置金融资源时失灵的表现。从主流金融机构方面来看，金融机构作为独立的自负盈亏的市场主体，出于绩效的考虑，追求利润最大化。而小微企业由于自身的天然劣势，经常会被主流金融机构忽略或遗弃，这将使小微企业创新缺乏主流金融机构的资金支持而被抑制。从金融市场方面来看，若金融市场发展不充分，小微企业作为金融市场重要的参与主体，根据其对国民经济的重要贡献，本应该以平等的身份参与金融市场，但是金融市场的准入条件也会使小微企业参与金融市场出现困难，或者被排斥在金融市场外，从而抑制小微企业创新。另外，从小微企业自身来看，小微企业创新发展的资金主要来源于其自身积累的自有资金（鞠晓生等，2013），而忽略外部资金的申请或利用，导致小微企业外部资金需求不足而抑制小微企业创新。究其原因，或者是对获得或使用外部资金的担忧，避免债务负担或股权被稀释；或者是小微企业不需要外部资金。如果小微企业缺乏金融知识，也会面临金融排斥，小微企业创新意识（黄宇虹、黄霖，2019）淡薄，将制约小微企业开展创新活动。同时，在现代金融支付体系中，小微企业远离或不使用现代金融支付手段也会使小微企业面临金融排斥，这将影响小微企业及时、方便地获得现金流（张号栋等，2023），从而制约小微企业在经营活动中进行创新。

（2）微观机制变量分析。表5-3中第（1）列和第（2）列的估计结果显示，流动资产占比显著促进小微企业创新，民间借款资产占比显著抑制小微企业创新，非制度性交易成本占比对小微企业创新产生显著负向影响。

第一，流动资产占比一方面体现小微企业的流动性（张号栋等，2023）约束状况，另一方面反映小微企业的现金管理水平。小微企业金融资产组合中包括无风险资产和风险资产，相对于风险资产，无风险资产的流动性更强，能够方便、低成本甚至无成本变现，满足小微企业日常性的创新需求。为了保持小微企业持续的创新动力，小微企业时刻保持流动性最优解能够促使小微企业创新的不断优化和持续推进，将降低小微企业单期产品或服务的边际效益递减规律的影响，打破小微企业单期产品周期的利润平均化趋势，从而实现小微企业经营活动利润最大化的动态追求。表5-3中流动资产占比显著为正的边际效应，也说明了小微企业保持合理现金流对其创新具有显著正向激励作用。

第二，民间借款资产占比不仅体现了小微企业民间资本的资产负债率状况，而且刻画了小微企业主流金融的融资约束程度。融资约束（杨君等，2021）是小微企业创新的重要制约因素。其实，通常意义上的融资约束更多体现在小微企业在申请或获得主流金融外部资金时面临的金融现象。小微企业的外部融资渠道不仅包括主流金融系统，还包括民间融资渠道（林毅夫、孙希芳，2005），相应地，当小微企业主要向民间进行融资时，更多的是面临主流金融渠道的供给限制，或者不愿向主流金融渠道进行融资。因此，民间借款资产占比能够较好地刻画小微企业主流金融的融资约束程度。当小微企业面临外部主流金融的融资约束时，会丧失主流金融外部资金对小微企业创新的甄别和监督机制（Diamond，1984），从而加大小微企业创新的难度和风险，制约小微企业创新活动的开展。表 5-3 中民间借款资产占比显著为负的边际效应，也说明了融资约束对小微企业创新具有显著抑制作用。

第三，非制度性交易成本占比既体现了小微企业经营的费用支出状况，也反映了小微企业交易成本结构的分布特征。小微企业创新活动离不开小微企业的供应、生产、销售的经营管理活动，而小微企业在供应、生产、销售的过程中会产生非制度性交易成本和制度性交易成本（彭向刚等，2017；郑伟宏等，2021；姚东旻等，2022；张号栋等，2023）。表 5-3 中，在其他条件不变的情况下，非制度性交易成本占比提高，会导致小微企业创新的概率显著降低。就其原因而言，非制度性交易成本上升，非制度性交易成本占比提高，降低小微企业创新的利润，进而抑制小微企业创新。此外，若小微企业制度性交易成本增加，也将引起小微企业非制度性交易成本更大的增加（我们实证验证出非制度性交易成本对制度性交易成本的弹性为 1.190，大于 1），将能够引起非制度性交易成本占比提高，同样引起小微企业创新概率的下降。可以看出，小微企业降低非制度性交易成本能够促进小微企业创新，而且降费等制度性交易成本的下降对于小微企业创新具有重要意义。

（3）其他控制变量分析。从表 5-3 中的第（2）列估计结果来看，最主要高管的受教育年限对小微企业创新具有显著的积极影响，说明具有高学历高管的小微企业更具有创新精神。小微企业资产规模越大，小微企业创新活动越活跃。实际经营年限越长的小微企业创新显著不足，而更年轻的小微企业创新更足，原因可能在于小微企业经营年限越长，产品或服务线条越相对固定和成熟，或者仍然具有市场优势，或者产品或服务创新的难度更大，或者利润更为稳定而更愿意安于现状。有意思的是，Ln 基本账户开户时间显著降低小微企业创新，很可能是因为基本账户开户时间越长，小微企业的经营年限越长，小微企业的创新动力越不强。相对于乡村小微企业，城镇小微企业更具有创新性，很可能是因为城镇小微企业拥有更多的创新人才和更加激烈的市场竞争。另外，最主要高管的年龄、最主要高管的工作年限、实际经营年限的平方/100、小微企业组织形式、小微企业所有制特征（除港澳台独资外）对小微企业创新没有显著的影响。

5.4 分类金融排斥对小微企业创新影响的实证分析

为了更加深入地分析不同类型金融排斥对小微企业创新的影响，我们估计了信贷排斥、股权排斥和支付排斥对小微企业创新的影响，估计结果如表5-4所示，信贷排斥、股权排斥和支付排斥均显著抑制小微企业创新。从平均边际效应来看，股权排斥对小微企业创新的抑制作用最大，支付排斥对小微企业创新的影响次之，而信贷排斥对小微企业创新的负面影响最小。为了解决分类金融排斥的内生性问题，我们分别选择“城市其他小微企业信贷排斥比例”“城市其他小微企业股权排斥比例”“城市其他小微企业支付排斥比例”工具变量进行极大似然估计。

表 5-4 分类金融排斥对小微企业创新影响的估计结果

被解释变量：小微企业创新	(1)	(2)	(3)	(4)	(5)	(6)
	Probit	Ivprobit	Probit	Ivprobit	Probit	Ivprobit
信贷排斥	-0.045** (0.020)	-0.190** (0.082)				
股权排斥			-0.056*** (0.022)	-0.501*** (0.118)		
支付排斥					-0.049** (0.020)	-0.343*** (0.093)
最主要高管的年龄	-0.000 (0.006)	-0.002 (0.006)	-0.000 (0.006)	-0.002 (0.005)	-0.000 (0.006)	-0.001 (0.006)
最主要高管年龄的平方/100	-0.004 (0.007)	-0.002 (0.007)	-0.004 (0.007)	0.001 (0.006)	-0.005 (0.007)	-0.003 (0.006)
最主要高管男性	0.007 (0.024)	0.002 (0.024)	0.008 (0.024)	0.005 (0.020)	0.009 (0.024)	0.010 (0.022)
最主要高管的受教育年限	0.011*** (0.003)	0.013*** (0.003)	0.010*** (0.003)	0.006** (0.003)	0.010*** (0.003)	0.009*** (0.003)
最主要高管的工作年限	0.002 (0.002)	0.002 (0.002)	0.002 (0.002)	0.001 (0.002)	0.002 (0.002)	0.003 (0.002)
实际经营年限	-0.003 (0.004)	-0.003 (0.004)	-0.003 (0.004)	-0.008** (0.003)	-0.003 (0.004)	-0.005 (0.004)

续表

被解释变量：小微企业创新	(1)	(2)	(3)	(4)	(5)	(6)
	Probit	Ivprobit	Probit	Ivprobit	Probit	Ivprobit
实际经营年限的平方/100	0.003 (0.007)	0.004 (0.007)	0.004 (0.007)	0.013** (0.007)	0.004 (0.007)	0.005 (0.007)
流动资产占比	0.115*** (0.040)	0.104*** (0.040)	0.113*** (0.040)	0.044 (0.043)	0.117*** (0.040)	0.093** (0.037)
民间借款资产占比	-0.245* (0.141)	-0.322** (0.146)	-0.221 (0.139)	-0.173 (0.112)	-0.211 (0.140)	-0.134 (0.137)
非制度性交易成本占比	-0.106** (0.051)	-0.107** (0.050)	-0.097* (0.051)	-0.011 (0.053)	-0.112** (0.051)	-0.138*** (0.048)
Ln 基本账户开户时间	-0.044** (0.018)	-0.037** (0.017)	-0.044** (0.018)	-0.019 (0.018)	-0.046*** (0.018)	-0.042*** (0.016)
Ln 企业资产	0.039*** (0.005)	0.032*** (0.007)	0.039*** (0.005)	0.016 (0.011)	0.040*** (0.005)	0.028*** (0.007)
乡村	-0.147** (0.059)	-0.142** (0.059)	-0.147** (0.059)	-0.094* (0.054)	-0.142** (0.059)	-0.081 (0.058)
独资企业	-0.066 (0.089)	-0.055 (0.088)	-0.066 (0.089)	-0.015 (0.074)	-0.070 (0.089)	-0.072 (0.082)
合伙企业	-0.071 (0.092)	-0.046 (0.091)	-0.074 (0.091)	-0.024 (0.076)	-0.079 (0.092)	-0.085 (0.085)
有限责任公司	-0.031 (0.088)	-0.016 (0.087)	-0.034 (0.088)	-0.014 (0.071)	-0.039 (0.088)	-0.072 (0.082)
股份公司	-0.018 (0.095)	-0.007 (0.093)	-0.019 (0.094)	0.005 (0.077)	-0.022 (0.095)	-0.034 (0.088)
农民合作社	-0.062 (0.097)	-0.061 (0.095)	-0.062 (0.096)	-0.039 (0.079)	-0.070 (0.097)	-0.123 (0.090)
国有/国有控股	-0.139 (0.127)	-0.141 (0.124)	-0.130 (0.127)	-0.043 (0.112)	-0.131 (0.128)	-0.082 (0.128)
集体/集体控股	0.053 (0.111)	0.053 (0.108)	0.056 (0.111)	0.076 (0.091)	0.056 (0.112)	0.074 (0.112)
私营/私人（不含外资）	0.112 (0.101)	0.095 (0.098)	0.116 (0.101)	0.084 (0.086)	0.117 (0.102)	0.103 (0.104)
外商独资	0.129 (0.140)	0.124 (0.135)	0.129 (0.140)	0.099 (0.117)	0.120 (0.141)	0.054 (0.140)
港澳台独资	0.417** (0.202)	0.396** (0.201)	0.417** (0.200)	0.221 (0.169)	0.410** (0.202)	0.280 (0.193)

续表

被解释变量：小微企业创新	(1)	(2)	(3)	(4)	(5)	(6)
	Probit	Ivprobit	Probit	Ivprobit	Probit	Ivprobit
中外合资	0.185 (0.148)	0.159 (0.142)	0.184 (0.148)	0.089 (0.129)	0.189 (0.149)	0.146 (0.139)
N	3019	3019	3019	3019	3019	3019
Wald chi^2 值	169.630	180.250	174.570	329.980	170.960	224.600
Pseudo R^2	0.045		0.045		0.045	
Log pseudolikelihood	-1990.346	-3645.803	-1989.342	-3577.026	-1989.807	-3742.346
Wald test of exogeneity		2.960		5.090		6.010
p 值		0.085		0.024		0.014
第一阶段 F 值		139.712		15.366		55.503

注：*、**、***分别表示0.1、0.05、0.01的显著水平，括号内为稳健标准误，第（1）~（6）列报告的是平均边际效应。

（1）信贷排斥对小微企业创新影响的实证分析。由表5-4第（1）列和第（2）列可知，信贷排斥对小微企业创新具有显著抑制作用。小微企业面临信贷排斥，即小微企业无法获得外部主流金融信贷资源，缘于小微企业与主流金融机构之间的信息不对称，或者缘于双方缺乏信息交流而造成的外部资金交易无法匹配，或者缘于双方信息交流不充分而引起的外部资金供需谈判失败，外部主流信贷资金对小微企业创新筛选和风险承担功能的丧失，从而造成小微企业创新缺乏外部主流信贷资金支持而受到抑制。

（2）股权排斥对小微企业创新影响的实证分析。由表5-4第（3）列和第（4）列可知，股权排斥对小微企业创新具有显著抑制作用。小微企业面临股权排斥，即小微企业未进行增加注册资本金的增资行为。在小微企业创新中，外部股东的准入是对小微企业创新发展的积极信号。外部资金以股份形式注入小微企业，看好的是小微企业未来的发展前景，而处于股权排斥状态的小微企业，要么由于忽视外部资金的积极信号设置准入条件而故步自封，要么外部资金认为小微企业不值得注资。这两个方面都会抑制小微企业创新。

（3）支付排斥对小微企业创新影响的实证分析。由表5-4第（5）列和第（6）列可知，支付排斥对小微企业创新具有显著抑制作用。小微企业处于支付排斥状态，即小微企业未获得或未使用现代金融支付系统的金融排斥类型。小微企业被排斥在现代金融支付体系之外，更多体现在小微企业销售结算方式过多依赖传统的支付结算方式。显然受到支付排斥的小微企业无法享受现代金融支付系统方便、快速、安全的服务，同时无法享受到现代金融支付系统的信用支持，比如，商业信用、银行信用等金融体系的现代化特征。这将直接影响小微企业创新的流动性支持（张号栋等，2023）。另外，小微企业被排斥在现代金融支付体系之外，也将面临更高的交易成本（张号栋等，2023），对小微企业创新产生不利影响。

（4）分类金融排斥对小微企业创新影响微观机制变量的异质性分析。观察表 5-4 第（1）列和第（2）列中的微观机制变量发现，在信贷排斥方程中（未控制股权排斥和支付排斥），流动资产占比对小微企业创新具有显著的正向影响，民间借款资产占比显著抑制小微企业创新，非制度性交易成本占比对小微企业创新具有显著的负向影响，这些实证结果与表 5-3 金融排斥方程中的实证方向和显著性是类似的，即现金管理机制、融资约束机制和交易成本机制同时发挥微观机制作用。观察表 5-4 第（4）列中的微观机制变量发现，在股权排斥方程中（未控制信贷排斥和支付排斥），流动资产占比、民间借款资产占比和非制度性交易成本占比对小微企业创新并没有显著的影响，可以推断出，若不控制信贷排斥和支付排斥，现金管理机制、融资约束机制和交易成本机制在股权排斥方程中无法同时发挥微观机制作用，这与张号栋等（2023）的技术创新的流动性微观机制的研究结果存在不一致的实证结论，说明当小微企业面临股权排斥时，其他机制在起作用，如信号机制，这也是非常值得深入研究的微观机制。观察表 5-4 第（5）列和第（6）列中的微观机制变量发现，在支付排斥方程中（未控制信贷排斥和股权排斥），流动资产占比对小微企业创新具有显著的正向影响，非制度性交易成本占比对小微企业创新具有显著的负向影响，民间借款资产占比对小微企业创新没有显著的影响，说明现金管理机制和交易成本机制同时发挥微观机制作用，但是融资约束机制无法发挥微观机制作用。

（5）分类金融排斥对小微企业创新影响其他控制变量的异质性分析。观察表 5-4 第（1）列和第（2）列中的其他控制变量发现，在信贷排斥方程中（未控制股权排斥和支付排斥），最主要高管的受教育年限更长、企业资产更大和港澳台独资小微企业显著促进小微企业创新，Ln 基本账户开户时间长、乡村小微企业显著抑制小微企业创新。观察表 5-4 第（4）列中的其他控制变量发现，在股权排斥方程中（未控制信贷排斥和支付排斥），最主要高管的受教育年限越长，越有利于小微企业创新。乡村小微企业显著不利于小微企业创新，小微企业实际经营年限对小微企业创新的影响呈现“U”形特征，即随着小微企业实际经营年限增加，先是不利于小微企业创新，超过临界点后，实际经营年限越长，则越有利于小微企业创新，这说明小微企业创新具有周期性特征，小微企业创新促进了小微企业的持续发展，一个长期重视创新的小微企业，路会走得更远。观察表 5-4 第（5）列和第（6）列中的微观机制变量发现，在支付排斥方程中（未控制信贷排斥和股权排斥），最主要高管的受教育年限显著促进小微企业创新，与金融排斥方程、信贷排斥方程、股权排斥方程中具有类似的显著水平和方向，这也充分说明小微企业高管的受教育水平对小微企业创新决策具有重要作用。相比城镇，表 5-4 第（6）列显示，乡村小微企业显著不进行创新，这个结果与金融排斥方程、信贷排斥方程和股权排斥方程中的估计结果具有一致性。

5.5 稳健性检验

5.5.1 采用 2SLS 的估计

我们利用最小二乘法（OLS）和两阶段最小二乘法（2SLS）进行估计，依然得出金融排斥对小微企业创新具有显著抑制作用的结论。从微观机制变量和其他控制变量来看，表 5-5 的估计结果与表 5-3 的估计结果具有一致性。

表 5-5　稳健性检验 1：2SLS 估计

被解释变量：小微企业创新	(1)	(2)
	OLS	2SLS
金融排斥	-0.046*** (0.012)	-0.233*** (0.077)
最主要高管的年龄	-0.001 (0.006)	-0.005 (0.007)
最主要高管年龄的平方/100	-0.003 (0.007)	0.001 (0.007)
最主要高管男性	0.007 (0.024)	0.003 (0.025)
最主要高管的受教育年限	0.011*** (0.003)	0.013*** (0.003)
最主要高管的工作年限	0.002 (0.002)	0.002 (0.002)

续表

被解释变量：小微企业创新	(1)	(2)
	OLS	2SLS
实际经营年限	-0.004 (0.004)	-0.009** (0.004)
实际经营年限的平方/100	0.005 (0.007)	0.012 (0.008)
流动资产占比	0.108*** (0.038)	0.079** (0.040)
民间借款资产占比	-0.231* (0.134)	-0.317** (0.147)
非制度性交易成本占比	-0.104** (0.050)	-0.112** (0.053)
Ln 基本账户开户时间	-0.043** (0.018)	-0.032* (0.018)
Ln 企业资产	0.037*** (0.005)	0.020** (0.008)
乡村	-0.139** (0.058)	-0.108* (0.061)
独资企业	-0.065 (0.088)	-0.045 (0.091)
合伙企业	-0.069 (0.090)	-0.038 (0.095)
有限责任公司	-0.034 (0.087)	-0.035 (0.090)
股份公司	-0.016 (0.093)	-0.003 (0.098)
农民合作社	-0.071 (0.096)	-0.107 (0.101)
国有/国有控股	-0.125 (0.123)	-0.095 (0.138)
集体/集体控股	0.061 (0.110)	0.094 (0.122)
私营/私人（不含外资）	0.113 (0.099)	0.098 (0.110)
外商独资	0.125 (0.140)	0.095 (0.150)

续表

被解释变量：小微企业创新	(1)	(2)
	OLS	2SLS
港澳台独资	0.358** (0.157)	0.274 (0.168)
中外合资	0.172 (0.139)	0.117 (0.144)
常数项	0.177 (0.208)	0.817** (0.343)
N	3019	3019
F 值/Wald chi^2	9.070	205.080
R^2	0.063	
DWH 值		6.494
内生性检验 p 值		0.011
第一阶段 F 值		56.400

注：*、**、***分别表示0.1、0.05、0.01的显著水平，括号内为稳健标准误，第（1）列、第（2）列报告的是平均边际效应。

5.5.2 城市和省区金融排斥的估计

我们采用更换关注变量的方法检验金融排斥抑制小微企业创新的稳健性。首先，采用城市金融排斥变量和省区金融排斥变量作为小微企业金融排斥的代理变量，原因在于城市和省区变量对于小微企业自身的创新而言表现出更多的外生性，同时能够刻画出城市或省区金融排斥程度。如表5-6第（1）列和第（2）列所示，城市金融排斥程度和省区金融排斥程度显著抑制小微企业创新。这说明城市或省区金融排斥程度体现出城市或省区小微企业创新面临着类似的金融排斥状况，而这种聚类效应对小微企业创新产生了不利的影响。从微观机制变量来看，流动资产占比和非制度性交易成本占比分别对小微企业创新具有显著的正向、负向（分别在1%、5%的显著水平上显著）影响，说明现金管理机制和交易成本机制同时显著影响小微企业创新。其他控制变量的估计结果与表5-3的估计结果具有一致性。

表 5-6 稳健性检验 2：更换关注变量 1

被解释变量：小微企业创新	(1)	(2)
	Probit	Probit
城市金融排斥	-0. 150*** (0. 038)	
省区金融排斥		-0. 092* (0. 048)
最主要高管的年龄	-0. 000 (0. 006)	-0. 000 (0. 006)
最主要高管年龄的平方/100	-0. 005 (0. 007)	-0. 005 (0. 007)
最主要高管男性	0. 001 (0. 024)	0. 005 (0. 024)
最主要高管的受教育年限	0. 012*** (0. 003)	0. 011*** (0. 003)
最主要高管的工作年限	0. 002 (0. 002)	0. 002 (0. 002)
实际经营年限	-0. 003 (0. 004)	-0. 003 (0. 004)
实际经营年限的平方/100	0. 004 (0. 007)	0. 003 (0. 007)
流动资产占比	0. 113*** (0. 040)	0. 116*** (0. 040)
民间借款资产占比	-0. 228 (0. 139)	-0. 216 (0. 140)
非制度性交易成本占比	-0. 103** (0. 051)	-0. 105** (0. 051)
Ln 基本账户开户时间	-0. 043** (0. 018)	-0. 044** (0. 018)
Ln 企业资产	0. 037*** (0. 005)	0. 040*** (0. 005)
乡村	-0. 145** (0. 059)	-0. 142** (0. 059)
独资企业	-0. 073 (0. 089)	-0. 073 (0. 089)

续表

被解释变量：小微企业创新	(1)	(2)
	Probit	Probit
合伙企业	-0.081 (0.091)	-0.081 (0.092)
有限责任公司	-0.038 (0.088)	-0.038 (0.088)
股份公司	-0.027 (0.095)	-0.024 (0.095)
农民合作社	-0.078 (0.097)	-0.069 (0.097)
国有/国有控股	-0.128 (0.127)	-0.131 (0.127)
集体/集体控股	0.053 (0.111)	0.054 (0.111)
私营/私人（不含外资）	0.114 (0.101)	0.116 (0.101)
外商独资	0.122 (0.140)	0.129 (0.141)
港澳台独资	0.427** (0.198)	0.427** (0.201)
中外合资	0.195 (0.148)	0.192 (0.149)
N	3019	3019
Wald chi^2 值	184.330	170.090
Pseudo R^2	0.047	0.044
Log pseudolikelihood	-1985.138	-1990.980

注：*、**、***分别表示0.1、0.05、0.01的显著水平，括号内为稳健标准误，第（1）列、第（2）列报告的是平均边际效应。

5.5.3 Ln金融机构数量、存贷额与GDP比作为反向代理指标的估计

省区金融机构数量反映省区的金融普惠水平，而金融排斥作为金融普惠的反向指标；省区存贷额与GDP比反映省区金融发展水平，也可以作为金融

排斥的反向代理指标。如表 5-7 所示，Ln 金融机构数量和存贷额与 GDP 比对小微企业创新均具有显著的正向影响，说明省区金融排斥程度对小微企业创新具有负面作用。从微观机制变量来看，流动资产占比和非制度性交易成本占比分别对小微企业创新具有显著的正向和负向影响，而民间借款资产占比对小微企业创新没具有显著的影响。其他控制变量的估计结果与表 5-3 的估计结果具有一致性。

表 5-7 稳健性检验 3：更换关注变量 2

被解释变量：小微企业创新	(1)	(2)
	Probit	Probit
存贷额与 GDP 比	0.015** (0.007)	
Ln 金融机构数量		0.032** (0.016)
最主要高管的年龄	0.001 (0.006)	-0.000 (0.006)
最主要高管年龄的平方/100	-0.005 (0.007)	-0.005 (0.007)
最主要高管男性	0.009 (0.024)	0.008 (0.024)
最主要高管的受教育年限	0.010*** (0.003)	0.011*** (0.003)
最主要高管的工作年限	0.002 (0.002)	0.002 (0.002)
实际经营年限	-0.003 (0.004)	-0.003 (0.004)
实际经营年限的平方/100	0.004 (0.007)	0.003 (0.007)
流动资产占比	0.114*** (0.040)	0.115*** (0.040)
民间借款资产占比	-0.211 (0.140)	-0.215 (0.139)
非制度性交易成本占比	-0.107** (0.051)	-0.106** (0.051)
Ln 基本账户开户时间	-0.047*** (0.018)	-0.046*** (0.018)
Ln 企业资产	0.041*** (0.005)	0.040*** (0.005)

续表

被解释变量：小微企业创新	(1)	(2)
	Probit	Probit
乡村	-0.142** (0.059)	-0.145** (0.059)
独资企业	-0.068 (0.089)	-0.072 (0.089)
合伙企业	-0.076 (0.092)	-0.079 (0.092)
有限责任公司	-0.033 (0.088)	-0.036 (0.088)
股份公司	-0.019 (0.095)	-0.022 (0.095)
农民合作社	-0.053 (0.097)	-0.060 (0.097)
国有/国有控股	-0.143 (0.127)	-0.139 (0.127)
集体/集体控股	0.052 (0.112)	0.045 (0.111)
私营/私人（不含外资）	0.115 (0.102)	0.108 (0.101)
外商独资	0.125 (0.141)	0.120 (0.141)
港澳台独资	0.407** (0.205)	0.418** (0.201)
中外合资	0.193 (0.149)	0.183 (0.149)
N	3019	3019
Wald chi^2 值	166.790	169.950
Pseudo R^2	0.045	0.044
Log pseudolikelihood	-1990.419	-1990.577

注：**、***分别表示0.05、0.01的显著水平，括号内为稳健标准误，第（1）列、第（2）列报告的是平均边际效应。

5.5.4 需要但金融排斥指标的估计

需要但金融排斥指标中的“需要”是指“小微企业有尚未还清的银行/信用社贷款或者使用信用卡融资、有增加注册资本金以及使用主流金融支付方式”（张号栋等，2023）。如表5-8第（2）列的估计结果所示，金融排斥依旧显著抑制小微企业创新。从微观机制变量来看，民间借款资产占比和非制度性交易成本占比均显著抑制小微企业创新，而流动资产占比对小微企业创新没有显著的影响，说明当小微企业“需要”外部资金而面临金融排斥时，金融排斥影响小微企业创新时的微观机制很可能是融资约束机制和交易成本机制在起作用，而现金管理机制不再起作用。其他控制变量与表5-3具有类似的估计结果。

表5-8 稳健性检验4：金融排斥对小微企业创新影响的估计结果

被解释变量：小微企业创新	(1)	(2)
	Probit	Ivprobit
金融排斥	-0.036*** (0.012)	-0.235*** (0.048)
最主要高管的年龄	-0.001 (0.006)	-0.005 (0.006)
最主要高管年龄的平方/100	-0.004 (0.007)	0.003 (0.006)
最主要高管男性	0.006 (0.024)	-0.007 (0.021)
最主要高管的受教育年限	0.011*** (0.003)	0.011*** (0.003)
最主要高管的工作年限	0.002 (0.002)	0.001 (0.002)
实际经营年限	-0.003 (0.004)	-0.008** (0.003)
实际经营年限的平方/100	0.004 (0.007)	0.010 (0.007)
流动资产占比	0.112*** (0.040)	0.055 (0.038)
民间借款资产占比	-0.236* (0.141)	-0.291** (0.127)
非制度性交易成本占比	-0.105** (0.051)	-0.090** (0.046)
Ln 基本账户开户时间	-0.043** (0.018)	-0.020 (0.017)

续表

被解释变量：小微企业创新	(1) Probit	(2) Ivprobit
Ln 企业资产	0.038*** (0.005)	0.012 (0.009)
乡村	-0.141** (0.059)	-0.074 (0.056)
独资企业	-0.065 (0.089)	-0.027 (0.078)
合伙企业	-0.071 (0.092)	-0.021 (0.081)
有限责任公司	-0.034 (0.088)	-0.024 (0.077)
股份公司	-0.021 (0.095)	-0.014 (0.083)
农民合作社	-0.068 (0.097)	-0.089 (0.084)
国有/国有控股	-0.133 (0.128)	-0.085 (0.124)
集体/集体控股	0.054 (0.112)	0.063 (0.105)
私营/私人（不含外资）	0.111 (0.102)	0.065 (0.098)
外商独资	0.121 (0.141)	0.063 (0.129)
港澳台独资	0.404** (0.201)	0.241 (0.183)
中外合资	0.179 (0.148)	0.080 (0.130)
N	3019	3019
Wald chi^2 值	175.800	258.190
Pseudo R^2	0.0456	
Log pseudolikelihood	-1988.143	-5326.864
Wald test of exogeneity		8.890

续表

被解释变量：小微企业创新	(1)	(2)
	Probit	Ivprobit
p 值		0.003
第一阶段 F 值		48.581

注：*、**、***分别表示 0.1、0.05、0.01 的显著水平，括号内为稳健标准误，第（1）列、第（2）列报告的是平均边际效应。

5.5.5 自我信贷排斥指标的估计

我们采用“不需要贷款”提取小微企业自我信贷排斥指标进行稳健性检验。如表 5-9 所示，自我信贷排斥显著抑制小微企业创新、技术创新和自主研发，也说明上面估计结果的稳健性，这充分说明，小微企业在进行创新、技术创新和自主研发时，提高信贷资金需求、克服自我排斥尤为重要，可以避免小微企业“不敢贷”和“不愿贷”抑制小微企业创新的状况。所以，克服小微企业信贷排斥的需求端问题将会提高小微企业的创新动力，激励小微企业创新。

表 5-9　稳健性检验 5：自我信贷排斥对小微企业创新影响的工具变量估计结果

被解释变量：小微企业创新	(1)	(2)	(3)
	创新	技术创新	自主研发
	Ivprobit	Ivprobit	Ivprobit
自我信贷排斥	-0.565***	-0.543***	-0.501***
	(0.065)	(0.049)	(0.058)
最主要高管的年龄	-0.008*	-0.008*	-0.008**
	(0.005)	(0.004)	(0.004)
最主要高管年龄的平方/100	0.008	0.009**	0.010**
	(0.005)	(0.004)	(0.004)
最主要高管男性	-0.015	0.001	0.008
	(0.020)	(0.021)	(0.021)
最主要高管的受教育年限	0.011***	0.007***	0.007***
	(0.003)	(0.002)	(0.002)
最主要高管的工作年限	0.002	0.003	0.002
	(0.002)	(0.002)	(0.002)

续表

被解释变量：小微企业创新	(1)	(2)	(3)
	创新	技术创新	自主研发
	Ivprobit	Ivprobit	Ivprobit
实际经营年限	-0.003 (0.003)	-0.002 (0.003)	0.001 (0.003)
实际经营年限的平方/100	-0.001 (0.006)	-0.004 (0.006)	-0.010 (0.007)
流动资产占比	0.050 (0.033)	0.048 (0.031)	0.046 (0.030)
民间借款资产占比	-0.842*** (0.165)	-0.872*** (0.149)	-0.983*** (0.167)
非制度性交易成本占比	-0.027 (0.045)	0.002 (0.039)	-0.006 (0.037)
Ln 基本账户开户时间	0.031 (0.021)	0.028 (0.019)	0.022 (0.019)
Ln 企业资产	0.009 (0.008)	0.007 (0.007)	0.005 (0.006)
乡村	-0.037 (0.058)	-0.012 (0.052)	-0.039 (0.058)
独资企业	-0.045 (0.078)	-0.062 (0.070)	-0.005 (0.056)
合伙企业	-0.070 (0.080)	-0.103 (0.075)	-0.023 (0.058)
有限责任公司	-0.028 (0.077)	-0.056 (0.069)	-0.011 (0.055)
股份公司	-0.024 (0.082)	-0.047 (0.074)	0.006 (0.060)
农民合作社	-0.272*** (0.086)	-0.267*** (0.075)	-0.225*** (0.066)
国有/国有控股	0.031 (0.111)	0.007 (0.104)	0.058 (0.106)
集体/集体控股	0.033 (0.103)	0.018 (0.095)	0.016 (0.101)

续表

被解释变量：小微企业创新	(1)	(2)	(3)
	创新	技术创新	自主研发
	Ivprobit	**Ivprobit**	**Ivprobit**
私营/私人（不含外资）	0.016 (0.098)	0.015 (0.091)	0.014 (0.097)
外商独资	0.084 (0.114)	0.054 (0.100)	0.063 (0.108)
港澳台独资	0.247 (0.225)	0.118 (0.155)	0.117 (0.147)
中外合资	-0.064 (0.131)	-0.000 (0.126)	-0.011 (0.128)
N	2318	2313	2313
Wald chi^2值	417.020	384.660	355.210
Log pseudolikelihood	-2844.375	-2793.229	-2556.549
Wald test of exogeneity	7.690	11.110	11.460
p 值	0.006	0.001	0.001
第一阶段 *F* 值	10.619	11.012	11.012

注：*、**、***分别表示0.1、0.05、0.01的显著水平，括号内为稳健标准误，第（1）~（3）列报告的是平均边际效应。

6 金融排斥影响小微企业创新的微观机制分析

从第4章金融排斥影响小微企业创新的理论分析中，我们发现金融排斥影响小微企业创新的现金管理机制、融资约束机制和交易成本机制，下面我们结合中国小微企业微观调查数据分别进行实证验证和微观机制分析。在表5-2金融排斥影响中国小微企业创新的微观机制变量描述中，我们已经发现创新小微企业的流动资产占比更高、民间借款资产占比更低、非制度性交易成本占比更低，说明创新小微企业现金管理中的流动性更充足、融资约束更弱和交易成本更低。同时，考虑到表5-3中微观机制变量的显著估计结果，参考既定文献（杨君等，2021；张号栋等，2023）的做法，我们将分样本下方法与交互项的方法综合起来分别进行微观机制验证和分析。

6.1 金融排斥影响小微企业创新的现金管理机制分析

我们根据流动资产占比均值将全样本分为高现金样本和低现金样本。如表6-1所示，在第（1）列和第（2）列的Probit估计结果中，高现金样本下金融排斥的边际效应高于低现金样本下金融排斥的边际效应，同时在第（3）列和第（4）列的Ivprobit估计结果中，高现金样本下金融排斥的边际效应高于低现金样本下金融排斥的边际效应，说明金融排斥通过降低流动性（张号栋等，2023）抑制小微企业创新。也就是说，金融排斥降低了小微企业的现金管理水平，进而抑制小微企业创新，从而验证了第4章提出的假说1。

表6-1　金融排斥对小微企业创新影响的现金管理机制分析

被解释变量：小微企业创新	(1)	(2)	(3)	(4)
	Probit	Probit	Ivprobit	Ivprobit
	高现金样本	低现金样本	高现金样本	低现金样本
金融排斥	-0.110*** (0.027)	-0.028** (0.013)	-0.251* (0.140)	-0.183*** (0.062)

续表

被解释变量：小微企业创新	(1)	(2)	(3)	(4)
	Probit	Probit	Ivprobit	Ivprobit
	高现金样本	低现金样本	高现金样本	低现金样本
最主要高管的年龄	-0.004 (0.014)	0.001 (0.007)	-0.008 (0.013)	-0.002 (0.007)
最主要高管年龄的平方/100	-0.003 (0.015)	-0.005 (0.008)	0.003 (0.015)	-0.001 (0.007)
最主要高管男性	-0.013 (0.055)	0.008 (0.027)	-0.012 (0.048)	0.004 (0.025)
最主要高管的受教育年限	0.011 (0.007)	0.010*** (0.003)	0.009 (0.007)	0.012*** (0.003)
最主要高管的工作年限	0.012*** (0.005)	-0.001 (0.003)	0.010* (0.006)	-0.000 (0.002)
实际经营年限	-0.015 (0.011)	-0.002 (0.004)	-0.016* (0.009)	-0.006 (0.004)
实际经营年限的平方/100	0.036 (0.027)	0.004 (0.008)	0.037* (0.022)	0.009 (0.008)
流动资产占比	0.115** (0.056)	0.957 (0.595)	0.088 (0.065)	0.294 (0.634)
民间借款资产占比	-0.147 (0.366)	-0.221 (0.153)	-0.279 (0.325)	-0.266* (0.146)
非制度性交易成本占比	-0.074 (0.106)	-0.116** (0.058)	-0.039 (0.104)	-0.120** (0.055)
Ln 基本账户开户时间	-0.050 (0.045)	-0.041** (0.019)	-0.040 (0.041)	-0.026 (0.019)
Ln 企业资产	0.018** (0.007)	0.050*** (0.006)	0.007 (0.015)	0.025* (0.014)
乡村	0.172 (0.197)	-0.188*** (0.063)	0.169 (0.164)	-0.142** (0.063)
独资企业	-0.475** (0.229)	-0.015 (0.095)	-0.445** (0.210)	0.008 (0.087)
合伙企业	-0.448* (0.238)	-0.027 (0.098)	-0.419* (0.215)	0.008 (0.091)

续表

被解释变量：小微企业创新	(1)	(2)	(3)	(4)
	Probit	Probit	Ivprobit	Ivprobit
	高现金样本	低现金样本	高现金样本	低现金样本
有限责任公司	−0.421* (0.228)	0.004 (0.094)	−0.427** (0.194)	0.012 (0.086)
股份公司	−0.524** (0.243)	0.053 (0.102)	−0.466** (0.234)	0.060 (0.094)
农民合作社	−0.203 (0.282)	−0.048 (0.102)	−0.256 (0.240)	−0.069 (0.094)
国有/国有控股	0.070 (0.329)	−0.149 (0.138)	0.148 (0.251)	−0.111 (0.140)
集体/集体控股	0.246 (0.291)	0.075 (0.119)	0.293 (0.209)	0.088 (0.117)
私营/私人（不含外资）	0.373 (0.285)	0.106 (0.108)	0.368* (0.208)	0.075 (0.107)
外商独资	0.375 (0.381)	0.124 (0.150)	0.451 (0.316)	0.066 (0.145)
港澳台独资	0.000 (.)	0.311 (0.217)	0.000 (.)	0.249 (0.205)
中外合资	0.517 (0.379)	0.154 (0.158)	0.418 (0.335)	0.102 (0.146)
N	503	2514	503	2514
Wald chi^2 值	59.930	164.560	72.080	203.350
Pseudo R^2	0.091	0.050		
Log pseudolikelihood	−315.895	−1648.078	−887.604	−4489.022
Wald test of exogeneity			0.560	4.310
p 值			0.456	0.038
第一阶段 F 值			4.623	44.756

注：*、**、***分别表示0.1、0.05、0.01的显著水平，括号内为稳健标准误，第（1）~（4）列报告的是平均边际效应。

小微企业现金管理对于小微企业创新而言非常重要。针对小微企业创新，小微企业如何进行现金管理？根据最优化思路，现金管理就是使小微企业的无风险资产和风险资产的配置达到小微企业创新的最优化水平，即让小微企业无风险资产持有比重在满足小微企业创新时达到合意的比例，这样才能使小微企业创新获得充分的流动性支持。其中，现金管理的资金来源不仅包括信贷资金和股权资金，还包括小微企业利用现代金融支付工具获得的日常现金流。

然而，当小微企业面临金融排斥时，即受到主流金融系统排斥时，小微企业的资金或者来源于内部资金的积累，或者来源于民间借款。尽管小微企业内源资金的使用成本更为低廉，但规模终究是有限的，其受制于行业平均利润水平和小微企业自身的利润增长率，根据产品的生命周期，这两个指标是趋于下降的，难以保证日常性并具有创新风险的小微企业创新活动的开展。由此可以看出，内部资金用于小微企业创新是有上限的。对于民间借款而言，尽管依赖于关系和亲情等的民间资金获得方面相对更容易些，但这部分资金缺乏足够的约束机制，更多属于软约束，在监督和激励小微企业创新方面的作用也是有限的，甚至会出现资金的浪费或无效利用。

可以看出，若小微企业被排斥在现代主流金融体系之外，小微企业进行有效的现金管理是比较困难的，因为货币资金一旦脱离现代主流金融体系，促进小微企业创新的成本将是高昂的，具有不便捷、不安全、失灵等特点，当然也包括其机会成本，这些都不利于小微企业创新。

6.2 金融排斥影响小微企业创新的融资约束机制分析

我们根据民间借款资产占比均值提取低民间借款资产占比虚拟变量（民间借款资产占比均值以下赋值为1，均值以上赋值为0）。如表6-2所示，在第（4）列低融资约束（即低民间借款资产占比）样本和第（5）列高融资约束（即高民间借款资产占比）样本下，估计金融排斥对小微企业创新的影响存在异质性（很可能因为高融资约束样本空间和弱工具变量问题），不能很好进行融资约束机制分析，因此，我们在Probit估计下进行融资约束分析。第（1）列和第（2）列的Probit估计结果显示，高融资约束样本下对小微企业创新的抑制效应（15%显著水平下）高于低融资约束样本下的影响，说明金融排斥通过加重融资约束抑制小微企业创新。第（3）列交互项的估计结果显示，与表5-3第（1）列的估计结果相比较，也说明在低融资约束下，金融排斥对小微企业创新的影响更低，从而验证了第4章提出的假说2。

表 6-2　金融排斥对小微企业创新影响的融资约束机制分析

被解释变量：小微企业创新	(1)	(2)	(3)	(4)	(5)
	Probit			Ivprobit	
	低融资约束样本	高融资约束样本	交互项	低融资约束样本	高融资约束样本
金融排斥	-0.045*** (0.012)	-0.049 (0.034)		-0.237*** (0.048)	-0.053 (0.191)
金融排斥×低民间借款资产占比			-0.045*** (0.012)		
低民间借款资产占比			0.101*** (0.036)		
最主要高管的年龄	0.003 (0.007)	-0.021 (0.015)	-0.001 (0.006)	-0.001 (0.006)	-0.021 (0.015)
最主要高管年龄的平方/100	-0.008 (0.008)	0.018 (0.015)	-0.004 (0.007)	-0.002 (0.007)	0.018 (0.016)
最主要高管男性	0.014 (0.025)	-0.071 (0.084)	0.008 (0.024)	0.008 (0.022)	-0.071 (0.084)
最主要高管的受教育年限	0.011*** (0.003)	0.007 (0.008)	0.011*** (0.003)	0.011*** (0.003)	0.007 (0.008)
最主要高管的工作年限	0.002 (0.002)	-0.001 (0.006)	0.002 (0.002)	0.001 (0.002)	-0.001 (0.007)
实际经营年限	-0.003 (0.004)	-0.003 (0.010)	-0.003 (0.004)	-0.008** (0.004)	-0.003 (0.011)
实际经营年限的平方/100	0.005 (0.008)	-0.007 (0.022)	0.004 (0.007)	0.012 (0.007)	-0.007 (0.023)
流动资产占比	0.116*** (0.040)	-0.056 (0.235)	0.114*** (0.040)	0.062 (0.039)	-0.058 (0.248)
民间借款资产占比	2.338 (8.058)	-0.281 (0.211)		-4.786 (7.407)	-0.280 (0.218)
非制度性交易成本占比	-0.091* (0.053)	-0.358* (0.196)	-0.107** (0.051)	-0.083* (0.048)	-0.357* (0.196)
Ln 基本账户开户时间	-0.051*** (0.019)	-0.001 (0.049)	-0.043** (0.018)	-0.027 (0.018)	-0.001 (0.049)
Ln 企业资产	0.036*** (0.005)	0.043* (0.023)	0.038*** (0.005)	0.012 (0.009)	0.042 (0.036)

续表

被解释变量：小微企业创新	(1)	(2)	(3)	(4)	(5)
	Probit			Ivprobit	
	低融资约束样本	高融资约束样本	交互项	低融资约束样本	高融资约束样本
乡村	-0. 168 * * (0. 068)	-0. 029 (0. 120)	-0. 144 * * (0. 059)	-0. 100 (0. 064)	-0. 028 (0. 127)
独资企业	-0. 075 (0. 091)	0. 111 (0. 343)	-0. 063 (0. 089)	-0. 035 (0. 080)	0. 111 (0. 343)
合伙企业	-0. 079 (0. 094)	0. 079 (0. 350)	-0. 069 (0. 092)	-0. 030 (0. 083)	0. 080 (0. 352)
有限责任公司	-0. 050 (0. 090)	0. 169 (0. 344)	-0. 034 (0. 088)	-0. 039 (0. 078)	0. 168 (0. 344)
股份公司	-0. 044 (0. 097)	0. 306 (0. 367)	-0. 013 (0. 095)	-0. 011 (0. 086)	0. 304 (0. 371)
农民合作社	-0. 047 (0. 102)	-0. 030 (0. 351)	-0. 064 (0. 097)	-0. 063 (0. 088)	-0. 031 (0. 356)
国有/国有控股	-0. 103 (0. 132)		-0. 132 (0. 128)	-0. 061 (0. 122)	
集体/集体控股	0. 061 (0. 117)	-0. 057 (0. 356)	0. 057 (0. 111)	0. 082 (0. 106)	-0. 055 (0. 364)
私营/私人 (不含外资)	0. 134 (0. 107)	-0. 167 (0. 325)	0. 111 (0. 102)	0. 085 (0. 098)	-0. 165 (0. 340)
外商独资	0. 145 (0. 145)		0. 119 (0. 141)	0. 073 (0. 130)	
港澳台独资	0. 427 * * (0. 205)		0. 400 * * (0. 202)	0. 243 (0. 186)	
中外合资	0. 205 (0. 151)		0. 176 (0. 148)	0. 097 (0. 132)	
N	2690	329	3019	2690	329
Wald chi^2值	163. 260	30. 700	177. 07	241. 190	29. 000
Pseudo R^2	0. 048	0. 070	0. 046		
Log pseudolikelihood	-1765. 878	-212. 027	-1987. 034	-4805. 992	-588. 370
Wald test of exogeneity				8. 000	0. 000

续表

被解释变量：小微企业创新	(1)	(2)	(3)	(4)	(5)
	Probit			Ivprobit	
	低融资约束样本	高融资约束样本	交互项	低融资约束样本	高融资约束样本
p 值				0.005	0.981
第一阶段 *F* 值				43.349	8.410

注：*、**、***分别表示0.1、0.05、0.01的显著水平，括号内为稳健标准误，第（1）~（4）列报告的是平均边际效应。

小微企业融资约束根源于信贷配给（Stiglitz and Weiss，1981）。现实的信贷市场是不完全的，是信息不对称的市场，存在逆向选择和道德风险，充分的信贷市场竞争并不能实现货币资金的优化配置，这是因为提供信贷资金的金融机构和小微企业都是理性人，追求各自的利润最大化。尽管提供信贷资金的金融机构和小微企业都是按照自身的利润最大化来行事，但是由于双方信息得不到充分的配置，整个信贷市场无法实现最优的效率水平而造成信贷市场的福利损失，从而导致小微企业“申请信贷资金被拒绝”和“需要而没有申请信贷资金”的融资约束状况。这样，受到融资约束的小微企业由于缺乏外部信贷资金的筛选、监督机制而抑制小微企业创新。

金融排斥本质上是一种市场失灵。受到金融排斥的小微企业被排斥在主流金融体系之外，造成主流金融系统和小微企业创新活动的开展是割裂的，形成金融经济和实体经济的现实分割，小微企业自然处于融资约束状况。小微企业金融排斥程度越严重，小微企业融资约束就越重，就越抑制小微企业创新。

6.3 金融排斥影响小微企业创新的交易成本机制分析

我们根据非制度性交易成本占比均值将全样本分为低交易成本样本和高交易成本样本。如表6-3所示，在第（1）列和第（2）列的Probit估计结果及第（3）列和第（4）列的Ivprobit估计结果中，高非制度性交易成本占比样本（即低制度性交易成本占比样本）下金融排斥的边际效应低于高非制度性交易成本占比（即高制度性交易成本样本占比）样本下金融排斥的边际效应，可以看出制度性交易成本增加，在制度性交易成本对非制度性交易成本的放大效应下，将提高非制度性交易成本占比，从而抑制小微企业创新，从而验证了第4章提出的假说3。

表 6-3　金融排斥对小微企业创新影响的交易成本机制分析

被解释变量：小微企业创新	(1)	(2)	(3)	(4)
	Probit	Probit	Ivprobit	Ivprobit
	低非制度交易成本占比样本	高非制度交易成本占比样本	低非制度交易成本占比样本	高非制度交易成本占比样本
金融排斥	-0.051** (0.023)	-0.036*** (0.013)	-0.278*** (0.062)	-0.174*** (0.064)
最主要高管的年龄	-0.002 (0.014)	-0.003 (0.007)	-0.005 (0.011)	-0.005 (0.007)
最主要高管年龄的平方/100	-0.004 (0.014)	-0.001 (0.008)	0.002 (0.011)	0.002 (0.007)
最主要高管男性	0.023 (0.049)	0.007 (0.027)	0.023 (0.039)	0.000 (0.026)
最主要高管的受教育年限	0.013** (0.006)	0.009*** (0.003)	0.009* (0.006)	0.011*** (0.003)
最主要高管的工作年限	0.005 (0.004)	0.001 (0.003)	0.003 (0.003)	0.001 (0.002)
实际经营年限	-0.005 (0.006)	-0.006 (0.005)	-0.009* (0.005)	-0.009* (0.005)
实际经营年限的平方/100	0.004 (0.011)	0.011 (0.013)	0.009 (0.008)	0.016 (0.012)
流动资产占比	-0.002 (0.077)	0.139*** (0.045)	-0.027 (0.055)	0.102** (0.047)
民间借款资产占比	0.129 (0.335)	-0.343** (0.164)	-0.066 (0.245)	-0.371** (0.159)
非制度性交易成本占比	0.071 (0.080)	-2.540*** (0.507)	0.003 (0.071)	-1.774*** (0.658)
Ln 基本账户开户时间	-0.071** (0.035)	-0.029 (0.021)	-0.041 (0.034)	-0.018 (0.020)
Ln 企业资产	0.026*** (0.010)	0.038*** (0.006)	-0.003 (0.014)	0.023** (0.010)
乡村	0.141 (0.118)	-0.254*** (0.070)	0.067 (0.099)	-0.197*** (0.076)
独资企业	-0.078 (0.173)	-0.021 (0.109)	-0.034 (0.140)	-0.011 (0.099)

续表

被解释变量：小微企业创新	(1)	(2)	(3)	(4)
	Probit	Probit	Ivprobit	Ivprobit
	低非制度交易成本占比样本	高非制度交易成本占比样本	低非制度交易成本占比样本	高非制度交易成本占比样本
合伙企业	-0.132 (0.179)	-0.009 (0.111)	-0.060 (0.149)	0.008 (0.102)
有限责任公司	-0.061 (0.170)	0.015 (0.108)	-0.056 (0.137)	0.007 (0.098)
股份公司	-0.040 (0.180)	0.026 (0.115)	-0.027 (0.145)	0.031 (0.106)
农民合作社	-0.098 (0.202)	-0.018 (0.115)	-0.082 (0.160)	-0.054 (0.107)
国有/国有控股	-0.248 (0.266)	-0.366** (0.173)	-0.166 (0.237)	-0.306* (0.171)
集体/集体控股	-0.409 (0.251)	0.182 (0.129)	-0.304 (0.233)	0.199 (0.123)
私营/私人（不含外资）	-0.303 (0.240)	0.192* (0.117)	-0.286 (0.216)	0.172 (0.111)
外商独资	-0.456 (0.380)	0.232 (0.153)	-0.344 (0.302)	0.191 (0.147)
港澳台独资	0.000 (.)	0.462** (0.204)	0.000 (.)	0.369* (0.199)
中外合资	0.000 (.)	0.239 (0.160)	0.000 (.)	0.176 (0.150)
N	688	2329	688	2329
Wald chi^2 值	57.200	182.690	125.410	213.170
Pseudo R^2	0.065	0.061		
Log pseudolikelihood	-437.805	-1512.648	-1238.172	-4128.810
Wald test of exogeneity			3.910	3.400
p 值			0.048	0.065
第一阶段 F 值			12.320	42.510

注：*、**、***分别表示0.1、0.05、0.01的显著水平，括号内为稳健标准误，第（1）~（4）列报告的是平均边际效应。

交易成本的存在是制约小微企业创新的重要因素。小微企业创新过程终究是有成本的，这些成本包括生产成本和交易成本，扣除生产成本后即为交易成本。小微企业创新的交易成本又包括制度性交易成本和非制度性交易成本（彭向刚、周雪峰，2017；张号栋等，2023）。非制度性交易成本占比作为衡量小微企业交易成本的指标，其变化来源于非制度性交易成本和制度性交易成本的相对变化。从表6-3的实证结果来看，金融排斥影响小微企业创新的交易成本机制来源于制度性交易成本的增加。可以看出，若小微企业面临金融排斥，远离现代化金融系统，小微企业将忙碌于各种经营外事物的处理中，增加小微企业的时间成本、精力成本、谈判成本、信息搜寻成本等，致使小微企业无法全身心投入创新活动中，造成主流金融系统与小微企业创新的现实分割，从而抑制小微企业创新。

6.4 稳健性检验：2SLS 估计

我们采取2SLS检验金融排斥影响小微企业创新的现金管理机制、融资约束机制和交易成本机制。

（1）现金管理机制的稳健性检验。如表6-4所示，在第（1）列、第（2）列和第（3）列、第（4）列估计结果中，高现金样本下金融排斥的抑制效应均高于低现金样本下金融排斥的抑制效应，说明金融排斥通过降低流动性抑制小微企业创新。

表6-4 稳健性检验1：金融排斥对小微企业创新影响的现金管理机制分析

被解释变量：小微企业创新	(1)	(2)	(3)	(4)
	OLS	OLS	2SLS	2SLS
	高现金样本	低现金样本	高现金样本	低现金样本
金融排斥	-0.111*** (0.028)	-0.028** (0.013)	-0.257 (0.257)	-0.196** (0.087)
最主要高管的年龄	-0.005 (0.015)	0.001 (0.007)	-0.010 (0.016)	-0.002 (0.007)
最主要高管年龄的平方/100	-0.002 (0.016)	-0.005 (0.008)	0.003 (0.019)	-0.001 (0.008)
最主要高管男性	-0.013 (0.056)	0.008 (0.027)	-0.014 (0.055)	0.005 (0.028)

续表

被解释变量：小微企业创新	(1)	(2)	(3)	(4)
	OLS	OLS	2SLS	2SLS
	高现金样本	低现金样本	高现金样本	低现金样本
最主要高管的受教育年限	0.011 (0.007)	0.010*** (0.003)	0.011 (0.007)	0.013*** (0.003)
最主要高管的工作年限	0.011*** (0.004)	-0.001 (0.003)	0.010*** (0.004)	-0.001 (0.003)
实际经营年限	-0.013 (0.010)	-0.003 (0.004)	-0.016 (0.012)	-0.007 (0.005)
实际经营年限的平方/100	0.032 (0.021)	0.004 (0.007)	0.038* (0.023)	0.009 (0.008)
流动资产占比	0.117** (0.058)	0.945 (0.594)	0.109* (0.060)	0.356 (0.685)
民间借款资产占比	-0.168 (0.366)	-0.206 (0.144)	-0.316 (0.435)	-0.279* (0.157)
非制度性交易成本占比	-0.067 (0.106)	-0.113* (0.058)	-0.046 (0.113)	-0.131** (0.061)
Ln 基本账户开户时间	-0.048 (0.044)	-0.040** (0.019)	-0.045 (0.043)	-0.029 (0.020)
Ln 企业资产	0.019** (0.008)	0.050*** (0.006)	0.012 (0.014)	0.029** (0.013)
乡村	0.159 (0.177)	-0.184*** (0.060)	0.181 (0.179)	-0.158** (0.063)
独资企业	-0.424** (0.178)	-0.016 (0.093)	-0.466** (0.192)	0.008 (0.096)
合伙企业	-0.397** (0.188)	-0.027 (0.096)	-0.438** (0.200)	0.009 (0.100)
有限责任公司	-0.367** (0.174)	0.003 (0.092)	-0.435** (0.212)	0.014 (0.094)
股份公司	-0.471** (0.195)	0.051 (0.100)	-0.496** (0.199)	0.067 (0.104)

续表

被解释变量：小微企业创新	(1) OLS 高现金样本	(2) OLS 低现金样本	(3) 2SLS 高现金样本	(4) 2SLS 低现金样本
农民合作社	-0.176 (0.235)	-0.050 (0.101)	-0.265 (0.295)	-0.076 (0.105)
国有/国有控股	0.036 (0.245)	-0.145 (0.133)	0.119 (0.276)	-0.121 (0.148)
集体/集体控股	0.201 (0.191)	0.074 (0.118)	0.283 (0.235)	0.098 (0.128)
私营/私人（不含外资）	0.325* (0.175)	0.106 (0.105)	0.376* (0.197)	0.086 (0.115)
外商独资	0.319 (0.321)	0.127 (0.149)	0.446 (0.405)	0.081 (0.158)
港澳台独资	0.660*** (0.192)	0.276 (0.183)	0.508 (0.335)	0.248 (0.190)
中外合资	0.459 (0.294)	0.146 (0.150)	0.447 (0.288)	0.109 (0.152)
常数项	0.763* (0.422)	-0.124 (0.231)	1.208 (0.881)	0.540 (0.415)
N	505	2514	505	2514
F 值/Wald chi^2 值	8.560	8.260	101.410	195.850
R^2	0.121	0.066	0.072	0.001
DWH 值			0.349	4.191
内生性检验 p 值			0.555	0.041
第一阶段 F 值			4.623	44.756

注：*、**、***分别表示0.1、0.05、0.01的显著水平，括号内为稳健标准误。

（2）融资约束机制的稳健性检验。如表6-5所示，在第（1）列和第（2）列估计结果中，高融资约束（高民间借款资产占比）样本下金融排斥对小微企业创新的抑制作用（16%的显著水平下）高于低融资约束样本下的影响，第（3）列交互项的影响与表5-5第（1）列相比，在低融资约束下，金融排斥对小微企业创新的影响更小，说明金融排斥通过加重融资约束抑制小微企业创新。

表 6-5　稳健性检验 2：金融排斥对小微企业创新影响的融资约束机制分析

被解释变量：小微企业创新	(1)	(2)	(3)	(4)	(5)
	OLS			2SLS	
	低融资约束样本	高融资约束样本	交互项	低融资约束样本	高融资约束样本
金融排斥	-0.045*** (0.012)	-0.050 (0.035)		-0.283*** (0.092)	-0.054 (0.193)
金融排斥×低民间借款资产占比			-0.045*** (0.012)		
低民间借款资产占比			0.100*** (0.037)		
最主要高管的年龄	0.003 (0.007)	-0.021 (0.013)	-0.001 (0.006)	-0.001 (0.007)	-0.021 (0.014)
最主要高管年龄的平方/100	-0.008 (0.007)	0.017 (0.013)	-0.004 (0.007)	-0.002 (0.008)	0.018 (0.014)
最主要高管男性	0.014 (0.025)	-0.068 (0.089)	0.008 (0.024)	0.010 (0.027)	-0.068 (0.085)
最主要高管的受教育年限	0.011*** (0.003)	0.008 (0.008)	0.011*** (0.003)	0.014*** (0.003)	0.008 (0.008)
最主要高管的工作年限	0.002 (0.002)	-0.001 (0.006)	0.002 (0.002)	0.001 (0.003)	-0.001 (0.007)
实际经营年限	-0.003 (0.004)	-0.003 (0.010)	-0.003 (0.004)	-0.009* (0.005)	-0.003 (0.011)
实际经营年限的平方/100	0.005 (0.008)	-0.006 (0.022)	0.004 (0.007)	0.014 (0.009)	-0.006 (0.021)
流动资产占比	0.113*** (0.039)	-0.063 (0.237)	0.111*** (0.038)	0.076* (0.042)	-0.066 (0.239)
民间借款资产占比	2.488 (7.861)	-0.256 (0.206)		-5.451 (9.014)	-0.255 (0.204)
非制度性交易成本占比	-0.088* (0.052)	-0.363* (0.197)	-0.105** (0.051)	-0.099* (0.057)	-0.363* (0.191)
Ln 基本账户开户时间	-0.051*** (0.019)	0.001 (0.050)	-0.043** (0.018)	-0.034 (0.021)	0.001 (0.049)
Ln 企业资产	0.036*** (0.005)	0.043* (0.024)	0.038*** (0.005)	0.016* (0.009)	0.043 (0.035)

续表

被解释变量：小微企业创新	(1)	(2)	(3)	(4)	(5)
	OLS			2SLS	
	低融资约束样本	高融资约束样本	交互项	低融资约束样本	高融资约束样本
乡村	-0.170** (0.068)	-0.023 (0.120)	-0.144** (0.058)	-0.127* (0.074)	-0.022 (0.123)
独资企业	-0.077 (0.089)	0.120 (0.378)	-0.064 (0.088)	-0.045 (0.095)	0.120 (0.365)
合伙企业	-0.079 (0.092)	0.091 (0.386)	-0.068 (0.090)	-0.037 (0.099)	0.092 (0.375)
有限责任公司	-0.051 (0.088)	0.182 (0.381)	-0.034 (0.087)	-0.048 (0.093)	0.181 (0.368)
股份公司	-0.044 (0.095)	0.308 (0.399)	-0.013 (0.093)	-0.014 (0.103)	0.306 (0.387)
农民合作社	-0.049 (0.101)	-0.008 (0.383)	-0.065 (0.096)	-0.077 (0.107)	-0.009 (0.374)
国有/国有控股	-0.100 (0.126)		-0.128 (0.123)	-0.073 (0.142)	
集体/集体控股	0.061 (0.114)	-0.062 (0.374)	0.058 (0.109)	0.101 (0.126)	-0.060 (0.370)
私营/私人（不含外资）	0.136 (0.103)	-0.157 (0.343)	0.111 (0.098)	0.108 (0.113)	-0.154 (0.345)
外商独资	0.149 (0.143)		0.123 (0.139)	0.097 (0.154)	
港澳台独资	0.386** (0.161)		0.357** (0.157)	0.266 (0.176)	
中外合资	0.199 (0.142)		0.170 (0.138)	0.117 (0.148)	
常数项	0.080 (0.215)	0.906 (0.712)	0.057 (0.207)	0.883** (0.386)	0.923 (0.975)
N	2690	329	3019	2690	329
F 值/Wald chi^2 值	8.150	1.920	8.800	180.780	40.500
R^2	0.063	0.092	0.062		0.092
DWH 值				8.128	0.001

续表

被解释变量：小微企业创新	(1)	(2)	(3)	(4)	(5)
	OLS			2SLS	
	低融资约束样本	高融资约束样本	交互项	低融资约束样本	高融资约束样本
内生性检验 p 值				0.004	0.980
第一阶段 F 值				44.890	8.410

注：*、**、***分别表示 0.1、0.05、0.01 的显著水平，括号内为稳健标准误。

（3）交易成本机制的稳健性检验。如表 6-6 所示，在第（1）列、第（2）列和第（3）列、第（4）列估计结果中，低交易成本样本下金融排斥的抑制作用均高于高交易成本样本下金融排斥的抑制作用，说明金融排斥通过增加交易成本抑制小微企业创新。

表 6-6　稳健性检验 3：金融排斥对小微企业创新影响的交易成本机制分析

被解释变量：小微企业创新	(1)	(2)	(3)	(4)
	OLS	OLS	2SLS	2SLS
	低非制度交易成本占比样本	高非制度交易成本占比样本	低非制度交易成本占比样本	高非制度交易成本占比样本
金融排斥	-0.051** (0.023)	-0.037*** (0.013)	-0.385** (0.196)	-0.192** (0.086)
最主要高管的年龄	-0.003 (0.014)	-0.003 (0.007)	-0.007 (0.015)	-0.006 (0.008)
最主要高管年龄的平方/100	-0.004 (0.014)	-0.000 (0.008)	0.004 (0.016)	0.003 (0.008)
最主要高管男性	0.023 (0.051)	0.007 (0.028)	0.033 (0.056)	-0.000 (0.029)
最主要高管的受教育年限	0.012** (0.006)	0.010*** (0.003)	0.014* (0.007)	0.012*** (0.003)
最主要高管的工作年限	0.005 (0.004)	0.002 (0.003)	0.004 (0.005)	0.002 (0.003)
实际经营年限	-0.006 (0.007)	-0.006 (0.005)	-0.013 (0.008)	-0.010* (0.006)
实际经营年限的平方/100	0.005 (0.010)	0.011 (0.013)	0.013 (0.012)	0.018 (0.013)

续表

被解释变量：小微企业创新	(1) OLS 低非制度交易成本占比样本	(2) OLS 高非制度交易成本占比样本	(3) 2SLS 低非制度交易成本占比样本	(4) 2SLS 高非制度交易成本占比样本
流动资产占比	−0.006 (0.080)	0.131*** (0.042)	−0.041 (0.082)	0.105** (0.045)
民间借款资产占比	0.156 (0.343)	−0.314** (0.146)	−0.051 (0.364)	−0.378** (0.160)
非制度性交易成本占比	0.067 (0.082)	−2.445*** (0.492)	0.006 (0.101)	−1.864*** (0.597)
Ln 基本账户开户时间	−0.067* (0.035)	−0.029 (0.021)	−0.057 (0.041)	−0.019 (0.021)
Ln 企业资产	0.026*** (0.010)	0.038*** (0.005)	−0.002 (0.020)	0.024*** (0.009)
乡村	0.134 (0.113)	−0.239*** (0.061)	0.093 (0.127)	−0.202*** (0.067)
独资企业	−0.107 (0.166)	−0.032 (0.105)	−0.061 (0.188)	−0.022 (0.106)
合伙企业	−0.161 (0.173)	−0.019 (0.108)	−0.099 (0.198)	0.001 (0.109)
有限责任公司	−0.088 (0.162)	0.003 (0.104)	−0.087 (0.183)	−0.002 (0.104)
股份公司	−0.066 (0.173)	0.017 (0.112)	−0.047 (0.194)	0.026 (0.114)
农民合作社	−0.123 (0.197)	−0.028 (0.112)	−0.124 (0.218)	−0.068 (0.115)
国有/国有控股	−0.223 (0.231)	−0.293** (0.131)	−0.213 (0.299)	−0.267* (0.142)
集体/集体控股	−0.384* (0.213)	0.175 (0.123)	−0.414 (0.280)	0.212* (0.129)
私营/私人（不含外资）	−0.274 (0.200)	0.189* (0.109)	−0.382 (0.276)	0.185* (0.112)
外商独资	−0.428 (0.364)	0.229 (0.148)	−0.472 (0.397)	0.207 (0.152)

续表

被解释变量：小微企业创新	(1)	(2)	(3)	(4)
	OLS	OLS	2SLS	2SLS
	低非制度交易成本占比样本	高非制度交易成本占比样本	低非制度交易成本占比样本	高非制度交易成本占比样本
港澳台独资	0.000 (.)	0.409** (0.160)	0.000 (.)	0.353** (0.166)
中外合资	0.020 (0.243)	0.235 (0.153)	-0.105 (0.299)	0.189 (0.152)
常数项	0.771* (0.451)	2.378*** (0.543)	1.968** (0.892)	2.311*** (0.561)
N	690	2329	690	2329
F 值/Wald chi^2 值	3.720	10.660	239.570	239.210
R^2	0.088	0.079		0.024
DWH 值			4.194	3.471
内生性检验 p 值			0.041	0.063
第一阶段 F 值			12.320	42.510

注：*、**、***分别表示 0.1、0.05、0.01 的显著水平，括号内为稳健标准误。

6.5 稳健性检验：需要但金融排斥指标的估计

我们选择需要但没有金融排斥指标检验金融排斥影响小微企业创新的现金管理机制、融资约束机制和交易成本机制。

（1）现金管理机制的稳健性检验。如表 6-7 所示，在第（1）列、第（2）列和第（3）列、第（4）列估计结果中，高现金样本下金融排斥的边际效应均高于低现金样本下金融排斥的边际效应，说明金融排斥通过降低流动性抑制小微企业创新。

表 6-7 稳健性检验 4：金融排斥对小微企业创新影响的现金管理机制分析

被解释变量：小微企业创新	(1)	(2)	(3)	(4)
	Probit	Probit	Ivprobit	Ivprobit
	高现金样本	低现金样本	高现金样本	低现金样本
金融排斥	-0.110*** (0.028)	-0.016 (0.013)	-0.292** (0.124)	-0.214*** (0.061)

续表

被解释变量：小微企业创新	(1)	(2)	(3)	(4)
	Probit	Probit	Ivprobit	Ivprobit
	高现金样本	低现金样本	高现金样本	低现金样本
最主要高管的年龄	-0.005 (0.014)	0.001 (0.007)	-0.010 (0.012)	-0.003 (0.006)
最主要高管年龄的平方/100	-0.003 (0.015)	-0.005 (0.008)	0.006 (0.015)	0.000 (0.007)
最主要高管男性	-0.017 (0.055)	0.008 (0.027)	-0.021 (0.044)	-0.004 (0.024)
最主要高管的受教育年限	0.012* (0.007)	0.010*** (0.003)	0.010 (0.007)	0.011*** (0.003)
最主要高管的工作年限	0.012*** (0.005)	-0.001 (0.003)	0.009 (0.006)	-0.001 (0.002)
实际经营年限	-0.014 (0.011)	-0.002 (0.004)	-0.014 (0.009)	-0.007* (0.004)
实际经营年限的平方/100	0.034 (0.027)	0.003 (0.008)	0.029 (0.022)	0.009 (0.007)
流动资产占比	0.112** (0.056)	0.999* (0.596)	0.067 (0.070)	0.123 (0.624)
民间借款资产占比	-0.180 (0.379)	-0.216 (0.152)	-0.405 (0.347)	-0.263* (0.141)
非制度性交易成本占比	-0.072 (0.105)	-0.115** (0.058)	-0.024 (0.099)	-0.114** (0.053)
Ln 基本账户开户时间	-0.049 (0.045)	-0.041** (0.019)	-0.033 (0.041)	-0.018 (0.019)
Ln 企业资产	0.018** (0.007)	0.052*** (0.006)	0.004 (0.015)	0.019 (0.014)
乡村	0.184 (0.197)	-0.189*** (0.063)	0.195 (0.154)	-0.124** (0.063)
独资企业	-0.481** (0.231)	-0.016 (0.095)	-0.438** (0.208)	0.024 (0.084)
合伙企业	-0.452* (0.239)	-0.030 (0.098)	-0.411* (0.212)	0.025 (0.088)

续表

被解释变量：小微企业创新	(1)	(2)	(3)	(4)
	Probit	Probit	Ivprobit	Ivprobit
	高现金样本	低现金样本	高现金样本	低现金样本
有限责任公司	-0.424* (0.230)	0.004 (0.094)	-0.426** (0.188)	0.024 (0.083)
股份公司	-0.543** (0.244)	0.051 (0.102)	-0.482** (0.225)	0.058 (0.091)
农民合作社	-0.207 (0.281)	-0.046 (0.102)	-0.276 (0.219)	-0.062 (0.090)
国有/国有控股	0.087 (0.327)	-0.152 (0.138)	0.197 (0.220)	-0.117 (0.138)
集体/集体控股	0.254 (0.287)	0.072 (0.119)	0.312* (0.170)	0.066 (0.115)
私营/私人（不含外资）	0.397 (0.283)	0.107 (0.107)	0.405** (0.178)	0.048 (0.107)
外商独资	0.405 (0.381)	0.127 (0.150)	0.530* (0.289)	0.038 (0.142)
港澳台独资	0.000 (.)	0.315 (0.217)	0.000 (.)	0.226 (0.199)
中外合资	0.544 (0.377)	0.155 (0.159)	0.432 (0.304)	0.072 (0.141)
N	503	2514	503	2514
Wald chi^2 值	57.770	161.290	89.660	224.780
Pseudo R^2	0.090	0.049		
Log pseudolikelihood	-316.366	-1649.835	-875.677	-4401.987
Wald test of exogeneity			0.850	6.140
p 值			0.357	0.013
第一阶段 F 值			3.423	38.813

注：*、**、***分别表示0.1、0.05、0.01的显著水平，括号内为稳健标准误，第（1）~（4）列报告的是平均边际效应。

（2）融资约束机制的稳健性检验。如表6-8第（1）列和第（3）列所示，需要但金融排斥在低融资约束样本下显著抑制小微企业创新，但高融资约束样本下，需要但金融排斥对小微企业创新没有显著影响，说明需要但金融排斥不存在明显地影响小微企业创新的融资约束增加机制。就其原因而言，在高融资约束情况下，民间借款很可能可以满足小微企业创新的资金需求，而小微企业不需要主流金融系统的资金支持，即民间借款对主流金融系统资金的替代作用，这也是一个很有意思的发现。

表 6-8 稳健性检验 5：金融排斥对小微企业创新影响的融资约束机制分析

被解释变量：小微企业创新	(1)	(2)	(3)	(4)
	Probit	Probit	Ivprobit	Ivprobit
	低融资约束样本	高融资约束样本	低融资约束样本	高融资约束样本
金融排斥	-0.036*** (0.013)	-0.033 (0.034)	-0.266*** (0.046)	-0.077 (0.245)
最主要高管的年龄	0.003 (0.007)	-0.021 (0.015)	-0.002 (0.006)	-0.022 (0.015)
最主要高管年龄的平方/100	-0.008 (0.008)	0.018 (0.015)	-0.000 (0.007)	0.019 (0.016)
最主要高管男性	0.013 (0.025)	-0.073 (0.085)	0.000 (0.021)	-0.079 (0.087)
最主要高管的受教育年限	0.011*** (0.003)	0.007 (0.008)	0.011*** (0.003)	0.008 (0.008)
最主要高管的工作年限	0.002 (0.002)	-0.001 (0.006)	0.00 (0.002) 1	-0.000 (0.007)
实际经营年限	-0.003 (0.004)	-0.002 (0.010)	-0.008** (0.003)	-0.003 (0.012)
实际经营年限的平方/100	0.004 (0.008)	-0.007 (0.022)	0.011* (0.007)	-0.006 (0.023)
流动资产占比	0.116*** (0.040)	-0.053 (0.240)	0.048 (0.038)	-0.088 (0.285)
民间借款资产占比	2.733 (8.047)	-0.285 (0.212)	-5.677 (7.168)	-0.268 (0.233)
非制度性交易成本占比	-0.090* (0.053)	-0.361* (0.197)	-0.073 (0.046)	-0.359* (0.195)
Ln 基本账户开户时间	-0.051*** (0.019)	0.001 (0.049)	-0.019 (0.018)	0.001 (0.048)
Ln 企业资产	0.037*** (0.005)	0.045* (0.023)	0.008 (0.009)	0.038 (0.044)

续表

被解释变量：小微企业创新	(1)	(2)	(3)	(4)
	Probit	Probit	Ivprobit	Ivprobit
	低融资约束样本	高融资约束样本	低融资约束样本	高融资约束样本
乡村	-0.169** (0.068)	-0.034 (0.120)	-0.075 (0.064)	-0.024 (0.130)
独资企业	-0.076 (0.091)	0.109 (0.341)	-0.020 (0.078)	0.104 (0.339)
合伙企业	-0.080 (0.094)	0.074 (0.348)	-0.015 (0.081)	0.079 (0.346)
有限责任公司	-0.049 (0.090)	0.167 (0.342)	-0.029 (0.075)	0.160 (0.341)
股份公司	-0.047 (0.097)	0.305 (0.366)	-0.017 (0.083)	0.280 (0.387)
农民合作社	-0.045 (0.102)	-0.028 (0.349)	-0.054 (0.085)	-0.044 (0.355)
国有/国有控股	-0.105 (0.132)		-0.064 (0.121)	
集体/集体控股	0.055 (0.118)	-0.064 (0.350)	0.058 (0.103)	-0.051 (0.383)
私营/私人（不含外资）	0.134 (0.107)	-0.178 (0.318)	0.066 (0.096)	-0.161 (0.362)
外商独资	0.147 (0.145)		0.057 (0.125)	
港澳台独资	0.433** (0.206)		0.213 (0.180)	
中外合资	0.208 (0.151)		0.070 (0.127)	
N	2690	329	2690	329
Wald chi^{2}值	158.150	29.810	273.870	29.830
Pseudo R^2	0.046	0.068		
Log pseudolikelihood	-1768.591	-212.605	-4712.627	-584.580
Wald test of exogeneity			10.180	0.030

续表

被解释变量：小微企业创新	(1)	(2)	(3)	(4)
	Probit	Probit	Ivprobit	Ivprobit
	低融资约束样本	高融资约束样本	低融资约束样本	高融资约束样本
p 值			0.001	0.858
第一阶段 F 值			38.688	4.623

注：*、**、***分别表示 0.1、0.05、0.01 的显著水平，括号内为稳健标准误，第（1）~（4）列报告的是平均边际效应。

（3）交易成本机制的稳健性检验。如表 6-9 所示，第（1）列、第（2）列和第（3）列、第（4）列估计结果显示金融排斥通过增加交易成本抑制小微企业创新。

表 6-9　稳健性检验 6：金融排斥对小微企业创新影响的交易成本机制分析

被解释变量：小微企业创新	(1)	(2)	(3)	(4)
	Probit	Probit	Ivprobit	Ivprobit
	低非制度交易成本占比样本	高非制度交易成本占比样本	低非制度交易成本占比样本	高非制度交易成本占比样本
金融排斥	-0.047** (0.023)	-0.024* (0.014)	-0.300*** (0.054)	-0.202*** (0.064)
最主要高管的年龄	-0.003 (0.014)	-0.003 (0.007)	-0.008 (0.010)	-0.006 (0.007)
最主要高管年龄的平方/100	-0.004 (0.014)	-0.001 (0.008)	0.007 (0.011)	0.003 (0.007)
最主要高管男性	0.023 (0.049)	0.007 (0.027)	0.021 (0.037)	-0.009 (0.026)
最主要高管的受教育年限	0.013** (0.006)	0.009*** (0.003)	0.008 (0.006)	0.011*** (0.003)
最主要高管的工作年限	0.005 (0.004)	0.001 (0.003)	0.003 (0.003)	0.001 (0.002)
实际经营年限	-0.005 (0.006)	-0.005 (0.005)	-0.009* (0.005)	-0.009** (0.005)
实际经营年限的平方/100	0.004 (0.011)	0.011 (0.013)	0.009 (0.008)	0.018 (0.011)

续表

被解释变量：小微企业创新	(1)	(2)	(3)	(4)
	Probit	Probit	Ivprobit	Ivprobit
	低非制度交易成本占比样本	高非制度交易成本占比样本	低非制度交易成本占比样本	高非制度交易成本占比样本
流动资产占比	-0.004 (0.077)	0.141*** (0.045)	-0.044 (0.053)	0.092* (0.047)
民间借款资产占比	0.142 (0.335)	-0.340** (0.163)	-0.028 (0.221)	-0.380** (0.156)
非制度性交易成本占比	0.073 (0.079)	-2.586*** (0.507)	0.007 (0.067)	-1.566** (0.676)
Ln 基本账户开户时间	-0.070** (0.035)	-0.029 (0.021)	-0.027 (0.034)	-0.012 (0.020)
Ln 企业资产	0.026*** (0.010)	0.040*** (0.006)	-0.010 (0.014)	0.019* (0.011)
乡村	0.145 (0.118)	-0.256*** (0.070)	0.080 (0.093)	-0.176** (0.077)
独资企业	-0.078 (0.173)	-0.021 (0.109)	-0.020 (0.135)	-0.002 (0.095)
合伙企业	-0.129 (0.179)	-0.011 (0.111)	-0.021 (0.144)	0.014 (0.098)
有限责任公司	-0.059 (0.170)	0.015 (0.108)	-0.039 (0.132)	0.011 (0.094)
股份公司	-0.040 (0.180)	0.024 (0.115)	-0.028 (0.137)	0.021 (0.103)
农民合作社	-0.103 (0.202)	-0.014 (0.115)	-0.107 (0.152)	-0.049 (0.103)
国有/国有控股	-0.245 (0.266)	-0.370** (0.173)	-0.106 (0.239)	-0.308* (0.168)
集体/集体控股	-0.407 (0.251)	0.176 (0.130)	-0.256 (0.236)	0.173 (0.120)
私营/私人（不含外资）	-0.299 (0.239)	0.191 (0.117)	-0.242 (0.218)	0.148 (0.111)
外商独资	-0.473 (0.373)	0.234 (0.153)	-0.406* (0.235)	0.173 (0.145)

续表

被解释变量：小微企业创新	(1)	(2)	(3)	(4)
	Probit	Probit	Ivprobit	Ivprobit
	低非制度交易成本占比样本	高非制度交易成本占比样本	低非制度交易成本占比样本	高非制度交易成本占比样本
港澳台独资	0.000 (.)	0.467** (0.205)	0.000 (.)	0.338* (0.197)
中外合资	0.000 (.)	0.240 (0.161)	0.000 (.)	0.144 (0.146)
N	688	2329	688	2329
Wald chi^2 值	56.540	179.020	161.380	228.920
Pseudo R^2	0.064	0.060		
Log pseudolikelihood	-438.245	-1514.902	-1228.953	-4040.766
Wald test of exogeneity			4.530	4.990
p 值			0.033	0.026
第一阶段 F 值			10.176	37.210

注：*、**、***分别表示0.1、0.05、0.01的显著水平，括号内为稳健标准误，第（1）~（4）列报告的是平均边际效应。

7 金融排斥影响小微企业创新的异质性分析

在不同的样本空间下，金融排斥对小微企业创新的影响可能存在异质性（喻平、豆俊霞，2020）。下面我们分别在高经营年限样本、低经营年限样本，高资产样本、低资产样本，乡村样本、城镇样本，公有制样本、非公有制样本，有限责任样本、非有限责任样本空间下分析金融排斥对小微企业创新的影响，同时分析金融排斥对小微企业不同创新形式的影响。

7.1 异质性分析（一）

（1）高、低经营年限样本下金融排斥对小微企业创新的异质性分析。

如表 7-1 第（1）列所示，在高经营年限样本下，金融排斥对小微企业创新没有显著影响；而表 7-1 第（2）列显示，在低经营年限样本下，金融排斥显著抑制小微企业创新。这说明低经营年限小微企业创新受到金融排斥的显著负向影响，原因在于经营年限越低的小微企业创新对外部资金有更多的依赖，这类小微企业更多处于成长期和发展期。

（2）高、低资产样本下金融排斥对小微企业创新的异质性分析。

如表 7-1 第（3）列所示，在高资产样本下，金融排斥对小微企业创新有显著的负向影响；而表 7-1 第（4）列显示，在低资产样本下，金融排斥对小微企业创新没有显著的影响。这说明高资产小微企业创新受到金融排斥的显著负向影响，原因在于高资产小微企业创新对主流外部资金有更强烈的需求，一旦这种主流外部资金需求无法得到满足，将直接影响其创新活动的开展。

（3）乡村、城镇样本下金融排斥对小微企业创新的异质性分析。

如表 7-1 第（5）列所示，在乡村样本下，金融排斥对小微企业创新没有显著影响；而表 7-1 第（6）列显示，在城镇样本下，金融排斥对小微企业创新有显著的负向影响。这说明城镇小微企业创新受到金融排斥的显著负向影响，这是因为城镇小微企业不仅拥有更多的创新人才，而且面临着更激烈的市场竞争，城镇小微企业具有更强烈的创新愿望，其对主流外部资金的需求也更旺盛。

表 7-1 金融排斥对小微企业创新影响的异质性分析（一）（工具变量估计）

被解释变量：小微企业创新	(1) 高经营年限样本	(2) 低经营年限样本	(3) 高资产样本	(4) 低资产样本	(5) 乡村样本	(6) 城镇样本
金融排斥	-0.119 (0.098)	-0.247*** (0.054)	-0.215*** (0.057)	-0.071 (0.166)	0.028 (0.198)	-0.214*** (0.049)
最主要高管的年龄	-0.001 (0.012)	-0.004 (0.007)	0.004 (0.010)	-0.012 (0.008)	0.106 (0.064)	-0.004 (0.006)
最主要高管年龄的平方/100	-0.003 (0.012)	0.002 (0.008)	-0.006 (0.011)	0.007 (0.009)	-0.127* (0.076)	0.001 (0.006)
最主要高管男性	-0.022 (0.038)	0.005 (0.026)	0.009 (0.033)	-0.002 (0.031)	-0.133 (0.194)	0.004 (0.022)
最主要高管的受教育年限	0.016*** (0.004)	0.008*** (0.003)	0.011*** (0.003)	0.011*** (0.004)	-0.007 (0.023)	0.011*** (0.003)
最主要高管的工作年限	0.003 (0.003)	-0.004 (0.004)	0.002 (0.002)	0.001 (0.004)	0.018 (0.018)	0.001 (0.002)
实际经营年限	0.000 (0.006)	-0.035 (0.021)	-0.012** (0.005)	-0.001 (0.006)	0.018 (0.035)	-0.008** (0.004)
实际经营年限的平方/100	-0.003 (0.010)	0.260 (0.227)	0.019* (0.010)	-0.004 (0.011)	-0.098 (0.161)	0.011 (0.007)
流动资产占比	0.108* (0.063)	0.041 (0.048)	0.027 (0.053)	0.105* (0.058)	1.222*** (0.355)	0.057 (0.039)
民间借款资产占比	-0.282 (0.223)	-0.276* (0.162)	-0.357 (0.235)	-0.208 (0.173)	0.395 (0.300)	-0.284** (0.137)
非制度性交易成本占比	-0.060 (0.080)	-0.121* (0.065)	-0.056 (0.064)	-0.170** (0.076)	-0.462** (0.181)	-0.089* (0.048)
Ln 基本账户开户时间	-0.027 (0.024)	0.008 (0.027)	-0.020 (0.023)	-0.045 (0.029)	-0.332*** (0.080)	-0.022 (0.017)
Ln 企业资产	0.033** (0.013)	0.007 (0.011)	0.024 (0.016)	0.019 (0.012)	0.080** (0.040)	0.015* (0.009)
乡村	-0.101 (0.113)	-0.077 (0.064)	-0.109 (0.089)	-0.089 (0.082)		
独资企业	-0.084 (0.118)	-0.011 (0.120)	0.123 (0.098)	-0.234* (0.133)	0.933*** (0.287)	-0.041 (0.085)

续表

被解释变量：小微企业创新	(1) 高经营年限样本	(2) 低经营年限样本	(3) 高资产样本	(4) 低资产样本	(5) 乡村样本	(6) 城镇样本
合伙企业	-0.111 (0.123)	0.020 (0.124)	0.120 (0.104)	-0.238* (0.138)	1.257*** (0.376)	-0.034 (0.088)
有限责任公司	-0.100 (0.114)	0.018 (0.119)	0.135 (0.096)	-0.229* (0.131)	0.747* (0.427)	-0.032 (0.083)
股份公司	-0.060 (0.122)	0.042 (0.131)	0.191* (0.108)	-0.306** (0.151)		-0.006 (0.089)
农民合作社	0.040 (0.144)	-0.116 (0.127)	0.080 (0.110)	-0.263* (0.146)	1.084*** (0.299)	-0.123 (0.091)
国有/国有控股	-0.182 (0.200)	-0.047 (0.161)	-0.247 (0.152)	0.062 (0.259)		-0.090 (0.126)
集体/集体控股	-0.117 (0.181)	0.182 (0.143)	-0.079 (0.140)	0.287 (0.195)	0.132 (0.180)	0.061 (0.108)
私营/私人（不含外资）	0.055 (0.166)	0.085 (0.130)	-0.050 (0.125)	0.272 (0.184)		0.073 (0.099)
外商独资	0.082 (0.212)	0.049 (0.179)	-0.079 (0.159)	0.330 (0.266)		0.066 (0.132)
港澳台独资	0.035 (0.348)	0.373* (0.225)	0.045 (0.257)	0.645** (0.316)		0.251 (0.187)
中外合资	0.042 (0.208)	0.263 (0.190)	-0.060 (0.154)			0.089 (0.134)
N	1214	1805	1451	1566	72	2946
Wald chi^2 值	95.300	167.510	117.000	86.140	377.490	224.120
Log pseudolikelihood	-2170.576	-3216.041	-2628.253	-2743.629	-114.046	-5280.645
Wald test of exogeneity	0.270	7.220	4.860	0.060	0.140	6.940
p 值	0.603	0.007	0.028	0.802	0.712	0.008
第一阶段 F 值	26.214	30.360	45.104	14.138	4.796	53.436

注：*、**、***分别表示0.1、0.05、0.01的显著水平，括号内为稳健标准误，第（1）~（6）列报告的是平均边际效应。

7.2 异质性分析（二）

（1）公有制、非公有制样本下金融排斥对小微企业创新的异质性分析。

如表 7-2 第（1）列所示，在公有制样本下，金融排斥对小微企业创新没有显著影响；而表 7-2 第（2）列显示，在非公有制样本下，金融排斥对小微企业创新有显著的负向影响。这说明非公有制小微企业创新受到金融排斥的显著负向影响，这是因为与公有制小微企业相比，非公有制小微企业的生存和市场竞争压力更大，创新愿望更为迫切，相应地，非公有制小微企业对主流外部资金需求更大，金融排斥对非公有制小微企业创新有显著抑制作用。

（2）有限责任、非有限责任样本下金融排斥对小微企业创新的异质性分析。

如表 7-2 第（3）列所示，在有限责任样本下，金融排斥对小微企业创新有显著的不利影响；而表 7-2 第（4）列显示，在非有限责任样本下，金融排斥对小微企业创新没有显著影响。这说明有限责任小微企业创新受到金融排斥的显著负向影响。相较于非有限责任小微企业，有限责任小微企业通常有较为完善的公司治理结构，比较符合现代企业制度特征，更多获得或使用现代金融体系提供的产品或服务，更具创新性，因此有限责任小微企业面临金融排斥时会显著影响其创新活动的开展。

（3）金融排斥对不同小微企业创新形式影响的异质性分析。

如表 7-2 第（5）列所示，金融排斥对小微企业技术创新有显著的负向影响（张号栋等，2023）；而表 7-2 第（6）列显示，金融排斥对小微企业非技术创新没有显著影响。这说明金融排斥抑制小微企业创新的是技术创新形式，而不是非技术创新形式。这是因为小微企业技术创新涉及小微企业经营的全过程，并且小微企业经营过程通常与主流金融体系是融合发展的，一旦小微企业受到金融排斥，必将显著抑制小微企业技术创新。然而，小微企业非技术创新受到外部主流资金的制约较弱，小微企业金融排斥对小微企业非技术创新的影响并不显著。

表 7-2　金融排斥对小微企业创新影响的异质性分析（二）（工具变量估计）

被解释变量：小微企业创新	(1)	(2)	(3)	(4)	(5)	(6)
	公有制样本	非公有制样本	有限责任样本	非有限责任样本	技术创新	非技术创新
金融排斥	0.091 (0.281)	-0.220*** (0.047)	-0.250*** (0.052)	-0.133 (0.097)	-0.257*** (0.033)	-0.026 (0.069)
最主要高管的年龄	0.004 (0.030)	-0.004 (0.006)	-0.007 (0.006)	0.007 (0.011)	-0.005 (0.005)	0.005 (0.006)
最主要高管年龄的平方/100	-0.018 (0.032)	0.002 (0.006)	0.005 (0.007)	-0.014 (0.012)	0.005 (0.005)	-0.012 (0.007)
最主要高管男性	0.027 (0.108)	0.000 (0.022)	-0.025 (0.026)	0.039 (0.038)	0.020 (0.020)	-0.010 (0.022)
最主要高管的受教育年限	0.004 (0.015)	0.012*** (0.003)	0.012*** (0.003)	0.008* (0.004)	0.007*** (0.002)	0.010*** (0.003)
最主要高管的工作年限	-0.004 (0.006)	0.002 (0.002)	0.003 (0.002)	0.001 (0.004)	0.003 (0.002)	0.000 (0.002)
实际经营年限	-0.011 (0.017)	-0.009** (0.004)	-0.013*** (0.004)	-0.003 (0.006)	-0.007** (0.003)	-0.005 (0.004)
实际经营年限的平方/100	0.015 (0.039)	0.012* (0.007)	0.023** (0.010)	0.001 (0.010)	0.008 (0.006)	0.007 (0.008)
流动资产占比	0.026 (0.132)	0.066* (0.040)	0.038 (0.046)	0.115* (0.067)	0.057* (0.034)	0.014 (0.036)
民间借款资产占比	-0.223 (0.625)	-0.274** (0.133)	-0.214 (0.169)	-0.333 (0.213)	-0.378*** (0.136)	-0.230 (0.145)
非制度性交易成本占比	-0.276 (0.227)	-0.084* (0.049)	-0.087 (0.058)	-0.124 (0.080)	-0.026 (0.044)	-0.163*** (0.045)
Ln 基本账户开户时间	0.013 (0.086)	-0.028 (0.017)	-0.031 (0.022)	-0.017 (0.026)	-0.024 (0.015)	-0.038** (0.017)
Ln 企业资产	0.045 (0.028)	0.015* (0.009)	0.013 (0.011)	0.022 (0.014)	0.009 (0.008)	0.017** (0.008)
乡村	-0.109 (0.188)	-0.097* (0.058)	-0.308*** (0.115)	-0.067 (0.070)	-0.041 (0.055)	-0.096 (0.061)
独资企业	-0.154 (0.235)	-0.017 (0.094)		-0.042 (0.092)	-0.036 (0.073)	-0.035 (0.081)

续表

被解释变量：小微企业创新	(1) 公有制样本	(2) 非公有制样本	(3) 有限责任样本	(4) 非有限责任样本	(5) 技术创新	(6) 非技术创新
合伙企业	-0.427** (0.194)	-0.005 (0.097)		-0.041 (0.096)	-0.046 (0.076)	0.037 (0.084)
有限责任公司	-0.142 (0.172)	-0.013 (0.093)	-0.029 (0.036)		-0.045 (0.072)	-0.001 (0.080)
股份公司	-0.389** (0.196)	0.031 (0.099)			-0.009 (0.078)	0.023 (0.086)
农民合作社	-0.062 (0.190)	-0.125 (0.101)		-0.092 (0.098)	-0.079 (0.079)	-0.116 (0.090)
国有/国有控股	-0.189* (0.098)		-0.065 (0.166)	-0.091 (0.183)	-0.027 (0.130)	-0.114 (0.118)
集体/集体控股			0.002 (0.149)	0.159 (0.148)	0.143 (0.113)	-0.024 (0.103)
私营/私人（不含外资）		0.066 (0.099)	0.068 (0.131)	0.117 (0.138)	0.130 (0.108)	-0.038 (0.093)
外商独资		0.055 (0.132)	0.108 (0.207)	0.119 (0.182)	0.076 (0.129)	-0.095 (0.132)
港澳台独资		0.234 (0.186)		0.064 (0.251)	0.175 (0.164)	0.055 (0.158)
中外合资		0.077 (0.134)	0.017 (0.184)	0.232 (0.193)	0.181 (0.134)	-0.007 (0.135)
N	136	2883	1768	1245	3011	3012
Wald chi^2 值	26.490	225.240	185.610	69.490	284.270	149.490
Log pseudolikelihood	-222.332	-5178.379	-3152.968	-2239.979	-5357.598	-5174.052
Wald test of exogeneity	0.070	7.530	6.710	0.700	16.050	0.010
p 值	0.797	0.006	0.010	0.404	0.000	0.910
第一阶段 F 值	2.013	53.290	29.921	27.668	58.523	58.523

注：*、**、***分别表示0.1、0.05、0.01的显著水平，括号内为稳健标准误，第（1）~（6）列报告的是平均边际效应。

（4）金融排斥对不同小微企业技术创新形式影响的异质性分析。

如表7-3所示，金融排斥对小微企业不同技术创新形式有异质性。表7-3第（1）列和第（3）列显示，金融排斥对小微企业自主研发和合作研发具有显著的负向影响；而表7-3第（2）列则显示，金融排斥对小微企业引进技术没有显著影响。从中可以看出，缓解小微企业金融排斥对小微企业自主研发和合作研发的技术创新形式的重要现实意义。

表7-3 金融排斥对小微企业创新影响的异质性分析（三）（工具变量估计）

被解释变量：小微企业创新	(1)	(2)	(3)
	自主研发	引进技术	合作研发
金融排斥	-0.217*** (0.039)	-0.060 (0.046)	-0.111** (0.047)
最主要高管的年龄	-0.005 (0.005)	0.003 (0.004)	0.002 (0.004)
最主要高管年龄的平方/100	0.006 (0.005)	-0.004 (0.004)	-0.002 (0.004)
最主要高管男性	0.025 (0.020)	0.024 (0.016)	0.028* (0.016)
最主要高管的受教育年限	0.007*** (0.002)	0.001 (0.002)	0.006*** (0.002)
最主要高管的工作年限	0.003* (0.002)	-0.000 (0.001)	-0.002* (0.001)
实际经营年限	-0.005 (0.003)	-0.002 (0.003)	0.000 (0.003)
实际经营年限的平方/100	0.002 (0.006)	0.005 (0.004)	0.001 (0.005)
流动资产占比	0.051 (0.032)	0.028 (0.022)	0.030 (0.023)
民间借款资产占比	-0.482*** (0.139)	-0.126 (0.089)	-0.101 (0.089)
非制度性交易成本占比	-0.047 (0.041)	0.001 (0.030)	-0.006 (0.031)
Ln基本账户开户时间	-0.029* (0.015)	-0.007 (0.010)	-0.010 (0.011)

续表

被解释变量：小微企业创新	(1) 自主研发	(2) 引进技术	(3) 合作研发
Ln 企业资产	0.007 (0.007)	0.007 (0.005)	0.003 (0.005)
乡村	-0.081 (0.058)	-0.012 (0.037)	0.001 (0.043)
独资企业	0.042 (0.073)	-0.007 (0.052)	-0.045 (0.059)
合伙企业	0.051 (0.075)	0.028 (0.054)	0.006 (0.061)
有限责任公司	0.019 (0.072)	-0.004 (0.052)	-0.012 (0.058)
股份公司	0.045 (0.077)	0.031 (0.055)	-0.008 (0.062)
农民合作社	-0.087 (0.082)	0.017 (0.055)	-0.032 (0.065)
国有/国有控股	0.064 (0.143)		-0.032 (0.099)
集体/集体控股	0.132 (0.132)	0.049 (0.069)	0.066 (0.080)
私营/私人（不含外资）	0.132 (0.127)	0.011 (0.065)	0.078 (0.074)
外商独资	0.126 (0.143)	0.030 (0.083)	0.113 (0.093)
港澳台独资	0.157 (0.179)	0.004 (0.110)	0.155 (0.103)
中外合资	0.221 (0.146)	-0.017 (0.088)	0.060 (0.093)
N	3011	2971	3011

注：*、**、***分别表示0.1、0.05、0.01的显著水平，括号内为稳健标准误，第（1）~（3）列报告的是平均边际效应。

7.3 稳健性检验：2SLS 估计

我们采用 2SLS 估计金融排斥对小微企业创新的异质性。

7.3.1 异质性分析（一）

（1）高、低经营年限样本下金融排斥对小微企业创新的异质性分析。

如表 7-4 第（1）列所示，在高经营年限样本下，金融排斥对小微企业创新没有显著影响；而表 7-4 第（2）列显示，在低经营年限样本下，金融排斥显著抑制小微企业创新。

（2）高、低资产样本下金融排斥对小微企业创新的异质性分析。

如表 7-4 第（3）列所示，在高资产样本下，金融排斥对小微企业创新有显著的负向影响；而表 7-4 第（4）列显示，在低资产样本下，金融排斥对小微企业创新没有显著影响。

（3）乡村、城镇样本下金融排斥对小微企业创新的异质性分析。

如表 7-4 第（5）列所示，在乡村样本下，金融排斥对小微企业创新没有显著影响；而表 7-4 第（6）列显示，在城镇样本下，金融排斥对小微企业创新有显著的负向影响。

表 7-4 稳健性检验 1：异质性分析（一）（2SLS 工具变量估计）

被解释变量：小微企业创新	(1)	(2)	(3)	(4)	(5)	(6)
	高经营年限样本	低经营年限样本	高资产样本	低资产样本	乡村样本	城镇样本
金融排斥	-0.125 (0.107)	-0.302*** (0.111)	-0.246** (0.096)	-0.069 (0.175)	0.109 (0.232)	-0.242*** (0.080)
最主要高管的年龄	-0.002 (0.012)	-0.005 (0.010)	0.006 (0.012)	-0.012 (0.008)	0.087 (0.085)	-0.005 (0.007)
最主要高管年龄的平方/100	-0.002 (0.012)	0.002 (0.011)	-0.008 (0.013)	0.008 (0.009)	-0.101 (0.096)	0.002 (0.007)
最主要高管男性	-0.024 (0.040)	0.008 (0.034)	0.011 (0.040)	-0.001 (0.032)	-0.117 (0.199)	0.004 (0.026)
最主要高管的受教育年限	0.016*** (0.005)	0.011** (0.004)	0.014*** (0.005)	0.011*** (0.004)	-0.006 (0.022)	0.013*** (0.003)

续表

被解释变量：小微企业创新	(1) 高经营年限样本	(2) 低经营年限样本	(3) 高资产样本	(4) 低资产样本	(5) 乡村样本	(6) 城镇样本
最主要高管的工作年限	0.003 (0.003)	−0.005 (0.005)	0.003 (0.003)	0.001 (0.004)	0.018 (0.025)	0.002 (0.002)
实际经营年限	−0.000 (0.006)	−0.043 (0.030)	−0.013** (0.006)	−0.001 (0.007)	0.014 (0.044)	−0.009** (0.004)
实际经营年限的平方/100	−0.002 (0.010)	0.319 (0.308)	0.021* (0.011)	−0.003 (0.010)	−0.042 (0.165)	0.013 (0.008)
流动资产占比	0.109* (0.059)	0.054 (0.056)	0.035 (0.058)	0.106* (0.056)	1.058*** (0.330)	0.066 (0.041)
民间借款资产占比	−0.277 (0.214)	−0.332 (0.205)	−0.418 (0.288)	−0.199 (0.170)	0.064 (0.234)	−0.333** (0.165)
非制度性交易成本占比	−0.061 (0.083)	−0.151** (0.075)	−0.064 (0.076)	−0.168** (0.073)	−0.505** (0.246)	−0.102* (0.054)
Ln 基本账户开户时间	−0.026 (0.024)	0.008 (0.035)	−0.023 (0.026)	−0.045 (0.028)	−0.287*** (0.081)	−0.026 (0.019)
Ln 企业资产	0.033*** (0.011)	0.010 (0.013)	0.027* (0.016)	0.019* (0.011)	0.047 (0.040)	0.019** (0.009)
乡村	−0.090 (0.104)	−0.102 (0.078)	−0.138 (0.099)	−0.084 (0.080)		
独资企业	−0.081 (0.119)	−0.024 (0.148)	0.135 (0.118)	−0.220* (0.123)	0.153 (0.243)	−0.048 (0.097)
合伙企业	−0.106 (0.125)	0.015 (0.153)	0.134 (0.126)	−0.222* (0.125)	0.540 (0.454)	−0.039 (0.101)
有限责任公司	−0.096 (0.115)	0.015 (0.147)	0.152 (0.113)	−0.215* (0.122)	0.058 (0.352)	−0.036 (0.095)
股份公司	−0.053 (0.123)	0.043 (0.164)	0.220* (0.124)	−0.291** (0.136)		−0.005 (0.103)
农民合作社	0.043 (0.145)	−0.156 (0.158)	0.088 (0.129)	−0.249* (0.145)	0.337 (0.300)	−0.142 (0.107)
国有/国有控股	−0.185 (0.198)	−0.055 (0.197)	−0.281* (0.169)	0.052 (0.219)	−0.785 (0.814)	−0.104 (0.140)

续表

被解释变量：小微企业创新	(1) 高经营年限样本	(2) 低经营年限样本	(3) 高资产样本	(4) 低资产样本	(5) 乡村样本	(6) 城镇样本
集体/集体控股	-0.111 (0.180)	0.238 (0.176)	-0.081 (0.158)	0.266* (0.159)	0.252 (0.174)	0.072 (0.123)
私营/私人（不含外资）	0.059 (0.166)	0.113 (0.159)	-0.043 (0.140)	0.248* (0.140)		0.088 (0.111)
外商独资	0.091 (0.211)	0.069 (0.226)	-0.074 (0.184)	0.308 (0.240)		0.084 (0.151)
港澳台独资	0.049 (0.354)	0.392* (0.201)	0.042 (0.247)	0.585*** (0.220)		0.259 (0.169)
中外合资	0.049 (0.208)	0.274 (0.191)	-0.059 (0.173)	0.599*** (0.196)		0.102 (0.145)
常数项	0.287 (0.551)	1.154** (0.494)	0.382 (0.553)	0.804 (0.493)	-1.791 (2.180)	0.864** (0.348)
N	1214	1805	1451	1568	73	2946
Wald chi^2 值	118.080	120.410	92.740	139.870	138.540	190.420
R^2	0.075			0.052	0.315	
DWH 值	0.311	6.916	4.935	0.051	0.573	6.906
内生性检验 p 值	0.577	0.009	0.026	0.821	0.449	0.009
第一阶段 F 值	26.214	30.630	33.524	14.138	4.796	53.436

注：*、**、***分别表示0.1、0.05、0.01的显著水平，括号内为稳健标准误。

7.3.2 异质性分析（二）

（1）公有制、非公有制样本下金融排斥对小微企业创新的异质性分析。

如表7-5第（1）列所示，在公有制样本下，金融排斥对小微企业创新没有显著影响；而表7-5第（2）列显示，在非公有制样本下，金融排斥对小微企业创新有显著的负向影响。

（2）有限责任、非有限责任样本下金融排斥对小微企业创新的异质性分析。

如表7-5第（3）列所示，在有限责任样本下，金融排斥对小微企业创新有显著的不利影响；而表7-5第（4）列显示，在非有限责任样本下，金融排斥对小微企业创新没有显著影响。

（3）金融排斥对不同小微企业创新形式影响的异质性分析。

如表 7-5 第（5）列所示，金融排斥对小微企业技术创新有显著的负向影响；而表 7-5 第（6）列显示，金融排斥对小微企业非技术创新没有显著影响。

表 7-5　稳健性检验 2：异质性分析（二）（2SLS 工具变量估计）

被解释变量：小微企业创新	（1）	（2）	（3）	（4）	（5）	（6）
	公有制样本	非公有制样本	有限责任样本	非有限责任样本	技术创新	非技术创新
金融排斥	0.077 (0.298)	−0.252*** (0.080)	−0.306*** (0.108)	−0.134 (0.113)	−0.348*** (0.082)	−0.026 (0.068)
最主要高管的年龄	−0.001 (0.030)	−0.005 (0.007)	−0.009 (0.008)	0.006 (0.010)	−0.007 (0.007)	0.001 (0.005)
最主要高管年龄的平方/100	−0.014 (0.031)	0.002 (0.008)	0.007 (0.009)	−0.013 (0.012)	0.007 (0.007)	−0.007 (0.006)
最主要高管男性	0.029 (0.117)	0.001 (0.026)	−0.030 (0.034)	0.039 (0.041)	0.025 (0.026)	−0.009 (0.023)
最主要高管的受教育年限	0.003 (0.015)	0.014*** (0.003)	0.015*** (0.004)	0.009* (0.005)	0.009*** (0.003)	0.010*** (0.003)
最主要高管的工作年限	−0.003 (0.006)	0.003 (0.002)	0.003 (0.003)	0.00 (0.004)	0.003 (0.002)	0.000 (0.002)
实际经营年限	−0.010 (0.019)	−0.010** (0.005)	−0.017** (0.006)	−0.003 (0.006)	−0.010** (0.005)	−0.005 (0.004)
实际经营年限的平方/100	0.012 (0.042)	0.014 (0.009)	0.028** (0.012)	0.001 (0.009)	0.011 (0.008)	0.007 (0.007)
流动资产占比	0.018 (0.144)	0.078* (0.042)	0.048 (0.053)	0.114* (0.065)	0.078* (0.043)	0.016 (0.036)
民间借款资产占比	−0.289 (0.587)	−0.309** (0.154)	−0.260 (0.213)	−0.325 (0.204)	−0.452*** (0.147)	−0.195* (0.114)
非制度性交易成本占比	−0.272 (0.219)	−0.097* (0.057)	−0.106 (0.074)	−0.125 (0.080)	−0.033 (0.058)	−0.167*** (0.047)
Ln 基本账户开户时间	0.013 (0.092)	−0.033* (0.019)	−0.039 (0.026)	−0.018 (0.027)	−0.030 (0.020)	−0.038** (0.017)
Ln 企业资产	0.042 (0.036)	0.019** (0.009)	0.018 (0.011)	0.023* (0.013)	0.012 (0.009)	0.016** (0.007)
乡村	−0.094 (0.205)	−0.116* (0.064)	−0.375*** (0.117)	−0.070 (0.071)	−0.048 (0.068)	−0.086* (0.048)

续表

被解释变量：小微企业创新	(1) 公有制样本	(2) 非公有制样本	(3) 有限责任样本	(4) 非有限责任样本	(5) 技术创新	(6) 非技术创新
独资企业	-0.133 (0.223)	-0.021 (0.111)		-0.043 (0.094)	-0.044 (0.093)	-0.042 (0.075)
合伙企业	-0.393* (0.220)	-0.005 (0.114)		-0.040 (0.097)	-0.056 (0.096)	0.031 (0.078)
有限责任公司	-0.121 (0.166)	-0.014 (0.109)	-0.037 (0.047)		-0.057 (0.092)	-0.008 (0.074)
股份公司	-0.327* (0.186)	0.038 (0.117)			-0.007 (0.101)	0.019 (0.081)
农民合作社	-0.013 (0.200)	-0.146 (0.120)		-0.094 (0.101)	-0.106 (0.103)	-0.116 (0.081)
国有/国有控股	-0.183* (0.108)		-0.082 (0.200)	-0.077 (0.169)	-0.022 (0.145)	-0.111 (0.112)
集体/集体控股			0.022 (0.179)	0.161 (0.148)	0.185 (0.133)	-0.025 (0.101)
私营/私人（不含外资）		0.082 (0.111)	0.098 (0.158)	0.120 (0.134)	0.164 (0.123)	-0.038 (0.092)
外商独资		0.073 (0.151)	0.156 (0.251)	0.123 (0.182)	0.091 (0.156)	-0.097 (0.124)
港澳台独资		0.245 (0.170)	0.478*** (0.175)	0.059 (0.243)	0.234 (0.202)	0.054 (0.164)
中外合资		0.091 (0.146)	0.025 (0.212)	0.235 (0.184)	0.233 (0.157)	-0.009 (0.139)
常数项	0.476 (1.328)	0.849** (0.354)	1.080** (0.450)	0.373 (0.483)	0.883** (0.361)	0.389 (0.297)
N	136	2883	1774	1245	3011	3012
Wald chi^2 值	46.500	186.760	168.310	78.890	167.950	185.770
R^2	0.187			0.033		0.051
DWH 值	0.042	7.368	7.226	0.626	16.345	0.012
内生性检验 p 值	0.838	0.007	0.007	0.429	0.000	0.913
第一阶段 F 值	2.103	53.290	29.921	27.668	58.523	58.523

注：*、**、***分别表示0.1、0.05、0.01的显著水平，括号内为稳健标准误。

（4）金融排斥对不同小微企业技术创新形式影响的异质性分析。

如表7-6第（1）列和第（3）列所示，金融排斥对小微企业自主研发和合作研发有显著的负面影响；而表7-6第（2）列显示，金融排斥对小微企业引进技术没有显著影响，从而说明表7-3估计结果的稳健性。

表7-6 稳健性检验3：异质性分析（二）（2SLS工具变量估计）

被解释变量：小微企业创新	(1)	(2)	(3)
	自主研发	引进技术	合作研发
金融排斥	-0.279*** (0.076)	-0.064 (0.048)	-0.124** (0.051)
最主要高管的年龄	-0.007 (0.006)	0.002 (0.003)	0.001 (0.003)
最主要高管年龄的平方/100	0.007 (0.007)	-0.003 (0.004)	-0.001 (0.004)
最主要高管男性	0.027 (0.022)	0.022* (0.012)	0.023* (0.013)
最主要高管的受教育年限	0.009*** (0.003)	0.001 (0.002)	0.006*** (0.002)
最主要高管的工作年限	0.004* (0.002)	-0.000 (0.001)	-0.002* (0.001)
实际经营年限	-0.007* (0.004)	-0.002 (0.003)	-0.001 (0.003)
实际经营年限的平方/100	0.006 (0.006)	0.006 (0.005)	0.003 (0.005)
流动资产占比	0.068* (0.040)	0.030 (0.025)	0.029 (0.026)
民间借款资产占比	-0.417*** (0.106)	-0.097* (0.052)	-0.091 (0.061)
非制度性交易成本占比	-0.055 (0.051)	-0.001 (0.027)	-0.007 (0.029)
Ln基本账户开户时间	-0.031* (0.018)	-0.006 (0.010)	-0.010 (0.012)
Ln企业资产	0.008 (0.008)	0.006 (0.005)	0.000 (0.005)
乡村	-0.068 (0.052)	-0.010 (0.035)	0.004 (0.035)

续表

被解释变量：小微企业创新	(1)	(2)	(3)
	自主研发	引进技术	合作研发
独资企业	0.047 (0.076)	-0.014 (0.049)	-0.033 (0.053)
合伙企业	0.058 (0.079)	0.020 (0.051)	0.011 (0.055)
有限责任公司	0.018 (0.075)	-0.012 (0.049)	-0.007 (0.052)
股份公司	0.052 (0.083)	0.026 (0.054)	-0.001 (0.057)
农民合作社	-0.104 (0.084)	0.014 (0.057)	-0.032 (0.058)
国有/国有控股	0.058 (0.124)	-0.072 (0.067)	-0.012 (0.049)
集体/集体控股	0.142 (0.110)	0.055 (0.074)	0.043 (0.049)
私营/私人（不含外资）	0.129 (0.102)	0.013 (0.067)	0.048 (0.044)
外商独资	0.126 (0.136)	0.030 (0.091)	0.080 (0.086)
港澳台独资	0.178 (0.209)	-0.005 (0.113)	0.170 (0.140)
中外合资	0.270* (0.143)	-0.015 (0.092)	0.037 (0.086)
常数项	0.617* (0.326)	0.051 (0.215)	0.187 (0.208)
N	3011	3011	3011
Wald chi^2 值	140.186	89.163	70.843
R^2		0.013	
DWH 值	12.665	0.544	3.944
内生性检验 p 值	0.000	0.461	0.047
第一阶段 F 值	58.451	58.451	58.451

注：*、**、***分别表示0.1、0.05、0.01的显著水平，括号内为稳健标准误。

7.4 稳健性检验：需要但金融排斥指标的估计

我们使用需要但金融排斥指标估计金融排斥对小微企业创新影响的异质性。

7.4.1 异质性分析（一）

（1）高、低经营年限样本下金融排斥对小微企业创新的异质性分析。

如表 7-7 第（1）列所示，在高经营年限样本下，金融排斥对小微企业创新没有显著影响；而表 7-7 第（2）列显示，在低经营年限样本下，金融排斥显著抑制小微企业创新。

（2）高、低资产样本下金融排斥对小微企业创新的异质性分析。

如表 7-7 第（3）列所示，在高资产样本下，金融排斥对小微企业创新有显著的负向影响；而表 7-7 第（4）列显示，在低资产样本下，金融排斥对小微企业创新没有显著影响。

（3）乡村、城镇样本下金融排斥对小微企业创新的异质性分析。

如表 7-7 第（5）列所示，在乡村样本下，金融排斥对小微企业创新没有显著影响；而表 7-7 第（6）列显示，在城镇样本下，金融排斥对小微企业创新有显著的负向影响。

表 7-7　稳健性检验 4：异质性分析（一）（工具变量估计）

被解释变量：小微企业创新	(1)	(2)	(3)	(4)	(5)	(6)
	高经营年限样本	低经营年限样本	高资产样本	低资产样本	乡村样本	城镇样本
金融排斥	-0.158 (0.097)	-0.270*** (0.053)	-0.246*** (0.055)	-0.114 (0.157)	0.081 (0.180)	-0.245*** (0.047)
最主要高管的年龄	-0.002 (0.012)	-0.006 (0.007)	0.001 (0.010)	-0.012 (0.008)	0.105 (0.070)	-0.006 (0.005)
最主要高管年龄的平方/100	-0.001 (0.012)	0.005 (0.008)	-0.002 (0.010)	0.007 (0.009)	-0.125 (0.083)	0.003 (0.006)
最主要高管男性	-0.025 (0.037)	-0.006 (0.026)	0.005 (0.032)	-0.008 (0.033)	-0.121 (0.194)	-0.006 (0.021)

续表

被解释变量：小微企业创新	(1)	(2)	(3)	(4)	(5)	(6)
	高经营年限样本	低经营年限样本	高资产样本	低资产样本	乡村样本	城镇样本
最主要高管的受教育年限	0.015*** (0.004)	0.009*** (0.003)	0.010*** (0.003)	0.011*** (0.004)	-0.008 (0.021)	0.011*** (0.003)
最主要高管的工作年限	0.003 (0.002)	-0.005 (0.004)	0.002 (0.002)	0.001 (0.004)	0.016 (0.019)	0.001 (0.002)
实际经营年限	-0.000 (0.006)	-0.039* (0.021)	-0.011** (0.005)	-0.002 (0.006)	0.020 (0.035)	-0.008** (0.003)
实际经营年限的平方/100	-0.002 (0.010)	0.302 (0.223)	0.017* (0.010)	-0.003 (0.011)	-0.093 (0.150)	0.011* (0.007)
流动资产占比	0.093 (0.064)	0.032 (0.047)	0.024 (0.051)	0.095 (0.061)	1.173*** (0.391)	0.042 (0.038)
民间借款资产占比	-0.290 (0.216)	-0.274* (0.158)	-0.388* (0.230)	-0.221 (0.166)	0.358 (0.301)	-0.294** (0.133)
非制度性交易成本占比	-0.060 (0.078)	-0.113* (0.063)	-0.038 (0.060)	-0.169** (0.074)	-0.468*** (0.171)	-0.081* (0.046)
Ln基本账户开户时间	-0.024 (0.024)	0.021 (0.028)	-0.011 (0.022)	-0.040 (0.030)	-0.329*** (0.081)	-0.014 (0.017)
Ln企业资产	0.027* (0.015)	0.004 (0.011)	0.015 (0.016)	0.017 (0.012)	0.076* (0.041)	0.010 (0.009)
乡村	-0.095 (0.108)	-0.052 (0.065)	-0.072 (0.091)	-0.085 (0.078)		
独资企业	-0.079 (0.115)	0.019 (0.119)	0.119 (0.092)	-0.228* (0.132)	0.916*** (0.261)	-0.026 (0.082)
合伙企业	-0.103 (0.121)	0.047 (0.123)	0.122 (0.097)	-0.231* (0.137)	1.284*** (0.321)	-0.016 (0.085)
有限责任公司	-0.101 (0.110)	0.042 (0.118)	0.127 (0.090)	-0.227* (0.129)	0.772** (0.379)	-0.022 (0.080)
股份公司	-0.062 (0.118)	0.02 (0.128)	0.162 (0.103)	-0.302** (0.148)		-0.013 (0.086)
农民合作社	0.032 (0.139)	-0.091 (0.125)	0.062 (0.104)	-0.265* (0.141)	1.091*** (0.256)	-0.113 (0.088)

续表

被解释变量：小微企业创新	(1) 高经营年限样本	(2) 低经营年限样本	(3) 高资产样本	(4) 低资产样本	(5) 乡村样本	(6) 城镇样本
国有/国有控股	-0.159 (0.199)	-0.084 (0.159)	-0.231 (0.148)	0.069 (0.253)		-0.091 (0.124)
集体/集体控股	-0.103 (0.177)	0.131 (0.141)	-0.086 (0.133)	0.277 (0.196)	0.110 (0.173)	0.042 (0.105)
私营/私人（不含外资）	0.054 (0.160)	0.049 (0.129)	-0.062 (0.119)	0.259 (0.188)		0.054 (0.098)
外商独资	0.089 (0.203)	0.013 (0.174)	-0.077 (0.150)	0.310 (0.267)		0.051 (0.128)
港澳台独资	-0.001 (0.328)	0.331 (0.220)	0.036 (0.241)	0.611* (0.321)		0.222 (0.181)
中外合资	0.039 (0.198)	0.186 (0.176)	-0.062 (0.145)			0.064 (0.129)
N	1214	1805	1451	1566	72	2946
Wald chi^2 值	104.000	187.270	136.110	89.800	220.530	254.530
Log pseudolikelihood	-2134.898	-3158.144	-2586.469	-2690.616	-112.255	-5185.852
Wald test of exogeneity	0.900	8.250	6.700	0.270	0.490	9.690
p 值	0.342	0.004	0.010	0.605	0.484	0.002
第一阶段 F 值	23.523	25.808	25.301	14.823	6.917	45.833

注：*、**、***分别表示 0.1、0.05、0.01 的显著水平，括号内为稳健标准误，第（1）~（6）列报告的是平均边际效应。

7.4.2 异质性分析（二）

（1）公有制、非公有制样本下金融排斥对小微企业创新的异质性分析。

如表 7-8 第（1）列所示，在公有制样本下，金融排斥对小微企业创新没有显著影响；而表 7-8 第（2）列显示，在非公有制样本下，金融排斥对小微企业创新有显著的负向影响。

（2）有限责任、非有限责任样本下金融排斥对小微企业创新的异质性分析。

如表7-8第（3）列和第（4）列所示，在有限责任样本和非有限责任样本中，金融排斥对小微企业创新均有显著的不利影响，但在有限责任样本中的不利影响更大。这说明当小微企业需要货币资金但遭受到金融排斥时，抑制有限责任小微企业和非有限责任小微企业创新，同时也说明小微企业创新时小微企业自身需求排斥克服的重要意义。

（3）金融排斥对不同小微企业创新形式影响的异质性分析。

如表7-8第（5）列所示，金融排斥对小微企业技术创新有显著的负向影响；而表7-8第（6）列显示，金融排斥对小微企业非技术创新没有显著影响。

表7-8 稳健性检验5：异质性分析（二）（工具变量估计）

被解释变量：小微企业创新	(1)	(2)	(3)	(4)	(5)	(6)
	公有制样本	非公有制样本	有限责任样本	非有限责任样本	技术创新	非技术创新
金融排斥	-0.091 (0.222)	-0.247*** (0.047)	-0.277*** (0.050)	-0.163* (0.097)	-0.278*** (0.032)	-0.048 (0.075)
最主要高管的年龄	0.003 (0.031)	-0.005 (0.005)	-0.008 (0.006)	0.006 (0.010)	-0.006 (0.005)	0.005 (0.006)
最主要高管年龄的平方/100	-0.017 (0.033)	0.004 (0.006)	0.008 (0.007)	-0.013 (0.012)	0.007 (0.005)	-0.011 (0.007)
最主要高管男性	0.030 (0.109)	-0.008 (0.021)	-0.036 (0.025)	0.036 (0.037)	0.009 (0.020)	-0.012 (0.022)
最主要高管的受教育年限	0.000 (0.015)	0.012*** (0.003)	0.012*** (0.003)	0.008* (0.004)	0.007*** (0.002)	0.010*** (0.003)
最主要高管的工作年限	-0.002 (0.006)	0.002 (0.002)	0.002 (0.002)	0.001 (0.004)	0.002 (0.002)	0.000 (0.002)
实际经营年限	-0.007 (0.018)	-0.009** (0.003)	-0.013*** (0.004)	-0.003 (0.006)	-0.007** (0.003)	-0.005 (0.004)
实际经营年限的平方/100	0.007 (0.039)	0.012* (0.007)	0.022** (0.009)	0.00 (0.010)	0.007 (0.006)	0.008 (0.008)
流动资产占比	0.012 (0.131)	0.056 (0.039)	0.025 (0.045)	0.105 (0.067)	0.045 (0.034)	0.010 (0.037)
民间借款资产占比	-0.290 (0.588)	-0.283** (0.130)	-0.223 (0.165)	-0.341* (0.205)	-0.378*** (0.134)	-0.240* (0.145)

续表

被解释变量：小微企业创新	(1) 公有制样本	(2) 非公有制样本	(3) 有限责任样本	(4) 非有限责任样本	(5) 技术创新	(6) 非技术创新
非制度性交易成本占比	-0.309* (0.175)	-0.074 (0.048)	-0.085 (0.056)	-0.112 (0.080)	-0.019 (0.042)	-0.162*** (0.045)
Ln 基本账户开户时间	-0.012 (0.086)	-0.019 (0.017)	-0.020 (0.022)	-0.013 (0.026)	-0.016 (0.016)	-0.036** (0.017)
Ln 企业资产	0.030 (0.031)	0.011 (0.009)	0.009 (0.011)	0.017 (0.015)	0.006 (0.008)	0.014* (0.008)
乡村	-0.045 (0.201)	-0.080 (0.058)	-0.285** (0.116)	-0.052 (0.071)	-0.025 (0.054)	-0.091 (0.061)
独资企业	-0.209 (0.185)	-0.003 (0.091)		-0.031 (0.091)	-0.025 (0.073)	-0.031 (0.081)
合伙企业	-0.357 (0.234)	0.008 (0.093)		-0.028 (0.095)	-0.033 (0.076)	0.042 (0.084)
有限责任公司	-0.156 (0.156)	-0.004 (0.089)	-0.010 (0.035)		-0.037 (0.071)	0.000 (0.080)
股份公司	-0.364* (0.206)	0.023 (0.095)			-0.021 (0.077)	0.022 (0.086)
农民合作社	-0.067 (0.177)	-0.115 (0.097)		-0.091 (0.095)	-0.073 (0.078)	-0.118 (0.089)
国有/国有控股	-0.153 (0.118)		-0.041 (0.165)	-0.100 (0.181)	-0.034 (0.130)	-0.111 (0.118)
集体/集体控股			0.004 (0.145)	0.141 (0.148)	0.119 (0.114)	-0.024 (0.102)
私营/私人（不含外资）		0.048 (0.098)	0.074 (0.128)	0.093 (0.142)	0.110 (0.109)	-0.040 (0.092)
外商独资		0.040 (0.128)	0.102 (0.200)	0.102 (0.181)	0.063 (0.127)	-0.098 (0.131)
港澳台独资		0.206 (0.181)		0.039 (0.246)	0.159 (0.162)	0.047 (0.158)
中外合资		0.053 (0.129)	0.020 (0.178)	0.205 (0.187)	0.155 (0.136)	-0.014 (0.134)

续表

被解释变量：小微企业创新	(1)	(2)	(3)	(4)	(5)	(6)
	公有制样本	非公有制样本	有限责任样本	非有限责任样本	技术创新	非技术创新
N	136	2883	1768	1245	3011	3012
Wald chi^2 值	28.370	252.120	211.970	74.250	314.130	151.070
Log pseudolikelihood	-209.190	-5092.937	-3092.235	-2205.656	-5263.058	-5076.695
Wald test of exogeneity	0.390	9.230	8.300	1.290	17.820	0.180
p 值	0.533	0.002	0.004	0.257	0.000	0.669
第一阶段 F 值	6.150	42.772	25.000	24.503	50.410	50.694

注：*、**、***分别表示 0.1、0.05、0.01 的显著水平，括号内为稳健标准误，第（1）~（6）列报告的是平均边际效应。

（4）金融排斥对不同小微企业技术创新形式影响的异质性分析。

如表 7-9 所示，需要但金融排斥指标对小微企业自主研发、引进技术和合作研发的技术创新形式均有显著的负面影响，说明小微企业需要金融资源时若能够得到满足，将促进小微企业三种不同技术创新形式的创新。

表 7-9 稳健性检验 6：异质性分析（二）（工具变量估计）

被解释变量：小微企业创新	(1)	(2)	(3)
	自主研发	引进技术	合作研发
金融排斥	-0.229*** (0.042)	-0.094* (0.054)	-0.128** (0.053)
最主要高管的年龄	-0.006 (0.005)	0.003 (0.004)	0.001 (0.004)
最主要高管年龄的平方/100	0.007 (0.005)	-0.003 (0.005)	-0.001 (0.005)
最主要高管男性	0.017 (0.020)	0.021 (0.016)	0.023 (0.017)
最主要高管的受教育年限	0.008*** (0.002)	0.001 (0.002)	0.006*** (0.002)
最主要高管的工作年限	0.003 (0.002)	-0.000 (0.001)	-0.003* (0.001)

续表

被解释变量：小微企业创新	(1)	(2)	(3)
	自主研发	引进技术	合作研发
实际经营年限	-0.005 (0.003)	-0.003 (0.003)	-0.000 (0.003)
实际经营年限的平方/100	0.002 (0.006)	0.006 (0.005)	0.002 (0.005)
流动资产占比	0.045 (0.033)	0.023 (0.023)	0.026 (0.023)
民间借款资产占比	-0.483*** (0.138)	-0.148 (0.096)	-0.112 (0.092)
非制度性交易成本占比	-0.042 (0.041)	0.003 (0.031)	-0.004 (0.032)
Ln 基本账户开户时间	-0.024 (0.015)	-0.004 (0.011)	-0.007 (0.012)
Ln 企业资产	0.006 (0.008)	0.005 (0.005)	0.001 (0.006)
乡村	-0.071 (0.058)	-0.006 (0.039)	0.007 (0.044)
独资企业	0.049 (0.075)	-0.001 (0.053)	-0.041 (0.061)
合伙企业	0.057 (0.077)	0.038 (0.055)	0.011 (0.063)
有限责任公司	0.025 (0.074)	-0.001 (0.052)	-0.010 (0.060)
股份公司	0.034 (0.079)	0.031 (0.055)	-0.014 (0.064)
农民合作社	-0.081 (0.084)	0.016 (0.056)	-0.032 (0.066)
国有/国有控股	0.054 (0.145)		-0.035 (0.101)
集体/集体控股	0.114 (0.133)	0.050 (0.075)	0.059 (0.081)

续表

被解释变量：小微企业创新	(1) 自主研发	(2) 引进技术	(3) 合作研发
私营/私人（不含外资）	0.120 (0.128)	0.006 (0.070)	0.073 (0.075)
外商独资	0.118 (0.143)	0.023 (0.088)	0.108 (0.093)
港澳台独资	0.153 (0.181)	-0.009 (0.118)	0.152 (0.105)
中外合资	0.207 (0.148)	-0.027 (0.095)	0.053 (0.095)
N	3011	2971	3011
Wald chi^2 值	234.490	53.290	110.270
Log pseudolikelihood	-4980.275	-4135.568	-4215.847
Wald test of exogeneity	12.940	2.000	4.990
p 值	0.000	0.157	0.026
第一阶段 F 值	50.410	50.410	50.410

注：*、**、***分别表示0.1、0.05、0.01的显著水平，括号内为稳健标准误，第（1）~（3）列报告的是平均边际效应。

8 结论与对策建议

8.1 结论

（1）从第 2 章小微企业金融排斥的创新效应分析中，我们得出以下结论。

第一，基于 CMES 数据，当小微企业面临信贷排斥、股权排斥和支付排斥中至少一种排斥类型界定的金融排斥时，会抑制小微企业的创新能力、学习能力和产品竞争力，其中，非金融排斥小微企业比金融排斥小微企业的创新能力、学习能力和产品竞争力分别高出 5. 94 个百分点、0. 40 个百分点和 11. 19 个百分点。

第二，基于 CMES 数据，当小微企业同时面临信贷排斥、股权排斥和支付排斥界定的金融排斥时，会抑制小微企业的学习能力和产品竞争力，其中，非金融排斥小微企业比金融排斥小微企业的学习能力和产品竞争力分别高出 1. 42 个百分点和 2. 80 个百分点。

第三，基于 CMES 数据，当小微企业面临信贷排斥时，非信贷排斥小微企业比信贷排斥小微企业的创新能力、学习能力和产品竞争力分别低 0. 80 个百分点、2. 62 个百分点和 0. 23 个百分点。

第四，基于 CMES 数据，当小微企业面临股权排斥时，非股权排斥小微企业比股权排斥小微企业的创新能力、学习能力和产品竞争力分别高出 3. 28 个百分点、3. 45 个百分点和 6. 70 个百分点。

第五，基于 CMES 数据，当小微企业面临支付排斥时，非支付排斥小微企业比支付排斥小微企业的学习能力和产品竞争力分别高出 1. 24 个百分点和 3. 50 个百分点。

（2）从第 3 章中国小微企业金融排斥和创新的历史演进与现状分析中，我们得出以下结论。

第一，基于 CHFS 数据，从当界定人数（5~19 人）中包括经营性家庭及成员时的中国小微企业（不包括个体工商户）金融排斥历史演进中发现，中国小微企业信贷排斥比例由 2015 年的 79.38%上升到 2019 年的 81.47%，支付排斥比例由 2015 年的 74.56%下降到 2019 年的 43.67%，经营性家庭股权持有比例由 2015 年的 88.81%下降到 2019 年的 74.67%。

第二，基于 CHFS 数据，从当界定人数（5~19 人）中包括经营性家庭及成员时的中国小微企业（包括个体工商户）金融排斥历史演进中发现，中国小微企业信贷排斥比例由 2015 年的 78.49%上升到 2019 年的 80.13%，支付排斥比例由 2015 年的 73.44%下降到 2019 年的 48.74%，经营性家庭股权持有比例由 2015 年的 88.42%下降到 2019 年的 78.89%。

第三，基于 CHFS 数据，从当界定人数（5~19 人）中不包括经营性家庭及成员时的中国小微企业（不包括个体工商户）金融排斥历史演进中发现，中国小微企业信贷排斥比例由 2011 年的 74.76%上升到 2019 年的 85.45%，支付排斥比例由 2015 年的 89.24%下降到 2019 年的 30.95%，经营性家庭股权持有比例由 2011 年的 68.06%下降到 2019 年的 67.14%。

第四，基于 CHFS 数据，从当界定人数（5~19 人）中不包括经营性家庭及成员时的中国小微企业（包括个体工商户）金融排斥历史演进中发现，中国小微企业信贷排斥比例由 2011 年的 76.74%上升到 2019 年的 80.72%，支付排斥比例由 2015 年的 74.82%下降到 2019 年的 39.43%，经营性家庭股权持有比例由 2011 年的 77.01%下降到 2019 年的 73.55%。

第五，基于 CHFS 数据，从当界定人数（5~19 人）中包括经营性家庭及成员时的中国小微企业（不包括个体工商户）创新历史演进中发现，中国小微企业创新比例由 2015 年的 14.63%上升到 2017 年的 29.41%。从当界定人数（5~19 人）中包括经营性家庭及成员时的中国小微企业（包括个体工商户）创新历史演进中发现，中国小微企业创新比例由 2015 年的 20.09%上升到 2017 年的 27.45%。

第六，基于 CHFS 数据，从当界定人数（5~19 人）中不包括经营性家庭及成员时的中国小微企业（不包括个体工商户）创新历史演进中发现，中国小微企业创新比例由 2015 年的 23.53%上升到 2017 年的 27.91%。从当界定人数（5~19 人）中不包括经营性家庭及成员时的中国小微企业（包括个体工商户）创新历史演进中发现，中国小微企业创新比例由 2015 年的 20.92%上升到 2017 年的 27.46%。

第七，根据世界银行小微企业调查的 133 个国家或地区的信贷排斥情况可知，2012年中国的信贷排斥比例为86.1%，排在第31名；中国小微企业技术创新的比例为40.6%，排在第46位。

第八，基于CMES数据，中国小微企业金融排斥程度为1.776。小微企业面临信贷排斥、股权排斥和支付排斥中至少一种排斥类型时界定的金融排斥比例为93.87%，小微企业同时面临信贷排斥、股权排斥和支付排斥时界定的金融排斥比例为17.93%。从分类金融排斥来看，中国小微企业信贷排斥、股权排斥和支付排斥的比例分别为72.41%、76.68%和28.55%。对于不同类型小微企业而言，高经营年限小微企业比低经营年限小微企业的金融排斥程度低0.222，小微企业面临信贷排斥、股权排斥和支付排斥中至少一种排斥类型时界定的金融排斥低3.60个百分点，小微企业同时面临信贷排斥，股权排斥和支付排斥时界定的金融排斥低7.24个百分点，信贷排斥低5.27个百分点，股权排斥低8.54个百分点，支付排斥低8.41个百分点。高资产小微企业比低资产小微企业的金融排斥程度低0.388，小微企业面临信贷排斥、股权排斥和支付排斥中至少一种排斥类型时界定的金融排斥低6.97个百分点，小微企业同时面临信贷排斥，股权排斥和支付排斥时界定的金融排斥低11.66个百分点，信贷排斥低13.88个百分点，股权排斥低13.31个百分点，支付排斥低11.59个百分点。城镇小微企业比乡村小微企业的金融排斥程度低0.134，小微企业面临信贷排斥、股权排斥和支付排斥中至少一种排斥类型时界定的金融排斥高出1.95个百分点，小微企业同时面临信贷排斥、股权排斥和支付排斥时界定的金融排斥低12.23个百分点，信贷排斥高出6.57个百分点，股权排斥低5.73个百分点，支付排斥低14.19个百分点。非公有制小微企业比公有制小微企业的金融排斥程度低0.132，小微企业面临信贷排斥、股权排斥和支付排斥中至少一种排斥类型时界定的金融排斥低2.88个百分点，小微企业同时面临信贷排斥、股权排斥和支付排斥时界定的金融排斥低5.60个百分点，信贷排斥低2.36个百分点，股权排斥低5.00个百分点，支付排斥低5.85个百分点。有限责任小微企业比非有限责任小微企业的金融排斥程度低0.129，小微企业面临信贷排斥、股权排斥和支付排斥中至少一种排斥类型时界定的金融排斥低2.00个百分点，小微企业同时面临信贷排斥、股权排斥和支付排斥时界定的金融排斥低6.12个百分点，信贷排斥高出2.76个百分点，股权排斥低7.52个百分点，支付排斥低8.17个百分点。技术创新小微企业比非技术创新小微企业的金融排斥程度低0.093，小微企业面临信贷排斥、股权排斥和支付排斥中至少一种排斥类型时界定的金融排斥低2.32个百分点，小微企业同时面临信贷排斥、股权排斥和支付排斥时界定的金融排斥低 3.05 个百分点，信贷排斥低 2.79 个百分点，股权排斥高出 0.31 个百分点，支付排斥低 6.80 个百分点。

第九，基于 CMES 数据，中国小微企业创新比例为 54.18%，技术创新比例为 39.58%，非技术创新比例为 29.89%。从技术创新的不同形式来看，自主研发、委托其他单位研发、引进技术和合作研发的比例分别为 64.99%、11.05%、22.49%和 23.22%。从非技术创新的不同形式来看，组织创新、服务创新、营销创新、文化创新的比例分别为 24.81%、52.43%、65.25%和 25.53%。从不同类型小微企业来看，低经营年限小微企业的创新比例、技术创新比例和非技术创新比例分别比高经营年限小微企业高出 4.53 个百分点、0.40 个百分点和 9.54 个百分点；高资产小微企业的创新比例、技术创新比例和非技术创新比例分别比低资产小微企业高出 12.92 个百分点、13.27 个百分点和 3.78 个百分点；城镇小微企业的创新比例、技术创新比例和非技术创新比例分别比乡村小微企业高出 22.39 个百分点、14.69 个百分点和 16.50 个百分点；非公有制小微企业的创新比例、技术创新比例和非技术创新比例分别比公有制小微企业高出 12.15 个百分点、11.96 个百分点和 4.98 个百分点；有限责任小微企业的创新比例、技术创新比例和非技术创新比例分别比非有限责任小微企业高出 8.83 个百分点、6.69 个百分点和 4.96 个百分点。

第十，基于 CMES 数据，小微企业面临信贷排斥、股权排斥与支付排斥中至少一种排斥类型时界定的金融排斥小微企业的创新比例、技术创新比例和非技术创新比例分别比非金融排斥小微企业低 19.04 个百分点、25.21 个百分点和 7.00 个百分点。小微企业同时面临信贷排斥、股权排斥与支付排斥时界定的金融排斥小微企业的创新比例、技术创新比例和非技术创新比例分别比非金融排斥小微企业低 7.19 个百分点、9.09 个百分点和 0.67 个百分点。从分类金融排斥来看，信贷排斥小微企业的创新比例、技术创新比例和非技术创新比例分别比非信贷排斥小微企业低 5.31 个百分点、7.33 个百分点和 1.28 个百分点；股权排斥小微企业的创新比例、技术创新比例和非技术创新比例分别比非股权排斥小微企业低 9.16 个百分点、8.58 个百分点和 7.02 个百分点；支付排斥小微企业的创新比例、技术创新比例分别比非支付排斥小微企业低 5.95 个百分点、8.79 个百分点，支付排斥小微企业非技术创新比例比非支付排斥小微企业高出 3.34 个百分点。

（3）从第 5 章金融排斥对小微企业创新影响的实证分析中，我们得出以下结论。

第一，采取 Probit 模型和 Ivprobit 模型估计发现，金融排斥显著抑制小微企业创新。利用 2SLS，采用城市和省区金融排斥指标、Ln 金融机构数量和存贷额与 GDP 比指标、需要但金融排斥指标进行估计，均得出类似的结论。在分类金融排斥中，信贷排斥、股权排斥和支付排斥均对小微企业创新有显著的负向影响。我们选取自我信贷排斥指标，利用工具变量估计发现，自我信贷排斥显著抑制小微企业创新、技术创新和自主研发，亦能够得出小微企业提高信贷需求、克服自我信贷排斥、促进小微企业创新的重要结论。

第二，从微观机制变量方面来看，流动资产占比显著促进小微企业创新，民间借款资产占比显著抑制小微企业创新，非制度性交易成本占比对小微企业创新产生显著的负向影响。中国小微企业流动资产占比的均值为 0. 095，创新小微企业的流动资产占比较非创新小微企业高出 0. 45 个百分点，高出小微企业流动资产占比平均水平 0. 23 个百分点；低经营年限小微企业的流动资产占比较高经营年限小微企业高出 0. 93 个百分点；高资产小微企业的流动资产占比较低资产小微企业低 6. 38 个百分点；乡村小微企业的流动资产占比较城镇小微企业高出 1. 74 个百分点；公有制小微企业的流动资产占比比非公有制小微企业高出 4. 60 个百分点；有限责任小微企业的流动资产占比高出非有限责任小微企业 2. 67 个百分点。中国小微企业民间借款资产占比的均值为 0. 016，创新小微企业的民间借款资产占比低于非创新小微企业 0. 51 个百分点；高经营年限小微企业的民间借款资产占比较低经营年限小微企业低 0. 28 个百分点；高资产小微企业的民间借款资产占比较低资产小微企业低 0. 82 个百分点；城镇小微企业的民间借款资产占比较乡村小微企业低 1. 65 个百分点；非公有制小微企业的民间借款资产占比较公有制小微企业低 0. 05 个百分点；有限责任小微企业的民间借款资产占比比非有限责任小微企业低 0. 41 个百分点。中国小微企业非制度性交易成本占比的均值为 0. 913，创新小微企业的非制度性交易成本占比比非创新小微企业低 0. 88 个百分点；低经营年限小微企业的非制度性交易成本占比比高经营年限小微企业高出 2. 13 个百分点；高资产小微企业的非制度性交易成本占比低于低资产小微企业 0. 62 个百分点；城镇小微企业的非制度性交易成本占比比乡村小微企业高出 2. 80 个百分点；非公有制小微企业的非制度性交易成本占比比公有制小微企业高出 6. 98 个百分点；有限责任小微企业的非制度性交易成本占比比非有限责任小微企业低 0. 89 个百分点。

第三，从其他控制变量方面来看，最主要高管的受教育年限对小微企业创新具有显著的积极影响。小微企业资产规模越大，小微企业创新活动越活跃。实际经营年限相对更长的小微企业创新显著不足。Ln 基本账户开户时间显著降低小微企业创新。相较于乡村小微企业，城镇小微企业更具有创新性。

（4）从第 6 章金融排斥对小微企业创新影响的微观机制分析中，我们得出以下结论。

第一，采用分样本的方法发现，金融排斥通过降低流动性抑制小微企业创新。利用 2SLS、采用需要但金融排斥指标进行估计，得出类似结论。

第二，采用交互项方法发现，金融排斥通过加重融资约束抑制小微企业创新。利用 2SLS、采用需要但金融排斥指标进行估计，得出类似结论。

第三，采用分样本的方法发现，金融排斥通过增加非制度性交易成本抑制小微企业创新。利用 2SLS、采用需要但金融排斥指标进行估计，得出类似结论。

（5）从第 7 章金融排斥对小微企业创新影响的异质性分析中，我们得出以下结论。

第一，低经营年限小微企业金融排斥显著抑制小微企业创新，而高经营年限小微企业金融排斥对小微企业创新没有显著影响。利用 2SLS、采用需要但金融排斥指标进行估计，得出类似结论。

第二，高资产小微企业金融排斥对小微企业创新有显著的负向影响，而低资产小微企业金融排斥对小微企业创新没有显著影响。利用 2SLS、采用需要但金融排斥指标进行估计，得出类似结论。

第三，城镇小微企业金融排斥显著抑制小微企业创新，但乡村小微企业金融排斥对小微企业创新没有显著影响。利用 2SLS、采用需要但金融排斥指标进行估计，得出类似结论。

第四，非公有制小微企业金融排斥显著抑制小微企业创新，但公有制小微企业金融排斥对小微企业创新没有显著影响。利用 2SLS、采用需要但金融排斥指标进行估计，得出类似结论。

第五，有限责任小微企业金融排斥显著抑制小微企业创新，但非有限责任小微企业金融排斥对小微企业创新没有显著影响。利用 2SLS 方法进行估计，得出类似结论。有意思的是，我们发现，采用需要但金融排斥指标进行估计时，金融排斥对有限责任小微企业和非有限责任小微企业创新均有显著抑制作用，说明在小微企业创新过程中，小微企业克服自身的需求排斥对于小微企业创新的重要现实意义。

第六，金融排斥显著抑制小微企业技术创新，但金融排斥对小微企业非技术创新没有显著影响。利用 2SLS、采用需要但金融排斥指标进行估计，得出类似结论。

第七，金融排斥显著抑制小微企业自主研发和合作研发的技术创新形式，但对引进技术的技术创新形式没有显著影响。采用 2SLS 进行估计，得出类似结论；采用需要但金融排斥指标进行估计，发现金融排斥对小微企业自主研发、引进技术和合作研发的技术创新形式具有显著的抑制影响。

8.2 对策建议

根据上面从小微企业金融排斥的创新效应分析、中国小微企业金融排斥和创新的历史演进与现状分析、金融排斥对小微企业创新影响的实证分析、金融排斥对小微企业创新影响的微观机制分析得出的结论中，我们提出以下对策建议。

第一，小微企业主动融入现代主流金融体系，实现小微企业创新内外良性循环。

金融体系是服务于实体经济的，小微企业创新活动离不开现代主流金融体系产品或服务的支持。小微企业作为实体经济的重要参与主体，若远离现代主流金融体系，将面临金融排斥问题，直接影响小微企业创新在供应、生产和销售中的内外良性循环。

主流金融体系在服务小微企业创新的过程中，一方面，为小微企业创新提供流动性，保证小微企业创新的日常开支；另一方面，主流金融体系提供的外部资金将帮助小微企业筛选更好的创新项目，并且有效监督小微企业创新的实现。

小微企业积极主动融入现代主流金融体系，有效克服金融排斥，实际上可以享受到现代主流金融体系高效运转的效率和福利带来的好处，从而激发小微企业创新的主动性和意愿，不断提高小微企业的创新能力和学习能力，使小微企业善于抓住创新机会，持续提高小微企业的产品竞争力。

第二，小微企业完善现代化公司治理体系，改善小微企业创新的排斥条件。

小微企业被排斥在主流金融体系之外，主要原因是无法满足主流金融体系要求的融资条件和规范而无法获得或使用主流金融体系提供的金融产品或服务。而现代化公司治理体系要求小微企业具有完善的公司治理结构、健全的财务制度、规范的组织管理制度和顺畅的经营流程等。若小微企业按照现代化公司治理体系进行建设，不仅可以节约小微企业创新的运营成本，而且可以大大满足主流金融体系融资的基本要求，有效克服金融排斥，从而提高小微企业创新所需外部资金获得或使用的概率，促使小微企业进行创新决策。

因此，小微企业现代化公司治理体系建设是克服小微企业创新面临金融排斥中条件排斥的基本路径，也是小微企业创新的现代化企业管理制度保证，即现代化企业管理制度保证小微企业创新。

第三，小微企业注重自身诚信系统建设，避免小微企业创新资金获得的信用缺失。

首先，诚实守信是现代主流金融体系的客观要求。小微企业获得或使用主流外部资金时，小微企业不断积累的信用积分是其未来偿还能力的标识，小微企业的信用积分越高，其面临的金融排斥程度就会越轻，小微企业创新资金的获取或使用就会越容易、越快捷，以便小微企业积极进行创新决策和开展创新活动。

其次，小微企业越重视自身的诚信系统建设，就越会向主流外部资金提供者发出其资信更好的信号，小微企业创新要申请主流外部资金时被拒的概率将会大大降低，金融排斥程度相应下降，通过缓解小微企业融资约束促进小微企业创新。

最后，小微企业越注重自身的诚信系统建设，就越会在经营过程中使用主流金融支付体系而避免支付排斥，时刻保持充足的现金流，降低交易成本，促进小微企业创新。

第四，小微企业强化金融知识学习和金融技能使用，解决小微企业创新的自我排斥问题。

自我排斥是小微企业自身主动排斥在主流金融体系之外的一种金融排斥现象。小微企业创新时，不仅面临着主流外部资金提供方的供给排斥，而且面临着小微企业作为资金使用方的需求排斥。因此，小微企业的自我排斥问题属于需求排斥问题。小微企业自我排斥问题的存在将造成小微企业创新时的主流外部货币资金的需求不足，或者因为对创新产品或服务的前景没有好的预期，或者因为外部资金的债务负担，或者因为使用内部资金更踏实，或者因为小微企业自身不想受到主流外部资金的约束，等等。可以看出，小微企业自我排斥问题是小微企业金融排斥产生的根源之一。小微企业自我排斥问题将造成小微企业创新的后劲不足，进而抑制小微企业创新的积极性和主动性。

克服小微企业创新的自我排斥问题，基本途径是小微企业自身金融知识的学习和金融技能的使用。小微企业的金融知识越丰富，就越能促使小微企业更多使用主流金融产品或服务；小微企业的金融技能越熟悉，就越能合理地、最优化地跨期配置和横截面配置货币资金。小微企业货币资金的这种平滑性能够有效克服小微企业的金融排斥，实现现金管理的最优化，促进小微企业创新。

尤其在不同技术创新形式中，小微企业增加对不同创新形式的金融需求，若能够获得满足，克服金融排斥将促进小微企业进行自主研发、引进技术和合作研发的技术创新，有力促进小微企业走向现代化。

前面四条对策建议是从小微企业视角解决小微企业金融排斥问题的基本逻辑，是克服小微企业需求端的金融排斥问题、促进小微企业创新的解决思路。下面四条对策建议是从金融排斥的供给端入手寻求促进小微企业创新的解决方案。

第五，健全小微企业普惠性信贷制度体系，促进小微企业创新的信息机制建设。

信贷是小微企业创新获得或使用主流外部资金的重要渠道。但是，主流金融机构在向小微企业提出信贷时会理性考虑自身的绩效状况以及小微企业未来的清偿力问题，所以，主流金融机构向小微企业提供的信贷支持多属于谨慎性信贷支持。造成这种状况的根源在于主流金融机构与小微企业之间的信息不对称，仍存在主流金融机构对小微企业“不敢贷”“不愿贷”“支持额度偏低”等资金供给方排斥现象，致使小微企业创新仍然面临着较为严重的信贷排斥状况，这从世界银行小微企业调查和中国小微企业调查数据中都能够观察出来。从中国家庭调查数据中的信贷排斥历史演进中，我们惊奇地发现小微企业信贷排斥程度呈加重的趋势。尽管小微企业信贷排斥中仍然有小微企业需求端排斥的原因，但供给方排斥也是造成小微企业信贷排斥的重要因素。因此，健全小微企业普惠性信贷制度体系对于小微企业创新仍然非常重要。

普惠性信贷可以从“普”和“惠”两个方面来解释：所谓“普”体现信贷覆盖面的广泛性，“惠”则表现为信贷的让利性。对于小微企业创新而言，主流金融机构体系平等地、非歧视地以让利性价格为小微企业创新提供外部资金支持，从而克服小微企业创新面临的价格排斥、准入排斥、条件排斥、营销排斥和地理排斥五个供给排斥方面的排斥维度。

首先，在小微企业普惠性信贷制度体系促进小微企业创新的建设中，顺畅的信息交换机制是关键所在，要建设好小微企业创新信息的交换平台。小微企业创新面临的信贷排斥问题的根本原因就是主流外部资金供给方和使用方之间的信息交换缺乏效率。信息交换平台的创新信息充分交换能够使信贷市场为小微企业创新提供均衡的资金价格，即主流外部资金的合意价格水平。这样，小微企业创新的信息就融入外部资金的价格中，提高信贷市场的创新资金配置效率，发挥信贷市场对小微企业创新的普惠性。信息交换平台中信息交换的广度和深度将有效克服小微企业创新面临的价格排斥问题，促使小微企业创新，这体现为普惠性信贷的市场化方面，即创新信息交换的充分市场化能够使服务于小微企业创新的信贷市场达到均衡。因此，小微企业普惠性信贷制度体系设计的立足点在于创新信息交换机制的顺畅性和高效性方面建设。

其次，克服小微企业创新面临的准入排斥、条件排斥和营销排斥问题的普惠性信贷制度体系要避免歧视性（刘瑞明，2011）。小微企业创新遭受信贷排斥的主流外部资金供给方普遍认为小微企业创新风险高，缺乏有效的兜底保障，其实这就是一种歧视性认知，殊不知小微企业的“高精特新”是创新出来的，主流信贷货币资金本身具有促创的社会属性，即主流信贷货币资金的普惠性。因此，歧视性也是小微企业创新面临信贷排斥的重要原因，其将造成小微企业创新的融资约束，抑制小微企业创新。所以，小微企业普惠性信贷制度体系的完善过程要避免针对小微企业创新的歧视性条款。

最后，克服小微企业创新面临的地理排斥问题的普惠性信贷制度体系要避免条块分割，这涉及小微企业创新的信息共享机制，即信贷市场数字化建设。当小微企业距离（Degryse and Ongena，2005）主流金融机构较远时，其创新时在获得主流外部资金方面将会出现困难，即面临地理排斥问题。由于距离主流金融机构较远，小微企业创新更不利于与主流金融机构进行创新信息共享，这是因为较远的空间距离阻止了小微企业创新时的主流外部资金的获得而出现信贷排斥。普惠性信贷制度体系的设计不应该忽略空间距离负外部性对小微企业创新的抑制作用，这就要求在普惠性信贷制度体系构建中重视数字化建设，充分发挥数字化在小微企业创新中的信息共享、交易成本降低的积极作用，克服小微企业面临的信贷排斥问题，促进小微企业的创新发展。

第六，提高小微企业的股权市场活跃度，发挥股权市场小微企业创新筛选机制。

股权资金的注入是在很大程度上能够反映小微企业创新是否可行的较为明确的信号，更多外部资金注入小微企业说明小微企业有较好的成长性而值得被投资。若小微企业长期尚未进行资本金的注入，则面临股权排斥问题。因此，小微企业股权市场的活跃程度能够刻画小微企业创新的活跃性，股权市场对小微企业创新具有筛选机制。

提高小微企业的股权市场活跃度、发挥股权市场对小微企业创新的筛选机制作用需要一系列配套举措。首先是督促小微企业进行现代化企业组织制度建设，完善小微企业公司治理结构，为小微企业的外部资金注入提供基础性、普惠性的股权准入制度，克服小微企业创新的股权排斥问题。其次是小微企业创新信息的合理发布渠道建设。尽管小微企业创新信息对于小微企业而言具有一定的保密性质，但是在小微企业股权市场中，小微企业创新信息的合理发布将有利于外部资金注入方的识别和筛选，这不仅是小微企业吸引外部资金注入的重要信号，也是克服小微企业股权排斥的现实路径。最后是小微企业外部注入股权资金的退出机制建设。比如，作为小微企业外部股权资金注入的主流金融机构——私募股权基金在助力小微企业创新项目成功后股权转让通道建设。这些举措均有利于小微企业创新的股权市场活跃度的提升，克服小微企业创新的股权排斥问题，有助于小微企业创新的良性循环。

第七，促进小微企业主流金融的数字化支付体系建设，全面降低小微企业创新交易成本。

数字化支付是现代金融体系的重要特征，体现出现代主流金融体系的普惠性。主流金融的数字化支付体系能够降低小微企业创新的交易成本。小微企业创新面临着交易成本，尤其是非制度性交易成本。在小微企业创新过程中，交易成本的存在严重制约小微企业创新活动的开展。因此，当小微企业不能或者不会使用主流金融支付时，将面临支付排斥问题，直接增加小微企业创新的交易成本，抑制小微企业创新。

克服小微企业创新的支付排斥问题的关键措施是全面推动主流金融的数字化支付体系的普及化，其根本性工作是建设好数字基础设施，全方位降低小微企业创新的交易成本。首先是小微企业数字基础设施的硬件建设，实现小微企业主流金融支付体系的全覆盖，比如，有线网络建设和无线网络建设、拓展小微企业的网络接口。其次是小微企业数字化培训的软件建设。促使小微企业电子化、数字化软件的使用和操作，并且能够顺利接入主流金融的支付系统，提升小微企业创新的主流金融支付方式的使用率，克服小微企业创新过程中的支付排斥问题，促使小微企业创新的采购、生产和销售循环中交易成本的降低，促进小微企业创新。

第八，深化小微企业融资担保体系建设，形成小微企业创新风险分担的体制机制。

小微企业融资担保体系作为小微企业创新的第三方保障系统，为小微企业创新的融资提供兜底保障，本质上属于现代主流金融系统普惠性的延伸，主要用于解决小微企业金融排斥中的条件排斥问题。根据小微企业的不同发展阶段和不同组织形式，仍然有很多小微企业不具备现代企业制度的典型特征，同时存在小微企业创新的需求，但是这类小微企业缺乏足够的抗风险能力。往往这类小微企业面临更严重的金融排斥问题，不仅存在严重的需求排斥，也面临严重的供给排斥，所以这类小微企业是小微企业金融排斥问题解决中最为攻坚的领域。

解决小微企业创新中最为攻坚领域的金融排斥问题的有力措施是深化小微企业融资担保体系建设，搭建小微企业创新融资的风险分担平台，借助融资担保体系克服小微企业排斥问题，发挥主流金融系统普惠性作用，充分发挥金融普惠影响小微企业创新的微观机制作用，促进小微企业创新。

总之，上述八条对策建议能够有效解决小微企业的金融排斥问题，促使小微企业实现金融普惠，通过现金管理支持、融资约束缓解、交易成本降低的微观机制促进小微企业创新，助推小微企业高质量发展，助力小微企业完成现代化。

在本书的研究中，侧重于金融服务于实体经济理念在小微企业创新领域的应用，尤其是现金管理机制、融资约束机制和交易成本机制的作用发挥。从公司金融理论来看，小微企业控制权在小微企业创新中尤为重要；从行为金融理论来看，企业家精神在小微企业创新中至关重要；小微企业作为国民经济和社会发展的微观创新主体，本书着重于宏观经济运行微观基础的横截面研究，其实在宏观经济运行中，小微企业创新还存在跨期的时间因素，这些都为小微企业创新的未来研究提供了广泛的视角和空间。

第3篇

路径篇

我们从验证篇中得知，金融排斥降低小微企业流动性、面临融资约束和加大交易成本会抑制小微企业创新。那么，如何通过降低小微企业金融排斥程度促进小微企业创新呢？本篇将对数字金融、金融知识、预算规划和家庭创业精神四个路径通过克服金融排斥促进小微企业创新进行经验数据的验证。

9 克服数字金融排斥，助力小微企业技术创新

技术创新是小微企业高质量发展的内在驱动力（展鹏辉等，2022），包括自主研发和引进技术等形式，小微企业技术创新水平和自主研发能力（郭沛瑶、尹志超，2022）的提高能够为小微企业高质量发展提供持续源泉。然而，根据世界银行2010—2021年小微企业技术创新调查①，我国小微企业技术创新比例为40.6%，排在调查的133个国家或地区的第46位，如图9-1所示，分别低于芬兰、乌拉圭、格林纳达、厄瓜多尔、爱尔兰、乌干达、荷兰33.5个百分点、31.5个百分点、30.9个百分点、28.7个百分点、22.9个百分点、21.0个百分点和19.9个百分点，说明我国小微企业技术创新在世界小微企业技术创新中处于中等位置，仍然有非常大的提升空间。如何提高小微企业技术创新水平成为新发展格局下促进小微企业高质量发展的重要议题。

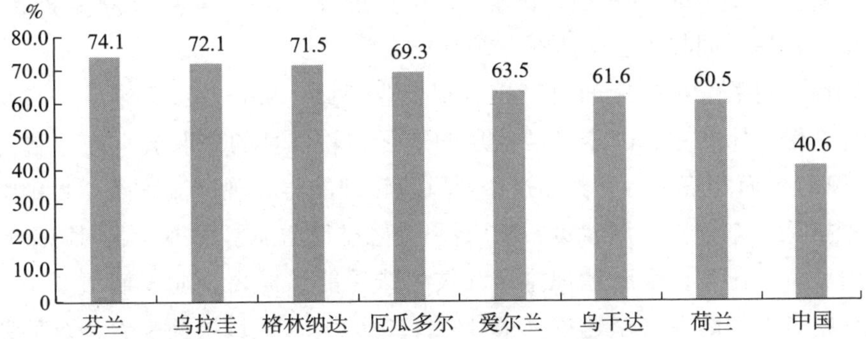

图9-1 小微企业技术创新比例的国际比较

资料来源：企业调查的统计和计算。

在小微企业技术创新过程中，数字金融（Gomber and Siering，2017）有利于在全国统一大市场的建设中驱动小微企业技术创新的良性循环。但是，根据中国小微企业调查微观数据统计发现，仍然有25.6%的小微企业被排斥

① 数据来源于企业调查，世界银行，http：//www. enterprisesurveys. org。“推出新产品/服务的公司百分比”即小微企业技术创新比例，并据此进行了排名。

在主流数字金融之外。缓解小微企业数字金融排斥，发挥数字金融的普惠性（杨君等，2021），促进小微企业高质量发展具有重要的现实意义。

金融排斥概念的提出最早是从空间经济（Space Economies）入手展开研究的。Leyshon 和 Thrift（1993）指出，金融服务行业“向质量转移”（Flight to Quality）或者降低风险将会造成金融基础设施从某些社会群体或某些地区撤出，这是金融系统的业务关闭或排斥的重要原因。Leyshon 和 Thrift（1995）进一步将金融排斥定义为阻止贫困和弱势社会群体进入金融系统的过程，认为英国“金融抛弃”（Financial Abandonment）很可能会引起“金融饥饿”（Financial Starvation）的发生。从功能上看，金融排斥可以延伸到储蓄、信贷、投资、支付等领域（Gloukoviezoff，2011）。从衡量上看，金融排斥可以从金融账户的获得困难（Access Difficulties）和使用困难（Use Difficulties）两个维度来度量（Gloukoviezoff，2011），也可以用在储蓄、借贷、支付等金融功能方面的账户使用来测度（Demirgüç-Kunt and Klapper，2013），还可以用金融排斥指数（Beck et al.，2007；李建军、张丹俊，2015）来表示。从原因上看，金融排斥源于自我排斥、价格排斥、条件排斥、市场排斥、准入排斥和地理排斥等（Leyshon and Thrift，1995；Kempson and Whyley，1999；Panigyrakis et al.，2002；许圣道、田霖，2008；彭宝玉、李小建，2009；刘长庚、罗午阳，2019；周叔媛、李建军，2021）。

随后，有关金融排斥的研究拓展到企业领域。从企业层面来看，影响小微企业金融排斥的主要因素是硬信息的缺乏和软信息的获取成本高（曹廷贵等，2015）。而高管金融素养通过企业风险管理能力和现金流管理能力影响企业金融排斥（李建军、周叔媛，2019）。金融排斥增加了中小企业内源融资与非银行融资的比重，金融地理排斥和技术排斥能够提高企业短期债务率，降低企业财务的稳健性（李建军、张丹俊，2016）。从区域层面来看，东部地区中小企业自我排斥程度较低，而中西部地区自我排斥程度较高，其中，金融供给方排斥占主导，地理排斥影响最大，技术条件排斥略大于金融需求方主动排斥（李建军、张丹俊，2015）。另外，普惠金融每提高一个标准差，东部地区人均实际 GDP 增长率提高 5.1 个百分点（李建军等，2020）。

上述文献从金融排斥的概念、度量、原因、影响等方面做了大量研究，也为本研究奠定了基础。然而，我们发现：①现有文献较少利用金融排斥理论研究数字金融排斥和小微企业技术创新之间的关系；②现有文献缺乏数字金融排斥影响小微企业技术创新交易成本机制方面的研究；③现有文献较少利用微观数据库数据对数字金融排斥进行直接度量并对小微企业技术创新的影响进行研究。因此，本章研究可以对上述文献进行补充。鉴于此，本章围绕数字金融排斥与小微企业技术创新的研究主题，将以下研究内容设计为实证分析、微观机制分析、异质性分析、稳健性检验、克服数字金融排斥的具体措施五个部分。

9.1 数字金融排斥影响小微企业技术创新的实证分析

9.1.1 理论分析与研究假设

数字金融涉及数字支付、数字结算、数字转账、数字融资等领域（黄益平、黄卓，2018；王修华、赵亚雄，2020；郭守亭、金志博，2022），Tok 和 Heng（2022）研究发现，金融科技与数字普惠金融的正相关程度高于传统的普惠金融指标。小微企业主动融入数字金融体系，不仅能够享受到主流数字金融服务的共享金融资源（蔡庆丰等，2020）和普惠性（吴庆田、朱映晓，2021），而且能够获得主流数字金融服务的金融支持，促进小微企业的价值创造（张瑞琛等，2022）。根据金融排斥六位维度理论，若小微企业在运营过程中尚未使用或获得主流数字金融服务而排斥在主流数字金融服务之外，就会面临数字金融排斥，从功能上可以划分为数字支付排斥和数字融资排斥。究其原因，数字金融排斥源于数字自我排斥、数字条件排斥、数字价格排斥、数字营销排斥、数字准入排斥和数字地理排斥，这六种因素最终造成小微企业数字金融的主动排斥或被动排斥状态。

在现代支付体系中，数字金融为小微企业技术创新活动（唐松等，2020；喻平、豆俊霞，2020）提供了快捷、便利的数字金融服务，从而使小微企业技术创新在整体产业链条实现有序、持续的循环，比如，研发、采购、生产、销售、回款等环节，当小微企业远离数字支付方式时，小微企业将面临回款压力，降低小微企业的流动性，从而使小微企业技术创新出现内部资金链的断裂。随着小微企业流动性的降低，小微企业数字支付排斥使小微企业无法保持上下游供应链条的有效畅通，从而使小微企业技术创新无法顺利实现。在小微企业融资中，当小微企业无法获得数字融资或者获得数字融资存在困难时，就会面临数字融资排斥问题。当小微企业面临数字融资排斥时，小微企业技术创新将不能享受或放弃数字融资的快捷、便利、安全和低融资成本的数字金融服务，面临融资歧视（Financing Discrimination；Leyshon and Thrift，1995），将不利于小微企业进行技术创新。鉴于此，本章提出假说1：数字金融排斥程度抑制小微企业技术创新。即若小微企业被排斥在主流数字金融服务之外，小微企业技术创新将会远离现代主流金融体系，也就远离数字支付体系和数字融资体系，将造成小微企业技术创新出现困难和障碍，从而抑制小微企业技术创新活动。

数字金融排斥是通过什么途径抑制小微企业技术创新的呢？互联网技术是降低软信息成本的重要方法，降低软信息成本能扩大小微企业融资可能性边界（曹廷贵等，2015）。信息成本与金融排斥正相关（苏静，2018）。在建设全国统一市场构建新发展格局（金碚，2022）的时代背景下，小微企业是内循环和内外双循环的重要参与主体，交易成本（Coase，1937）的存在会影响小微企业技术创新。数字金融具有广泛的普惠性（吴庆田、朱映晓，2021）和深度的共享性，若小微企业远离主流数字金融服务，或者被排斥，或者未融入，或者主动放弃主流数字金融服务，则小微企业进行产品或技术上的研发与创新活动时将在采购、生产、销售领域出现困难，造成小微企业技术创新在供应链条、生产链条和销售链条上的中断。也就是说，受到数字金融排斥的小微企业远离数字金融的快捷、方便、无纸化和记账等功能，致使小微企业技术创新时面临搜寻成本（时间成本）、谈判成本、组织成本、契约成本、信息成本等（Furubotn and Richter，2000），这些共同构成小微企业非制度性交易成本，必将增加小微企业技术创新的决策成本，抑制小微企业技术创新。除了非制度性交易成本，小微企业还面临着制度性交易成本，比如社会责任、行业管理、政企关系等方面。小微企业作为独立的市场经营主体，过多承担制度性交易成本，必将过多关注小微企业经营之外事务，而无法全身心投入自身的创新活动；另外，制度性交易成本也将损害小微企业创新的货币资金投入。鉴于此，本章提出假说2：数字金融排斥通过加大交易成本抑制小微企业技术创新。

小微企业技术创新涉及不同的创新形式，如自主研发和引进技术。相对于引进技术而言，小微企业自主研发的非制度性交易成本更高，尤其是产、供、销方面的交易成本，小微企业自主研发对非制度性交易成本有更大的依赖性，而小微企业引进技术受非制度性交易成本的制约较弱。鉴于此，本章提出假说3：数字金融排斥抑制小微企业自主研发，但对引进技术没有显著影响。

9.1.2 研究设计

9.1.2.1 数据与变量

本章数据来源于西南财经大学中国家庭金融调查与研究中心的2015年中国小微企业调查微观数据库①，这为本书经验验证的开展提供了权威数据（甘犁等，2013）支持。本书小微企业的界定标准依据是《中国经济普查年鉴2018》中《统计上大中小微型企业划分办法》②。剔除金融业、2015年成立、实际经营年限低于1年、资产为零、注册资本为零、交易成本为零的小微企业及缺失值，保留3195家独立企业法人的小微企业。本章重点讨论数字金融排斥、交易成本和小微企业技术创新，下面分别对数字金融排斥、小微企业技术创新、交易成本以及其他控制变量进行说明。

（1）数字金融排斥程度指标的测度。

参考金融账户的获得困难或使用困难虚拟变量形式（李建军、周叔媛，2019）分别提取数字支付排斥、银行数字融资排斥、非银行数字融资排斥指标。首先，根据CMES问卷中的“贵企业销售商品时的主要结算方式是？1. 现金，2. POS机，3. 签单，4. 网上支付，5. 预付款，6. 银行转账，7. 支票，8. 其他（请注明）”问题，没有选择“第二选项、第四选项和第六选项”生成数字支付排斥指标。其次，根据CMES问卷中的“目前，贵企业未来生成经营是否使用企业主的个人信用卡进行融资?”问题，没有选择“信用卡进行融资”生成银行数字融资排斥指标。最后，根据CMES问卷中的“这笔钱是从哪里借的？（可多选）1. 父母/公婆/岳父母，2. 子女，3. 兄弟姐妹，4. 其他亲属，5. 朋友/同事（含邻里），6. 民间金融组织或职业借贷人（含高利贷），7. 小额贷款公司，8. 有合作关系的人或机构（含工作单位、村居委），9. 其他（请注明），10. 网络借款平台（如P2P平台）”问题，没有选择“网络借款平台（如P2P平台）”生成非银行数字融资排斥指标。根

---

① 数据来源于西南财经大学中国家庭金融调查与研究中心组织管理的“中国小微企业调查”（CMES）项目，https：//chfs. swufe. edu. cn/。

② 该办法以工业和信息化部、国家统计局、国家发展和改革委员会、财政部《关于印发中小企业划型标准规定的通知》（工信部联企业〔2011〕300号），《国民经济行业分类》（GB/T 4754—2017）为基础，结合统计工作的实际情况制定，筛选指标包括营业收入、从业人员、资产总额，http：//www. stats. gov. cn/tjsj/pcsj/jjpc/4jp/indexch. htm。

据 CMES 数据的统计发现，21.8%的小微企业、84.9%的小微企业分别面临数字支付排斥、数字融资排斥。

按照小微企业“需要并远离数字金融产品或服务”，我们将数字支付排斥、银行数字融资排斥、非银行数字融资排斥指标进行加总，提取小微企业的数字金融排斥程度指标。这说明，该指标的数值越大，则小微企业面临的数字金融排斥程度越严重；该指标的数值越小，则小微企业面临的数字金融排斥程度越轻。当数字金融排斥水平等于 0 时，小微企业不受数字金融排斥；而当数字金融排斥水平等于 3 时，小微企业完全处于数字金融排斥状态。然后，将银行数字融资排斥、非银行数字融资排斥指标进行加总，提取数字融资排斥指标。根据 CMES 数据的统计发现，我国小微企业的平均数字金融排斥程度是 0.754，54.3%的小微企业受到数字金融排斥。在后文中，我们还将小微企业“不需要并远离数字金融产品或服务”纳入数字金融排斥程度指标中，并进行稳健性检验。

（2）小微企业技术创新指标的测度。

首先，根据 CMES 问卷中的“贵公司目前或曾经是否有产品或技术上的研发与创新活动？1. 是，2. 否”问题（杨君等，2021），将回答“是”赋值为 1，回答“否”赋值为 0，生成“小微企业技术创新”虚拟变量。其次，根据 CMES 问卷中的“2014 年，贵企业是否有下列形式的研发与创新活动？（可多选）1. 自主研发，2. 委托其他单位研发，3. 引进技术，4. 合作研发，5. 其他，6. 以上都没有”问题，提取自主研发、引进技术的技术创新形式虚拟变量指标。根据 CMES 数据的统计发现，我国 38.8%的小微企业进行了技术创新，25.3%与 9.0%的小微企业分别进行自主研发和引进技术（在本章的全样本下）。

（3）交易成本指标的测度。

交易成本是指除生产要素外在交易环节发生的交易费用，包括制度性交易成本和契约性交易成本。制度性交易成本是由公共制度的运行引起的；而契约性交易成本是企业内部交易和内部管理协调环节产生的成本，包括购买生产要素资源过程中各种谈判及合同签订等所需花费的成本、把产品或服务推销到各地进行市场开发和商务谈判所需的销售费用、企业内部为重新整合生产要素产生的协调管理费用等（彭向刚、周雪峰，2017）。管理费用经常被作为交易成本的代理变量（姚东旻等，2022）。交易成本可用调整后的营业管理费用与前期总营业成本之比进行度量（郑伟宏、廖林，2021）。

参考上述文献可知，小微企业交易成本是小微企业围绕交易而产生的成本，即为了推进内部交易和外部交易的实现而产生的费用。根据 CMES 问卷中涉及交易成本方面的问题，我们将小微企业交易成本划分为非制度性交易成本和制度性交易成本。其中，非制度性交易成本包括供产销费用和管理费用，具体涉及零售业、批发业、制造业、交通运输业、餐饮业、软件和信息技术服务业、住宿业、农业等行业产生的加盟费、出口商品费用、进口商品费用、采购费、宣传费、年租金、维护维修费用、挂靠费、保养维修费、保险费、过路费、品牌管理费、招待费、培训费等；制度性交易成本包括社会责任（如帮扶投入、公益捐赠）、行业管理（如行业协会会费）、政企关系（如行政事业性收费、政府性基金）三个方面的费用支出。需要说明的是，CMES 问卷中给出的是小微企业整体的水费、电费，所以不能对小微企业的交易成本和生产成本进行明确划分，小微企业的水费、电费未纳入非制度性交易成本中。同时，考虑到制度性交易成本的刚性支付，我们未将行政事业性费用之外的其他费用，以及被相关政府部门检查、摊派、强制赞助、捐赠、培训或征订报纸（包括产生的礼金、招待费等）和利息外支出等可能存在的不合理费用纳入制度性交易成本中。若再考虑到无法测量的交易成本部分和未调查部分，那么我们统计出的小微企业交易成本绝对数额很可能存在低估。鉴于此，我们用“非制度性交易成本占比”［非制度性交易成本/（非制度性交易成本+制度性交易成本）］对小微企业交易成本进行度量。如表 9-1 所示，小微企业总交易成本平均为 618820 元，其中非制度性交易成本为 563140 元，平均占比 91.0%；制度性交易成本为 55680 元，平均占比 9.0%。在非制度性交易成本中，管理费用占比 13.5%，供产销费用占比 86.5%。

表 9-1 小微企业交易成本的构成及占比情况

项目	金额/元	在总交易成本中占比/%	在非制度性交易成本中占比/%
非制度性交易成本	563140	91.0	—
管理费用	75965	12.3	13.5
供产销费用	487175	78.7	86.5
制度性交易成本	55680	9.0	—
总交易成本	618820	100.0	—

资料来源：中国小微企业调查微观数据库。

为了描述数字金融排斥、交易成本与小微企业技术创新之间的关系，我们在分样本下进行分析。如表 9-2 所示，数字金融排斥下（数字金融排斥虚拟变量=1）的小微企业技术创新比非数字金融排斥下（数字金融排斥虚拟变量=0）低 9.8%，说明数字金融排斥抑制小微企业技术创新。按照非制度性交易成本占比均值（杨君等，2021），我们生成“低非制度性交易成本占比”虚拟变量，赋值为 1 时为低非制度性交易成本占比，赋值为 0 时为高非制度性交易成本占比。如表 9-2 所示，高非制度性交易成本占比较低非制度性交易成本占比而言，数字金融排斥程度上升了 0.028（0.761-0.733），可以看出，数字金融排斥程度越高，小微企业非制度性交易成本越高；而小微企业技术创新下降了 1.6%（38.5%-40.1%），又可以看出，小微企业非制度性交易成本越高，小微企业技术创新的概率越低。还可以看出，在低非制度性交易成本占比下，数字金融排斥程度对小微企业技术创新的平均排斥效应（单位数字金融排斥程度引起的小微企业技术创新）为 54.7%（=40.1%/73.3%×100%），高于高非制度性交易成本下 50.6%（=38.5%/76.1%×100%），说明在低非制度性交易成本占比下，数字金融排斥程度对小微企业技术创新的平均边际效应高于高非制度性交易成本占比下的平均边际效应。表 9-2 还显示，在低非制度性交易成本占比样本中，数字金融排斥影响小微企业技术创新的平均边际效应为-13.7%[(33.8%-47.5%)/(1-0)]；在高非制度性交易成本占比样本中，数字金融排斥影响小微企业技术创新的平均边际效应为-8.7%[(34.5%-43.2%)/(1-0)]，说明在低非制度性交易成本占比（即高制度性交易成本占比）样本下较高非制度性交易成本占比（即低制度性教育成本占比）的边际效应高，数字金融排斥对小微企业技术创新的抑制作用更大，原因在于制度性交易增加，将带来小微企业非制度性交易成本更大幅度的上升。我们从中得出的结论是：从数字金融排斥程度与低非制度性交易成本占比虚拟变量的交互项来看，随着交互项均值的上升，小微企业从“技术创新”到“技术不创新”，说明交互项对小微企业技术创新具有负向影响，数字金融排斥程度通过增加交易成本抑制小微企业技术创新。

在机制分析中，我们将分别在“低非制度性交易成本占比”和“高非制度性交易成本占比”分样本下以及交互项下论证数字金融排斥对小微企业技术创新的交易成本机制。

表 9-2 数字金融排斥、交易成本与小微企业技术创新的描述性分析

指标	数字金融排斥程度	小微企业技术创新/%	平均排斥效应/%	平均边际效应/%
低非制度性交易成本占比（低非制度性交易成本虚拟变量=1）	0.733	40.1	54.7	—
低非制度性交易成本占比（低非制度性交易成本虚拟变量=0）	0.761	38.5	50.6	—
数字金融排斥×低非制度性交易占比（0×1）	0	47.5	—	-13.7
数字金融排斥×低非制度性交易占比（1×1）	1	33.8	—	
数字金融排斥×低非制度性交易占比（0×0）	0	43.2	—	-8.7
数字金融排斥×低非制度性交易占比（1×0）	1	34.5	—	
数字金融排斥（数字金融排斥虚拟变量=0）	0	44.2	—	-9.8
数字金融排斥（数字金融排斥虚拟变量=1）	1	34.4	—	
数字金融排斥程度×低非制度性交易成本占比	0.183	0	—	—
数字金融排斥程度×低非制度性交易成本占比	0.152	1	—	—

资料来源：中国小微企业调查微观数据库。

（4）其他控制变量。

参考既有文献（Herrera and Minetti，2007；黄宇虹、黄霖，2019；杨君等，2021；刘睿智、王京，2021），选择最主要高管的年龄、最主要高管年龄的平方/100、最主要高管男性、最主要高管的受教育年限、最主要高管的工作年限、实际经营年限、实际经营年限的平方/100、流动资产占比、存货资产占比、固定资产占比、非制度性交易成本占比（或低非制度性交易成本占比）、Ln企业资产、Ln注册资本、东部、中部、西部以及行业固定效应作为控制变量，具体如表9-3所示。

表 9-3 描述性统计

变量	观察值	均值	标准差	最小值	最大值
被解释变量					
小微企业技术创新	3195	0.388	0.487	0	1
自主研发	3195	0.253	0.435	0	1
引进技术	3195	0.090	0.286	0	1
关注变量					
数字金融排斥程度	3195	0.754	0.820	0	3

续表

变量	观察值	均值	标准差	最小值	最大值
数字支付排斥	3110	0.218	0.413	0	1
数字融资排斥	1584	1.063	0.512	0	2
Ln 数字普惠金融指数（数字金融排斥反向指标）	3195	5.251	0.129	5.041	5.479
Ln 数字支付指数（数字支付排斥反向指标）	3195	5.087	0.202	4.714	5.417
Ln 数字信贷指数（数字融资排斥反向指标）	3195	4.582	0.307	3.579	4.962
工具变量					
城市其他小微企业数字金融排斥比例	3195	0.241	0.142	0	0.889
城市其他小微企业数字支付排斥比例	3110	0.229	0.142	0	0.889
城市其他小微企业数字融资排斥比例	1584	0.473	0.192	0.089	1
数字普惠金融指数滞后一期	3195	169.343	28.445	121.220	222.14
数字支付指数滞后一期	3195	114.613	29.247	44.500	169.950
数字信贷指数滞后一期	3195	103.833	31.214	36.430	156.870
小微企业高管特征变量					
最主要高管的年龄	3195	43.548	9.836	16	108
最主要高管年龄的平方/100	3195	19.932	9.139	2.560	116.640
最主要高管男性	3195	0.838	0.368	0	1
最主要高管的受教育年限	3195	12.775	3.346	0	22
最主要高管的工作年限	3195	8.035	6.664	0	60
小微企业特征变量					
实际经营年限	3195	8.253	7.055	1	61
实际经营年限的平方/100	3195	1.179	2.469	0.010	37.210
流动资产占比	3195	0.097	0.246	0	1
存货资产占比	3195	0.545	0.467	0	1
固定资产占比	3195	0.158	0.244	0	1
非制度性交易成本占比	3195	0.914	0.178	0.001	1

续表

变量	观察值	均值	标准差	最小值	最大值
低非制度性交易成本占比	3195	0.233	0.423	0	1
Ln 企业资产	3195	14.439	2.154	0.693	21.512
Ln 注册资本	3195	13.387	1.739	2.197	19.376
东部	3195	0.534	0.499	0	1
中部	3195	0.199	0.399	0	1
西部	3195	0.267	0.442	0	1
制造业	3195	0.311	0.463	0	1
建筑业	3195	0.028	0.164	0	1
批发业	3195	0.148	0.355	0	1
零售业	3195	0.153	0.360	0	1
住宿业	3195	0.023	0.150	0	1
餐饮业	3195	0.035	0.184	0	1
软件和信息技术服务业	3195	0.047	0.211	0	1
交通运输业	3195	0.013	0.114	0	1
邮政业	3195	0.001	0.023	0	1
采矿业	3195	0.010	0.099	0	1
房地产开发经营业	3195	0.010	0.097	0	1
仓储业	3195	0.004	0.062	0	1
租赁和商务服务业	3195	0.076	0.265	0	1
物业管理业	3195	0.009	0.095	0	1
信息传输业（包括电信、互联网和相关服务）	3195	0.021	0.143	0	1
电力、热力、燃气及水生产和供应业	3195	0.010	0.098	0	1
农、林、牧、渔业	3195	0.107	0.309	0	1
其他行业	3195	0.186	0.389	0	1

资料来源：中国小微企业调查微观数据库以及北京大学数字金融研究中心《北京大学数字普惠金融指数（2011—2020年）》。

9.1.2.2 模型设定

$$P\ (Technological\_Innovation=1 \mid X^1)=P\ (\delta Digitalfinancial\_Exclusion+X^1\eta+\nu>0 \mid X^1),\ \nu \sim N\ (0,\ \sigma^2) \tag{9-1}$$

我们选择 Probit 模型（9-1）考察数字金融排斥程度、交易成本对小微企业技术创新的影响。在模型（9-1）中，被解释变量是小微企业技术创新、自主研发和引进技术。*Digitalfinancial_Exclusion* 是关注变量，表示数字金融排斥程度，包括数字支付排斥和数字融资排斥。

9.1.2.3 内生性讨论

首先，模型（9-1）中可能存在数字金融排斥程度与小微企业技术创新之间反向因果关系引起的内生性问题。这是因为，小微企业开展产品或技术上的研发与创新活动最终是通过小微企业采购、生产、销售等环节实现的，在其实现的过程中就会产生数字金融支付、数字金融融资的需求，从而对数字金融排斥水平产生影响，这种反向因果关系很可能会导致估计偏误。为了克服内生性问题，选择工具变量，利用 Ivprobit 模型进行极大似然估计。参考（黄宇虹、黄霖，2019）工具变量构造方法，采用“城市其他小微企业数字金融排斥比例”作为数字金融排斥程度的工具变量。由于处于同一城市的小微企业面临着相近的数字金融环境、数字金融制度以及数字金融发展状况，小微企业数字金融排斥程度与“城市其他小微企业数字金融排斥比例”存在相关性。但是，小微企业自身的产品或技术上的研发与创新活动较“城市其他小微企业数字金融排斥比例”而言具有外生性，所以，“城市其他小微企业数字金融排斥比例”作为工具变量是合适的。类似地，我们将在数字支付排斥和数字融资排斥方程中采用“城市其他小微企业数字支付排斥比例”与“城市其他小微企业数字融资排斥比例”作为工具变量。

9.1.2.4 实证分析

如表 9-4 第（1）列所示，数字金融排斥程度显著降低小微企业技术创新的概率。然而，模型（9-1）中内生性问题的存在将会低估数字金融排斥对小微企业技术创新的影响。从内生性 Wald 检验值和 p 值来看，数字金融排斥程度是内生解释变量（DWH 内生性检验也说明数字金融排斥程度是内生解释变量），我们利用 Ivprobit 模型进行估计。第一阶段 F 值 129.732 超过 10 的经验值，说明不存在弱工具变量问题。如表 9-4 第（2）列所示，数字金融排斥程度对小微企业技术创新的平均边际效应是表 9-4 第（1）列的 4.18 倍，说明表 9-4 第（1）列的估计结果低估了数字金融排斥程度对小微企业技术创新的影响。为什么数字金融排斥程度抑制小微企业技术创新呢？一方面，当小微企业远离数字金融支付体系时，无法享受现代数字金融支付体系快捷、方便、无纸化、记账等多项功能，从而影响小微企业的现金流，将面临流动性约束和预算约束，不利于小微企业技术创新；另一方面，当小微企业无法准入现代数字融资体系时，将会因为信贷配给（Stiglitz and Weiss，1981）而面临融资约束（杨君等，2021），从而抑制小微企业技术创新。表 9-4 第（3）~（6）列的估计结果也验证了这两个方面，从而验证了假说 1。

表 9-4 数字金融排斥对小微企业技术创新的影响

被解释变量：小微企业创新	(1)	(2)	(3)	(4)	(5)	(6)
	Probit	Ivprobit	Probit	Ivprobit	Probit	Ivprobit
数字金融排斥程度	-0.051*** (0.011)	-0.142*** (0.046)				
数字支付排斥			-0.124*** (0.022)	-0.333*** (0.078)		
数字融资排斥					-0.038* (0.023)	-0.451*** (0.115)
最主要高管的年龄	-0.003 (0.005)	-0.005 (0.005)	-0.002 (0.005)	-0.003 (0.005)	0.000 (0.006)	-0.000 (0.005)
最主要高管年龄的平方/100	-0.000 (0.005)	0.002 (0.005)	-0.001 (0.005)	-0.000 (0.005)	-0.004 (0.007)	-0.001 (0.005)
最主要高管男性	0.011 (0.022)	0.019 (0.022)	0.005 (0.023)	0.008 (0.022)	0.044 (0.035)	0.043 (0.029)
最主要高管的受教育年限	0.010*** (0.003)	0.007** (0.003)	0.012*** (0.003)	0.010*** (0.003)	0.010*** (0.004)	0.005 (0.004)
最主要高管的工作年限	0.000 (0.002)	0.001 (0.002)	0.000 (0.002)	0.001 (0.002)	0.004 (0.003)	0.003 (0.002)
实际经营年限	-0.004 (0.003)	-0.005* (0.003)	-0.004 (0.003)	-0.004 (0.003)	-0.011** (0.005)	-0.012*** (0.004)
实际经营年限的平方/100	0.005 (0.007)	0.006 (0.006)	0.005 (0.007)	0.003 (0.007)	0.019* (0.010)	0.024*** (0.008)
流动资产占比	0.069* (0.036)	0.045 (0.037)	0.069* (0.036)	0.050 (0.035)	0.091 (0.060)	0.038 (0.055)
存货资产占比	-0.036 (0.029)	-0.044 (0.028)	-0.044 (0.029)	-0.052* (0.029)	-0.074* (0.039)	-0.079** (0.033)

续表

被解释变量：小微企业创新	(1)	(2)	(3)	(4)	(5)	(6)
	Probit	Ivprobit	Probit	Ivprobit	Probit	Ivprobit
固定资产占比	0.099*** (0.037)	0.098*** (0.035)	0.098** (0.038)	0.077** (0.038)	0.033 (0.050)	0.053 (0.040)
非制度性交易成本占比	-0.142*** (0.046)	-0.145*** (0.044)	-0.150*** (0.046)	-0.152*** (0.045)	-0.061 (0.067)	-0.043 (0.056)
Ln 企业资产	0.027*** (0.005)	0.021*** (0.006)	0.025*** (0.006)	0.017*** (0.006)	0.034*** (0.009)	0.022** (0.010)
Ln 注册资本	0.007 (0.006)	0.001 (0.006)	0.009 (0.006)	0.007 (0.006)	-0.001 (0.008)	-0.003 (0.007)
东部	-0.017 (0.020)	-0.023 (0.020)	-0.021 (0.020)	-0.029 (0.020)	-0.030 (0.028)	-0.009 (0.025)
中部	-0.010 (0.025)	0.005 (0.026)	-0.017 (0.026)	-0.006 (0.025)	-0.062* (0.034)	0.016 (0.040)
行业固定效应	控制	控制	控制	控制	控制	控制
N	3195	3195	3110	3110	1580	1580
Wald chi^2 值	482.390	519.770	474.160	539.580	195.760	454.810
Pseudo R^2	0.128		0.131		0.107	
Log pseudolikelihood	-1865.057	-5242.379	-1813.131	-3120.938	-923.295	-2039.019
Wald test of exogeneity		3.580		6.250		4.430
p 值		0.059		0.012		0.035
第一阶段 F 值		129.732		136.890		9.010
DWH 值		4.943		5.652		0.365
内生性检验 p 值		0.026		0.017		0.546

注：*、**、***分别表示0.1、0.05、0.01的显著水平，括号内为稳健标准误，第（1）~（6）列报告的是平均边际效应。

另外，如表9-4第（2）列所示，非制度性交易成本占比显著降低小微企业技术创新的概率。非制度性交易成本包括小微企业供产销费用和管理费用，体现了小微企业技术创新产品或服务在内部交易和外部交易链条中的摩擦程度，非制度性交易成本占比越高，内部交易和外部交易摩擦程度就越高，内部交易和外部交易就越不顺畅，就越抑制小微企业技术创新。同时，若制度性交易成本上升，在制度性交易成本对非制度性交易成本的放大效应下，非制度性交易成本占比也将上升，进而抑制小微企业技术创新。

进一步地，从分类上看，数字金融排斥表现为数字支付排斥和数字融资排斥，当小微企业面临数字支付排斥时，未及时结算的谈判成本等引起的非制度性交易成本上升，会对小微企业技术创新形成负面冲击。当小微企业面临数字融资排斥时，非制度性交易成本占比对小微企业技术创新没有显著影响，恰好说明“需要时远离金融产品或服务”数字融资排斥影响小微企业技术创新的是信贷约束（尹志超、张号栋，2018）。下文在表 9-7 稳健性检验 9 中，若将小微企业“不需要时远离金融产品或服务”纳入数字金融排斥程度指标中，数字信用积分的缺失、停止或相对下降，很可能会造成小微企业信息成本（借贷双方信息不对称程度）引起的非制度性交易成本上升，显著抑制小微企业技术创新，信贷约束机制失效，这是个非常有意思的发现。

9.2 数字金融排斥影响小微企业技术创新的微观机制分析

数字金融排斥程度是通过什么机制影响小微企业技术创新的呢？除了缓解融资约束、优化金融资源在部门间的配置和补齐传统金融短板（杨君等，2021）外，数字金融排斥影响小微企业技术创新的机制还存在交易成本机制，下面我们进行经验论证（表 9-5）。

表 9-5 数字金融排斥、交易成本与小微企业技术创新

被解释变量：小微企业创新	(1)	(2)	(3)	(4)	(5)	(6)
	高非制度性交易成本占比		低非制度性交易成本占比		交互项检验	
	Probit	Ivprobit	Probit	Ivprobit	Probit	Ivprobit
数字金融排斥程度	-0.052*** (0.013)	-0.092* (0.053)	-0.053** (0.024)	-0.324*** (0.049)		
数字金融排斥程度×低非制度性交易成本占比					-0.035 (0.022)	-0.153** (0.070)
低非制度性交易成本占比					0.086*** (0.025)	0.168*** (0.053)

续表

被解释变量：小微企业创新	(1)	(2)	(3)	(4)	(5)	(6)
	高非制度性交易成本占比		低非制度性交易成本占比		交互项检验	
	Probit	**Ivprobit**	**Probit**	**Ivprobit**	**Probit**	**Ivprobit**
最主要高管的年龄	-0.004 (0.005)	-0.005 (0.005)	-0.007 (0.013)	-0.001 (0.011)	-0.002 (0.005)	-0.002 (0.005)
最主要高管年龄的平方/100	0.001 (0.006)	0.003 (0.006)	0.001 (0.013)	-0.002 (0.012)	-0.001 (0.005)	-0.001 (0.005)
最主要高管男性	0.006 (0.025)	0.009 (0.025)	0.020 (0.047)	0.071* (0.038)	0.009 (0.023)	0.014 (0.023)
最主要高管的受教育年限	0.011*** (0.003)	0.009*** (0.004)	0.004 (0.006)	-0.008 (0.005)	0.012*** (0.003)	0.010*** (0.003)
最主要高管的工作年限	-0.000 (0.002)	0.000 (0.002)	0.002 (0.004)	0.001 (0.003)	0.001 (0.002)	0.000 (0.002)
实际经营年限	-0.005 (0.004)	-0.005 (0.004)	-0.006 (0.006)	-0.007 (0.005)	-0.004 (0.003)	-0.004 (0.003)
实际经营年限的平方/100	0.012 (0.010)	0.013 (0.010)	0.001 (0.010)	0.004 (0.009)	0.004 (0.007)	0.005 (0.007)
流动资产占比	0.101** (0.040)	0.093** (0.042)	-0.068 (0.078)	-0.168*** (0.054)	0.081** (0.036)	0.071** (0.036)
存货资产占比	-0.036 (0.032)	-0.039 (0.032)	-0.077 (0.063)	-0.094** (0.048)	-0.033 (0.029)	-0.036 (0.028)
固定资产占比	0.081* (0.042)	0.080* (0.041)	0.137* (0.076)	0.124** (0.058)	0.100*** (0.037)	0.103*** (0.036)
非制度性交易成本占比	-2.001*** (0.439)	-1.993*** (0.435)	-0.023 (0.072)	-0.038 (0.057)		
Ln 企业资产	0.024*** (0.006)	0.022*** (0.007)	0.025** (0.011)	0.002 (0.011)	0.029*** (0.005)	0.028*** (0.005)
Ln 注册资本	0.005 (0.007)	0.003 (0.007)	0.021* (0.012)	-0.002 (0.012)	0.009 (0.006)	0.007 (0.006)
东部	-0.015 (0.023)	-0.017 (0.023)	-0.006 (0.043)	-0.039 (0.035)	-0.013 (0.020)	-0.015 (0.020)
中部	-0.015 (0.029)	-0.010 (0.029)	0.006 (0.051)	0.071 (0.043)	-0.015 (0.025)	-0.007 (0.026)

续表

被解释变量：小微企业创新	(1)	(2)	(3)	(4)	(5)	(6)
	高非制度性交易成本占比		低非制度性交易成本占比		交互项检验	
	Probit	**Ivprobit**	**Probit**	**Ivprobit**	**Probit**	**Ivprobit**
行业固定效应	控制	控制	控制	控制	控制	控制
N	2471	2471	718	718	3195	3195
Wald chi^2 值	399.900	402.330	125.490	290.490	470.830	486.900
Pseudo R^2	0.134		0.156		0.124	
Log pseudolikelihood	-1429.907	-4019.905	-409.002	-1170.720	-1873.300	-3099.441
Wald test of exogeneity		0.570		8.490		2.980
p 值		0.452		0.004		0.084
第一阶段 F 值		122.103		13.323		60.840
DWH 值		3.220		3.435		1.298
内生性检验 p 值		0.073		0.064		0.255

注：*、**、***分别表示0.1、0.05、0.01的显著水平，括号内为稳健标准误，第（1）~（6）列报告的是平均边际效应。

表9-5第（1）~（4）列的估计结果显示，在高非制度性交易成本占比样本和低非制度性交易成本占比样本中，数字金融排斥程度均显著抑制小微企业技术创新，并且在低非制度性交易占比样本中的抑制作用更大，说明数字金融排斥通过加大交易成本抑制小微企业技术创新。表9-5第（6）列的交互项检验（杨君等，2021）中显著为负的交互项系数也验证了数字金融排斥抑制小微企业技术创新的交易成本机制。究其原因，第一，从内涵来看，数字金融排斥使小微企业被排斥在现代数字金融网络之外，从而增加延长小微企业技术创新排队时间（如搜寻成本等）引起的非制度性交易成本，使小微企业技术创新失去市场先机，从而延缓小微企业技术创新，因为时间维度对于小微企业技术创新而言是非常具有价值的。第二，从交易内容来看，与技术创新产品或服务交易形成的交易数据是小微企业重要的生产因素，而这些交易数据是小微企业技术创新的宝贵资源和创新依据。若小微企业远离数字金融服务，这些数据则是没有的，或者是不健全的，或者是不准确的，这就需要小微企业花费大量时间和精力去整理、收集甚至购买，搜寻成本、谈判成本、信息成本等引起非制度性交易成本上升，进而降低小微企业技术创新的概率。第三，从交易效率来看，交易效率体现的是以合适的价格合理安排

采购，然后组织最优化生产，再以合适的价格顺利实现销售。若小微企业受到数字金融排斥，容易造成供、产、销循环中组织成本等引起的非制度性交易成本上升，产供销链条将会因为较大的非制度性交易成本而循环缓慢或者循环停滞，必将使小微企业技术创新失去市场基础，导致小微企业技术创新动机下降、技术创新的积极性降低。第四，从表 9-5 的实证结果看，上述第一、第二和第三条所引起的小微企业非制度性交易成本的上升，缘于小微企业制度性交易成本的上升。原因在于，当小微企业遭受数字金融排斥时，小微企业将面临更多的非经营性货币资金支出，损害小微企业技术创新的流动性支持，而且引起小微企业非制度性交易成本增加，进而抑制小微企业积极展开技术创新，从而验证了假说 2。

9.3 数字金融排斥影响小微企业技术创新的异质性分析

针对小微企业技术创新中的自主研发和引进技术两种技术创新形式，我们对数字金融排斥程度影响小微企业技术创新的异质性进行分析。

如表 9-6 第（1）、（4）列的 Ivprobit 估计所示，数字金融排斥程度显著抑制小微企业自主研发，但对小微企业引进技术没有显著影响，从而验证了假说 3。

如表 9-6 所示，在自主研发方程中，非制度性交易成本占比显著抑制小微企业自主研发；而在引进技术方程中，非制度性交易成本占比对小微企业引进技术没有显著影响，给出了经验验证。根据 CMES 数据统计得知，自主研发小微企业总交易成本 1028790 元中，非制度性交易成本 792585 元（管理费用 83557 元，占非制度性交易成本的 10.5%；供产销费用 709028 元，占非制度性交易成本的 89.5%），占总交易成本的 77.0%；制度性交易成本 236205 元，占总交易成本的 23.0%。引进技术小微企业总交易成本 684860 元中，非制度性交易成本 637456 元（管理费用 79805 元，占非制度性交易成本的 12.5%；供产销费用 557651 元，占非制度性交易成本的 87.5%），占总交易成本的 93.1%；制度性交易成本 47404 元，占总交易成本的 6.9%。从中可以看出，在自主研发小微企业中，供产销费用在绝对额和非制度性交易成本占比方面均高于引进技术小微企业，说明小微企业自主研发搜寻成本、谈判成本、组织成本、契约成本、信息成本等引起的非制度性交易成本将造成小微企业自主研发更高的决策成本，继而降低小微企业自主研发。同时，与表 9-1

比较，自主研发小微企业有更低的非制度性交易成本占比。从比较中发现，自主研发小微企业的制度性交易成本的绝对额和占比都更高，若考虑到小微企业制度性交易成本的放大效应，自主研发小微企业的非制度性交易成本和制度性交易成本均抑制小微企业的自主研发能力。我们还发现，自主研发小微企业的单位制度性成本的非制度性交易成本为 3.36 倍（792585/236205），小于一般性小微企业的 10.11 倍（563140/55680），说明相对更高的制度性交易成本（小微企业的刚性支付）及其放大效应也制约了小微企业自主研发的动力，从而抑制小微企业自主研发（郭沛瑶、尹志超。2022）。对引进技术型小微企业而言，其单位制度性成本的非制度性交易成本为 13.45 倍（637456/47404），高于一般性小微企业 10.11 倍，说明相对更高的非制度性交易成本（小微企业的弹性支付）再加上制度性交易成本的抵消作用，引进外部企业技术的知识内隐性（Tacitness of Knowledge）（Lenger and Taymaz，2006）和引进技术风险在小微企业引进技术中很可能起着决定作用，而交易成本对于小微企业引进技术而言就不起决定作用，也就没有显著影响。

表 9-6　数字金融排斥对小微技术创新影响的异质性分析

被解释变量：小微企业自主研发或引进技术	(1)	(2)	(3)	(4)
	自主研发		引进技术	
	Probit	Ivprobit	Probit	Ivprobit
数字金融排斥程度	-0.030*** (0.011)	-0.095* (0.049)	-0.007 (0.006)	0.024 (0.037)
最主要高管的年龄	-0.008* (0.004)	-0.009** (0.004)	0.000 (0.003)	0.001 (0.003)
最主要高管年龄的平方/100	0.006 (0.004)	0.007* (0.004)	-0.001 (0.003)	-0.002 (0.003)
最主要高管男性	0.003 (0.021)	0.008 (0.021)	-0.004 (0.013)	-0.006 (0.014)
最主要高管的受教育年限	0.007*** (0.003)	0.005 (0.003)	0.000 (0.002)	0.001 (0.002)
最主要高管的工作年限	0.001 (0.002)	0.002 (0.002)	0.000 (0.001)	0.000 (0.001)
实际经营年限	-0.005* (0.003)	-0.006** (0.003)	-0.001 (0.002)	-0.000 (0.002)
实际经营年限的平方/100	0.006 (0.006)	0.007 (0.006)	0.000 (0.003)	-0.000 (0.004)

续表

被解释变量：小微企业自主研发或引进技术	(1)	(2)	(3)	(4)
	自主研发		引进技术	
	Probit	Ivprobit	Probit	Ivprobit
流动资产占比	0.004 (0.034)	−0.011 (0.035)	0.006 (0.024)	0.012 (0.027)
存货资产占比	0.010 (0.026)	0.006 (0.026)	−0.025 (0.016)	−0.024 (0.017)
固定资产占比	0.036 (0.033)	0.039 (0.033)	0.040** (0.020)	0.039* (0.021)
非制度性交易成本占比	−0.149*** (0.042)	−0.154*** (0.042)	−0.004 (0.027)	−0.000 (0.030)
Ln 企业资产	0.016*** (0.006)	0.012** (0.006)	0.009** (0.003)	0.011** (0.005)
Ln 注册资本	−0.000 (0.005)	−0.004 (0.006)	0.001 (0.003)	0.002 (0.004)
东部	0.005 (0.019)	0.001 (0.020)	−0.013 (0.012)	−0.011 (0.012)
中部	0.019 (0.024)	0.031 (0.025)	−0.012 (0.014)	−0.021 (0.020)
行业固定效应	控制	控制	控制	控制
N	2599	2599	2141	2141
Wald chi^2 值	337.080	357.950	68.390	72.300
Pseudo R^2	0.148		0.075	
Log pseudolikelihood	−1162.150	−3920.322	−401.101	−2710.782
Wald test of exogeneity		1.750		0.850
p 值		0.186		0.357
第一阶段 F 值		103.632		82.446
DWH 值		1.391		0.335
内生性检验 p 值		0.238		0.563

注：*、**、***分别表示0.1、0.05、0.01的显著水平，括号内为稳健标准误，第（1）～（4）列报告的是平均边际效应。

9.4 稳健性检验

为了检验上述估计结果的稳健性，我们选择2011—2020年省级“北京大学数字普惠金融指数”中的2014年省级数字普惠金融指数①作为数字金融排斥的反向代理指标，数字普惠金融指数越大，数字金融排斥程度就越轻；反之，就越严重。类似地，用数字支付指数作为数字支付排斥的反向代理指标，用数字信贷指数作为数字融资排斥的反向代理指标。然后，我们利用Probit模型进行估计，为了克服遗漏变量、反向因果、测量误差等原因引起的内生性问题，我们利用Ivprobit模型进行极大似然估计，其中，工具变量分别选择滞后一期的数字普惠金融指数、数字支付指数和数字信贷指数。表9-7稳健性检验1、稳健性检验2、稳健性检验3的估计结果与表9-4、表9-5、表9-6实证结果一致，检验了上述估计结果的稳健性。我们利用两步序贯模型进行估计，表9-7稳健性检验4、稳健性检验5、稳健性检验6的估计结果与表9-4、表9-5、表9-6实证结果一致，检验了上述估计结果的稳健性。用省级滞后一期数字普惠金融指数作为工具变量进行极大似然估计，表9-7稳健性检验7、稳健性检验8的估计结果与表9-4、表9-5、表9-6实证结果一致，检验了上述估计结果的稳健性。表9-7稳健性检验9中，我们将“不需要时远离数字金融产品或服务”纳入数字金融排斥程度指标中，发现数字金融排斥程度对小微企业技术创新有更大的抑制作用，除了数字融资排斥对小微企业技术创新没有显著影响外（很可能在于风险承担性导致“不需要”数字融资对小微企业技术创新的不显著影响，而无风险承担的“不需要”数字支付对小微企业技术创新的更大抑制作用，说明数字支付普惠激励小微企业技术创新具有重要现实意义，这是一个非常有趣的结论），其他估计结果也有类似的结论。

---

① 数据来源于北京大学数字金融研究中心《北京大学数字普惠金融指数（2011—2020年）》，北京大学数字金融研究中心课题组，https：//idf. pku. edu. cn/zsbz/515313. htm。

表 9-7 稳健性检验

稳健性检验 1：数字普惠金融指数及分项指数对小微企业技术创新的影响

被解释变量：小微企业技术创新	(1)	(2)	(3)	(4)	(5)	(6)
	Probit	Ivprobit	Probit	Ivprobit	Probit	Ivprobit
Ln 数字普惠金融指数（数字金融排斥反向指标）	0.439*** (0.088)	0.464*** (0.089)				
Ln 数字支付指数（数字支付排斥反向指标）			0.202*** (0.049)	0.221*** (0.052)		
Ln 数字信贷指数（数字融资排斥反向指标）					0.135*** (0.035)	0.166*** (0.037)
非制度性交易成本占比	−0.153*** (0.045)	−0.154*** (0.045)	−0.149*** (0.045)	−0.150*** (0.045)	−0.146*** (0.045)	−0.147*** (0.045)

稳健性检验 2：数字普惠金融指数、交易成本与小微企业技术创新

被解释变量：小微企业技术创新	(1)	(2)	(3)	(4)	(5)	(6)
	高非制度性交易成本占比		低非制度性交易成本占比		交互项检验	
	Probit	Ivprobit	Probit	Ivprobit	Probit	Ivprobit
Ln 数字普惠金融指数（数字金融排斥反向指标）	0.431*** (0.101)	0.450*** (0.102)	0.566*** (0.180)	0.613*** (0.182)		
Ln 数字普惠金融指数×低非制度性交易成本占比					0.285** (0.137)	0.307** (0.138)
低非制度性交易成本占比					−1.434** (0.720)	−1.552** (0.726)

稳健性检验 3：数字普惠金融指数对小微企业技术创新影响的异质性分析

被解释变量：小微企业自主研发或引进技术	(1)	(2)	(3)	(4)
	自主研发		引进技术	
	Probit	Ivprobit	Probit	Ivprobit
Ln 数字普惠金融指数（数字金融排斥反向指标）	0.409*** (0.083)	0.434*** (0.083)	0.042 (0.055)	0.046 (0.055)
非制度性交易成本占比	−0.158*** (0.041)	−0.158*** (0.041)	−0.005 (0.027)	−0.005 (0.027)

续表

稳健性检验4：两步序贯模型估计数字金融排斥对小微企业技术创新的影响

被解释变量：小微企业技术创新	(1)	(2)	(3)
	两步序贯模型估计		
数字金融排斥程度	-0.146*** (0.053)		
数字支付排斥		-0.341*** (0.094)	
数字融资排斥			-0.664** (0.295)
非制度性交易成本占比	-0.149*** (0.046)	-0.158*** (0.046)	-0.064 (0.067)

稳健性检验5：两步序贯模型估计数字金融排斥对小微企业技术创新的影响机制分析（Ivprobit估计）

被解释变量：小微企业技术创新	(1)	(2)	(3)
	分样本估计		交互项检验
	高非制度性交易成本占比	低非制度性交易成本占比	
数字金融排斥程度	-0.090 (0.055)	-0.493*** (0.149)	
数字金融排斥程度×低非制度性交易成本占比			-0.156** (0.073)
低非制度性交易成本占比			0.171*** (0.056)

稳健性检验6：两步序贯模型估计的异质性分析（Ivprobit估计）

被解释变量：小微企业技术创新（自主研发或引进技术）	(1)	(2)
	自主研发	引进技术
数字金融排斥程度	-0.095* (0.051)	0.024 (0.033)
非制度性交易成本占比	-0.155*** (0.043)	0.000 (0.028)

续表

稳健性检验 7：用滞后一期数字普惠金融指数作为工具变量的影响分析（Ivprobit 估计）

被解释变量：小微企业技术创新	(1)	(2)	(3)	(4)
	全样本	分样本估计		交互项检验
		高非制度性交易成本占比	低非制度性交易成本占比	
数字金融排斥程度	-0.365*** (0.021)	-0.366*** (0.025)	-0.379*** (0.027)	
数字金融排斥程度×低非制度性交易成本占比				-0.257** (0.115)
低非制度性交易成本占比				0.241*** (0.081)
非制度性交易成本占比	-0.099*** (0.036)	-1.092** (0.431)	-0.037 (0.050)	

稳健性检验 8：用滞后一期数字普惠金融指数作为工具变量的异质性分析（Ivprobit 估计）

被解释变量：小微企业自主研发或引进技术	(1)	(2)
	自主研发	引进技术
数字金融排斥程度	-0.373*** (0.021)	-0.103 (0.168)
非制度性交易成本占比	-0.117*** (0.040)	-0.020 (0.046)

稳健性检验 9：数字金融排斥对小微企业技术创新的影响、机制和异质性分析（数字金融排斥程度含不需要：Ivprobit）

被解释变量：小微企业技术创新	(1)	(2)	(3)	(4)	(5)	(6)	(7)	(8)
	全样本			高样本	低样本	交互项	自主研发	引进技术
数字金融排斥程度	-0.340*** (0.084)			-0.320*** (0.098)	-0.459*** (0.116)		-0.503** (0.224)	-0.218 (0.328)
数字金融排斥程度×低非制度性交易成本占比						-0.293 (0.182)		
低非制度性交易成本占比						0.699* (0.396)		
数字支付排斥		-0.347*** (0.082)						
数字融资排斥			-0.154 (0.148)					
非制度性交易成本占比	-0.152*** (0.043)	-0.161*** (0.043)	-0.146*** (0.045)	-1.456*** (0.494)	-0.087 (0.061)		-0.147*** (0.057)	-0.023 (0.047)

注：*、**、***分别表示 0.1、0.05、0.01 的显著水平，括号内为稳健标准误；限于篇幅，未报告其他变量估计结果以及检验结果。

9.5 克服数字金融排斥、助力小微企业技术创新的具体措施

首先，根据CMES数据的统计发现，我国小微企业的平均数字金融排斥程度是0.754，54.3%的小微企业受到数字金融排斥，其中21.8%、84.9%分别面临数字支付排斥、数字融资排斥。小微企业总交易成本平均为618820元，其中非制度性交易成本为563140元，平均占比91.0%；制度性交易成本为55680元，平均占比9.0%。在非制度性交易成本中，管理费用占比13.5%，供产销费用占比86.5%。我国38.8%的小微企业进行了技术创新，21.0%和5.4%的小微企业分别进行了自主研发与引进技术。

其次，从实证结果来看，本章选择工具变量，采取极大似然方法估计发现，数字金融排斥、数字支付排斥、数字融资排斥显著降低小微企业技术创新的概率。进一步研究发现，数字金融排斥显著制约小微企业自主研发而对引进技术没有显著影响。就机制而言，数字金融排斥通过加大交易成本抑制小微企业技术创新。选取数字普惠金融指数作为数字金融排斥的反向代理指标、采用两步序贯模型以及更换工具变量进行估计，仍得出类似的结论。

根据上述结论，本章的政策建议包括以下几个方面。

第一，鼓励小微企业获得和使用数字金融，克服小微企业数字金融排斥，加速小微企业采购、生产、销售的良性循环，降低供产销过程引起的非制度性交易成本，促进小微企业的技术创新。

第二，提高小微企业的数字支付能力，提高小微企业数字结算、数字转账的普及率，缓解小微企业数字支付排斥，增加小微企业技术创新的现金流，缩短小微企业的技术创新时间，减少支付困难引起的非制度性交易成本，激励小微企业进行技术创新。

第三，推进银行数字融资，建设非银行数字融资平台，缓解小微企业数字融资排斥，降低融资困难形成的非制度性交易成本，助推小微企业技术创新。

第四，普及数字金融知识，克服小微企业技术创新面临的主动数字金融排斥；建设数字金融基础设施，完善数字金融制度体系，避免被动数字金融排斥对小微企业技术创新造成的负向影响。

第五，小微企业合理设计数字金融准入和使用的企业管理制度，全面降低小微企业自身供产销费用和管理费用方面的非制度性交易成本，降低小微企业技术创新的决策成本，促进小微企业技术创新，尤其提高小微企业的自主研发能力，助力小微企业高质量发展。

10 普及金融知识，降低金融排斥，促进小微企业创新

小微企业创新离不开货币资金的支持，若小微企业创新在货币资金获得或使用方面出现困难，就会面临金融排斥问题。对于小微企业而言，小微企业面临的这方面金融排斥问题体现在小微企业货币资金需求端方面，所以增强小微企业创新的信心、提高小微企业对创新资金的需求尤为关键，其中金融知识（Lusardi and Mitchell，2007a，2008；Rooij et al.，2011；尹志超等，2014；张号栋、尹志超，2016；尹志超、张号栋，2017，2020；吴卫星等，2021）的作用就显得非常重要。金融知识对小微企业创新有什么影响、金融知识影响小微企业创新的金融排斥机制是否存在、金融知识对小微企业创新的影响有哪些异质性，是本章重点探索的三个基本问题。

10.1 金融知识影响小微企业创新的实证分析

10.1.1 理论分析与研究假设

就目前金融知识方面的研究而言，从家庭领域展开得比较多。有关金融知识概述方面的研究。在界定上，金融知识是家庭熟练做出储蓄或投资决策所需的最基本的经济概念（Lusardi and Mitchell，2007a）。在衡量上，Lusardi 和 Mitchell（2008）认为，家庭对利率、通货膨胀、风险分散的熟悉程度是家庭金融知识的三个核心问题，并采用问卷调查方法进行测量。Rooij 等（2011）将家庭金融知识划分为基本金融知识和高级金融知识，前者是家庭对利率、复利、通货膨胀、贴现、名义和实际值的认知；后者是家庭对股票和债券的区别、股票市场功能、风险分散、债券价格与利率之间关系的理解，并以此构建家庭金融知识指数。尹志超等（2014）采取因子分析的方法从利率、通货膨胀和投资风险三个方面提取家庭金融知识指标。在途径上，家庭金融知识的获取不仅源于家庭金融教育（Lusardi and Mitchell，2007a），而且

来自报纸、金融杂志、指南和书籍以及互联网金融信息等渠道（Rooij et al.，2011）；同时，金融经验（Calvet et al.，2009；尹志超等，2014）是家庭金融知识积累的重要因素。有关家庭金融知识影响方面的研究。家庭金融知识影响家庭金融决策，如储蓄、投资组合选择和退休计划等（Rooij et al.，2011）。如果家庭缺乏或者不熟悉金融知识，将抑制家庭储蓄和投资的能力（Lusardi and Mitchell，2007a），家庭的投资方式将难以符合标准金融理论，从而导致家庭投资错误（Campbell，2006；Calvet et al.，2009；Rooij et al.，2011）以及家庭财富的减少（Lusardi and Mitchell，2007a）。然而，家庭金融知识能够使家庭克服金融排斥（张号栋、尹志超，2016），家庭金融知识的提高能够促进家庭金融市场参与（尹志超等，2014）、推动家庭创业（尹志超等，2015）、减少家庭过度负债（吴卫星等，2018）、优化家庭资产配置（吴卫星等，2021）、抑制家庭财务脆弱性（尹志超等，2023）、促进数字金融（Allen et al.，2002；Barber and Odean，2002；Gomber and Siering，2017；黄益平、黄卓，2018）参与行为（温涛、刘渊博，2023）以及有利于投资收益水平的上升（江静琳等，2019）等。有关家庭金融知识影响机制方面的研究。金融知识通过影响金融规划行为影响家庭财富持有（Lusardi and Mitchell，2007b）。Lusardi 和 Mitchell（2008）发现，金融知识与规划之间存在强的正向关系。Ameriks 等（2003）发现，金融计划可以通过减少未来资产回报和未来收入的不确定性而引起家庭财富增加。吴卫星等（2021）发现，当金融素养增加到一定程度时，理财规划意识的作用会增强。另外，Rooij 等（2011）发现，金融知识决定家庭股市参与的影响机制是同伴学习效应，即从同伴那里得到关于股票市场的提示、建议和信息。尹志超等（2015）发现，金融知识通过改善家庭借款渠道、提高家庭正规信贷需求和正规信贷可得性以及改善家庭风险态度提高家庭创业意愿。金融知识还可以通过数字经济参与降低家庭财务脆弱性（尹志超等，2023）。

对于小微企业金融知识而言，目前主要涉及小微企业创业（尹志超等，2015）和小微企业创新意识（黄宇虹、黄霖，2019），针对此方面的研究发现，金融知识有利于小微企业创业和小微企业创新意识的激发。

针对上述有关金融知识方面的研究，我们提出以下假说。

假说 1：金融知识对小微企业创新有显著的正向影响，也就是说，小微企业所有者或财务管理人员的金融知识越丰富，小微企业就越积极主动地创新。小微企业所有者或财务管理人员的金融知识越丰富，小微企业所有者或财务管理人员的人力资本水平（张号栋等，2017）就越高，小微企业对创新就越自信（尹志超、张号栋，2020），对小微企业创新的前景也就越有信心。因此，金融知识对小微企业创新具有积极效应和主动效应。

假说 2：金融知识通过降低小微企业金融排斥促进小微企业创新。小微企业不进行创新或者不积极进行创新，很重要的原因是小微企业面临金融排斥问题，不仅面临供给类金融排斥，还面临需求类金融排斥。具有丰富金融知识的小微企业所有者或财务管理人员会根据小微企业自身的资产、负债、收入、支出、现金流等状况合理选择内部资金和外部资金，为积极寻求小微企业创新所需的外部货币资金而积极融通，实现小微企业创新资金的横向和跨期的优化配置，进而扩大小微企业外部资金需求，克服小微企业金融排斥的外部资金需求端问题；同时，小微企业的金融知识越丰富，越能深刻理解外部融资的合同条款，大幅提高外部货币资金的可获得性，缓解小微企业面临的供给类金融排斥问题。因此，金融知识通过降低小微企业金融排斥促进小微企业创新。

假说 3：金融知识影响小微企业创新存在异质性。

在高经营年限样本、低经营年限样本、高资产样本、低资产样本、公有制样本、非公有制样本、有限责任样本和非有限责任样本下，金融知识对小微企业创新的影响具有异质性。

10. 1. 2　研究设计

10. 1. 2. 1　数据与变量

本章数据来源于西南财经大学中国家庭金融调查与研究中心的 2015 年中国小微企业调查微观数据库①，这为本章经验验证的开展提供了权威数据（甘犁等，2013）支持。本章小微企业的界定标准依据是《中国经济普查年鉴 2018》中《统计上大中小微型企业划分办法》②。剔除金融业、2015 年成立、实际经营年限低于 1 年、资产为 0、注册资本为 0、交易成本为 0 的小微企业及缺失值（同时符合民间借款/总资产小于 1），保留 2484 家独立企业法人的

① 数据来源于西南财经大学中国家庭金融调查与研究中心组织管理的“中国小微企业调查”（CMES）项目，https：//chfs. swufe. edu. cn/。

② 该办法以工业和信息化部、国家统计局、国家发展和改革委员会、财政部《关于印发中小企业划型标准规定的通知》（工信部联企业〔2011〕300 号），《国民经济行业分类》（GB/T 4754—2017）为基础，结合统计工作的实际情况制定，筛选指标包括营业收入、从业人员、资产总额，http：//www. stats. gov. cn/tjsj/pcsj/jjpc/4jp/indexch. htm。

小微企业。本章重点讨论小微企业创新、金融排斥和金融知识，下面分别对小微企业创新、金融排斥、金融知识以及其他控制变量进行说明。

（1）小微企业创新变量。

根据 CMES 问卷中的两个问题："贵公司目前或曾经是否有产品或技术上的研发与创新活动？1. 是；2. 否"，"贵企业是否有除了产品和技术外的其他创新？比如组织、服务、营销、文化等方面。1. 是；2. 否"。参考文献（杨君等，2021；张号栋等，2023）对小微企业技术创新的虚拟变量度量形式，本章将回答"是"赋值为 1，回答"否"赋值为 0，分别生成"小微企业技术创新"和"小微企业非技术创新"两个虚拟变量，然后将选择"小微企业技术创新"或"小微企业非技术创新"赋值为 1，否则为 0，最终形成小微企业创新变量。在本章样本中，中国小微企业创新比例、技术创新比例和非技术创新比例分别为 53.0%、38.9%和 29.1%。

（2）金融排斥变量。

根据张号栋等（2023）对信贷排斥、股权排斥和支付排斥虚拟变量形式的描述，小微企业同时面临信贷排斥、股权排斥和支付排斥时赋值为 1，否则为零，本章生成金融排斥变量。在本章样本中，18.20%的中国小微企业面临金融排斥。中国小微企业面临信贷排斥、股权排斥和支付排斥的比例分别为 70.8%、76.4%和 29.3%。

（3）金融知识变量。

根据 CMES 问卷中的两个问题："您是否上过经济或金融类课程？含临时性培训。1. 是；2. 否"，"请问最主要的财务人员是否有会计职称？1. 是；2. 否"。本章将选择"上过经济或金融类课程"或"有会计职称"（具有会计职称的人具备小微企业资产、负债以及收入、支出、现金流等金融知识）赋值为 1，否则为 0，继而生成小微企业金融知识变量。如表 10－4 所示，73.50%的中国小微企业具有金融知识。

（4）金融知识与中国小微企业创新的描述性分析。

如表 10-1 所示，具备金融知识的小微企业比无金融知识的小微企业的创新比例、技术创新比例和非技术创新比例分别高出 12.49 个百分点、8.77 个百分点和 9.12 个百分点。由此可以看出，普及小微企业金融知识有利于小微企业创新、技术创新和非技术创新。

表 10-1　金融知识与中国小微企业创新的描述性统计（%）

类型	金融知识	无金融知识
小微企业创新	56.31	43.82
小微企业技术创新	41.23	32.46
小微企业非技术创新	31.51	22.39

资料来源：2015 年中国小微企业调查数据。

（5）金融知识与中国小微企业金融排斥的描述性分析。

如表 10-2 所示，具备金融知识的小微企业比无金融知识的小微企业的金融排斥低 3.99 个百分点。由此可以看出，普及金融知识有利于小微企业金融普惠。

表 10-2　金融知识与中国小微企业金融排斥的描述性统计（%）

类型	金融知识	无金融知识
金融排斥	17.15	21.14

资料来源：2015 年中国小微企业调查数据。

（6）金融排斥与中国小微企业创新的描述性分析。

如表 10-3 所示，金融排斥小微企业比非金融排斥小微企业的创新比例、技术创新比例和非技术创新比例分别低 8.80 个百分点、9.65 个百分点和 2.65 个百分点。由此可以看出，小微企业金融普惠有利于小微企业创新、技术创新和非技术创新。

表 10-3　金融排斥与中国小微企业创新的描述性统计（%）

类型	金融排斥	非金融排斥
小微企业创新	45.80	54.60
小微企业技术创新	31.01	40.66
小微企业非技术创新	26.92	29.57

资料来源：2015 年中国小微企业调查数据。

（7）其他控制变量。

参考既有文献，其他控制变量包括小微企业高管特征变量（最主要高管的年龄、最主要高管年龄的平方/100、最主要高管男性、最主要高管的受教育年限、最主要高管的工作年限），小微企业特征变量［实际经营年限、实际经营年限的平方/100、流动资产占比、民间借款资产占比、非制度性交易成本占比、Ln 基本账户开户时间、Ln 企业资产、乡村，独资企业、合伙企业、有限责任公司、股份公司、农民合作社等小微企业组织形式，国有/国有控股、集体/集体控股、私营/私人（不含外资）、外商独资、港澳台独资、中外合资等小微企业所有制形式]，表 10-4 对这些变量进行了描述性统计。

表 10-4 描述性统计

变量	观察值	均值	标准差	最小值	最大值
被解释变量					
小微企业创新	2484	0.530	0.499	0	1
小微企业技术创新	2476	0.389	0.488	0	1
小微企业非技术创新	2478	0.291	0.454	0	1
关注变量					
金融知识	2484	0.735	0.441	0	1
工具变量					
小微企业有成文的财务管理制度	2484	0.708	0.455	0	1
机制变量					
金融排斥	2484	0.182	0.386	0	1
金融排斥程度	2484	1.765	0.819	0	3
信贷排斥	2484	0.708	0.455	0	1
股权排斥	2484	0.764	0.425	0	1
支付排斥	2484	0.293	0.455	0	1
小微企业高管特征变量					
最主要高管的年龄	2484	43.717	9.709	16	94
最主要高管年龄的平方/100	2484	20.054	8.883	2.560	88.360
最主要高管男性	2484	0.846	0.361	0	1
最主要高管的受教育年限	2484	12.787	3.266	0	22
最主要高管的工作年限	2484	8.264	6.795	0	60
小微企业特征变量					
实际经营年限	2484	8.497	7.324	1	77
实际经营年限的平方/100	2484	1.258	2.798	0.010	59.290
流动资产占比	2484	0.095	0.244	0	1
民间借款资产占比	2484	0.017	0.066	0	0.990
非制度性交易成本占比	2484	0.911	0.179	0.004	1
Ln 基本账户开户时间	2484	1.808	0.768	0	4.094
Ln 企业资产	2484	14.571	2.132	0.693	21.512
乡村	2484	0.035	0.185	0	1
独资企业	2484	0.283	0.451	0	1

续表

变量	观察值	均值	标准差	最小值	最大值
合伙企业	2484	0.093	0.290	0	1
有限责任公司	2484	0.504	0.500	0	1
股份公司	2484	0.052	0.223	0	1
农民合作社	2484	0.056	0.229	0	1
国有/国有控股	2484	0.014	0.117	0	1
集体/集体控股	2484	0.038	0.191	0	1
私营/私人（不含外资）	2484	0.926	0.263	0	1
外商独资	2484	0.006	0.075	0	1
港澳台独资	2484	0.003	0.052	0	1
中外合资	2484	0.007	0.084	0	1

资料来源：2015 年中国小微企业调查数据。

10.1.2.2 模型设定

$$P(Enterprise\_Innovation=1 \mid X^2)=P(\theta Financial\_Literacy+X^2\varphi+\varepsilon>0 \mid X^2),\ \varepsilon\sim N(0,\ \sigma^2) \quad (10-1)$$

本章选择 Probit 模型（10-1）考察金融知识对小微企业创新的影响。在模型（10-1）中，被解释变量是小微企业创新。*Financial_Literacy* 是关注变量，表示小微企业金融知识。

10.1.2.3 内生性讨论

在小微企业创新方程中，因为小微企业创新的资产、负债、收入、支出、现金流等相关金融知识比较丰富，关注变量金融知识与小微企业创新之间存在反向因果关系，所以关注变量是内生解释变量。

为了克服内生性问题，本章选择工具变量方法进行处理。经过反复试验，本章选择“小微企业有成文的财务管理制度”作为小微企业金融知识的工具变量。选择该工具变量的原因是：一方面，“小微企业有成文的财务管理制度”与小微企业金融知识具有相关性，因为小微企业成文的财务管理制度越完善，小微企业金融知识自然越丰富；另一方面，“小微企业有成文的财务管理制度”相对于小微企业创新而言具有外生性。因此，本章选择“小微企业有成文的财务管理制度”作为小微企业金融知识的工具变量具有合理性，下面针对小微企业金融知识的内生性问题进行检验。

10.1.2.4 金融知识对小微企业创新影响的实证分析

如表 10-5 第（1）列的极大似然估计所示，金融知识显著促进小微企业创新，表 10-5 第（2）列 Wald 内生性检验和 DWH（杜宾-吴-豪斯曼）内生性检验均说明金融知识是内生解释变量，第一阶段 F 值显示“小微企业有成文的财务管理制度”作为小微企业金融知识的工具变量不存在弱工具变量问题。内生性问题处理后，如表 10-5 第（2）列的极大似然估计所示，具备金融知识的小微企业的创新概率比无金融知识的小微企业高出 33.9%，同样说明金融知识有利于小微企业创新，从而验证了假说 1。从其他变量来看，最主要高管的受教育年限、流动资产占比、Ln 企业资产均显著促进小微企业创新，Ln 基本账户开户时间、乡村均显著不利于小微企业创新。

表 10-5 金融知识对小微企业创新影响的实证分析

被解释变量：小微企业创新	(1)	(2)	(3)	(4)	(5)	(6)
	创新		技术创新		非技术创新	
	Probit	Ivprobit	Probit	Ivprobit	Probit	Ivprobit
金融知识	0.079*** (0.024)	0.339*** (0.067)	0.048** (0.024)	0.198** (0.085)	0.074*** (0.022)	0.415*** (0.060)
最主要高管的年龄	0.001 (0.007)	0.000 (0.007)	-0.002 (0.007)	-0.002 (0.007)	0.008 (0.007)	0.007 (0.006)
最主要高管年龄的平方/100	-0.006 (0.008)	-0.006 (0.007)	-0.002 (0.008)	-0.002 (0.008)	-0.015** (0.008)	-0.013* (0.007)
最主要高管男性	0.013 (0.027)	0.012 (0.025)	0.047* (0.027)	0.045* (0.026)	0.005 (0.025)	0.005 (0.023)
最主要高管的受教育年限	0.009*** (0.003)	-0.001 (0.004)	0.002 (0.003)	-0.002 (0.004)	0.009*** (0.003)	-0.003 (0.004)
最主要高管的工作年限	0.003 (0.003)	0.003 (0.002)	0.005** (0.002)	0.005** (0.002)	0.001 (0.003)	0.001 (0.002)
实际经营年限	-0.001 (0.004)	0.001 (0.004)	0.000 (0.004)	0.001 (0.004)	-0.004 (0.004)	-0.001 (0.004)
实际经营年限的平方/100	0.001 (0.008)	-0.003 (0.007)	-0.003 (0.008)	-0.005 (0.007)	0.006 (0.007)	0.000 (0.007)
流动资产占比	0.105** (0.044)	0.060 (0.041)	0.115*** (0.043)	0.092** (0.043)	0.021 (0.037)	-0.023 (0.034)
民间借款资产占比	-0.111 (0.149)	-0.031 (0.134)	-0.179 (0.158)	-0.134 (0.152)	-0.201 (0.153)	-0.081 (0.144)

续表

被解释变量：小微企业创新	(1)	(2)	(3)	(4)	(5)	(6)
	创新		技术创新		非技术创新	
	Probit	Ivprobit	Probit	Ivprobit	Probit	Ivprobit
非制度性交易成本占比	-0.084 (0.056)	-0.053 (0.052)	0.021 (0.056)	0.032 (0.055)	-0.157*** (0.049)	-0.110** (0.046)
Ln 基本账户开户时间	-0.066*** (0.019)	-0.070*** (0.018)	-0.063*** (0.019)	-0.068*** (0.018)	-0.057*** (0.017)	-0.064*** (0.016)
Ln 企业资产	0.039*** (0.005)	0.025*** (0.007)	0.044*** (0.006)	0.037*** (0.007)	0.015*** (0.005)	0.000 (0.005)
乡村	-0.132** (0.060)	-0.147*** (0.056)	-0.098 (0.060)	-0.112* (0.060)	-0.093 (0.059)	-0.119** (0.054)
独资企业	-0.029 (0.105)	0.010 (0.094)	-0.054 (0.105)	-0.032 (0.102)	0.058 (0.097)	0.090 (0.082)
合伙企业	-0.019 (0.107)	-0.006 (0.096)	-0.068 (0.107)	-0.060 (0.104)	0.143 (0.099)	0.133 (0.084)
有限责任公司	0.002 (0.110)	-0.000 (0.099)	-0.036 (0.110)	-0.036 (0.107)	0.109 (0.102)	0.089 (0.087)
股份公司	-0.028 (0.111)	0.027 (0.100)	-0.024 (0.111)	0.006 (0.109)	-0.010 (0.104)	0.053 (0.090)
农民合作社	-0.008 (0.104)	-0.009 (0.093)	-0.036 (0.104)	-0.035 (0.101)	0.090 (0.096)	0.071 (0.081)
国有/国有控股	-0.173 (0.131)	-0.171 (0.121)	-0.134 (0.150)	-0.140 (0.148)	-0.104 (0.121)	-0.116 (0.113)
集体/集体控股	0.023 (0.112)	-0.012 (0.105)	0.088 (0.127)	0.067 (0.126)	-0.046 (0.104)	-0.091 (0.099)
私营/私人（不含外资）	0.098 (0.101)	0.079 (0.095)	0.181 (0.117)	0.170 (0.116)	-0.049 (0.094)	-0.058 (0.089)
外商独资	0.146 (0.149)	0.077 (0.138)	0.211 (0.157)	0.173 (0.157)	-0.142 (0.138)	-0.199 (0.124)
港澳台独资	0.329 (0.209)	0.245 (0.193)	0.377* (0.213)	0.338 (0.210)	-0.005 (0.162)	-0.068 (0.149)
中外合资	0.236 (0.157)	0.183 (0.144)	0.373** (0.161)	0.345** (0.160)	0.043 (0.137)	-0.005 (0.121)
N	2484	2484	2476	2476	2478	2478
Wald chi^2 值	154.170	193.310	123.240	133.040	152.230	252.970

续表

被解释变量：小微企业创新	(1)	(2)	(3)	(4)	(5)	(6)
	创新		技术创新		非技术创新	
	Probit	**Ivprobit**	**Probit**	**Ivprobit**	**Probit**	**Ivprobit**
Pseudo R^2	0.050		0.045		0.054	
Log pseudolikelihood	-1632.266	-2819.965	-1582.576	-2770.051	-1404.384	-2579.501
Wald test of exogeneity		10.990		3.060		23.090
p 值		0.001		0.080		0.000
DWH 值		11.118		3.309		24.332
p 值		0.001		0.069		0.000
第一阶段 F 值		134.369		134.732		136.050

注：*、**、***分别表示0.1、0.05、0.01的显著水平，括号内为稳健标准误，第（1）~（6）列报告的平均表中的 p 值分别指 Wald 内生性检验和 DWH 内生性检验的 p 值。

如表10-5第（3）列的极大似然估计所示，金融知识显著促进小微企业技术创新，表10-5第（4）列 Wald 内生性检验和 DWH 内生性检验均说明金融知识是内生解释变量，第一阶段 F 值显示“小微企业有成文的财务管理制度”作为小微企业金融知识的工具变量不存在弱工具变量问题。内生性问题处理后，如表10-5第（4）列的极大似然估计所示，具备金融知识的小微企业的技术创新概率比无金融知识的小微企业高出19.8%，同样说明金融知识有利于小微企业技术创新。从其他变量来看，最主要高管男性、最主要高管的工作年限、流动资产占比、Ln 企业资产、中外合资均显著促进小微企业技术创新，Ln 基本账户开户时间、乡村均显著不利于小微企业技术创新。

如表10-5第（5）列的极大似然估计所示，金融知识显著促进小微企业非技术创新，表10-5第（6）列 Wald 内生性检验和 DWH 内生性检验均说明金融知识是内生解释变量，第一阶段 F 值显示“小微企业有成文的财务管理制度”作为小微企业金融知识的工具变量不存在弱工具变量问题。内生性问题处理后，如表10-5第（6）列的极大似然估计所示，具备金融知识的小微企业的非技术创新概率比无金融知识的小微企业高出41.5%，同样说明金融知识有利于小微企业非技术创新。从其他变量来看，最主要高管年龄的平方/100、非制度性交易成本占比、Ln 基本账户开户时间、乡村均显著不利于小微企业非技术创新。

10.2 金融知识影响小微企业创新的金融排斥机制分析

金融知识是通过什么机制影响小微企业创新的呢？本章将采用分样本回归方法（杨君等，2021）探讨金融知识影响小微企业创新的金融排斥机制。

如表 10-6 第（1）列、第（2）列和第（3）列所示，Wald 内生性检验和 DWH 内生性检验发现金融知识是内生解释变量；如表 10-6 第（4）列所示，22.2%和 22.5%的显著水平下 Wald 内生性检验与 DWH 内生性检验发现，金融知识是内生解释变量。鉴于此，本章采用工具变量方法进行估计。如表 10-6 第（1）列、第（2）列、第（3）列和第（4）列的第一阶段 F 值所示，“小微企业有成文的财务管理制度”作为小微企业金融知识的工具变量不存在弱工具变量问题。

如表 10-6 第（1）列、第（2）列所示，在非金融排斥和金融排斥分样本中，金融知识均对小微企业创新有显著正向影响，并且在金融排斥样本中，金融知识对小微企业创新的影响大于非金融排斥中金融知识对小微企业创新的影响，说明金融知识通过降低小微企业金融排斥促进小微企业创新。按照金融排斥程度均值分为高金融排斥程度和低金融排斥程度，如表 10-6 第（3）列和第（4）列所示，在高金融排斥样本和低金融排斥样本中，金融知识对小微企业创新均有显著影响，并且在高金融排斥样本中，金融知识对小微企业创新的正向影响更大，说明金融知识通过降低小微企业金融排斥程度促进小微企业创新，从而验证了假说 2。

表 10-6 金融知识影响小微企业创新的金融排斥机制分析：工具变量估计

被解释变量：小微企业创新	(1)	(2)	(3)	(4)
	非金融排斥样本	金融排斥样本	高金融排斥样本	低金融排斥样本
金融知识	0.271*** (0.092)	0.493*** (0.064)	0.380*** (0.073)	0.225* (0.135)
最主要高管的年龄	-0.004 (0.008)	0.012 (0.012)	-0.003 (0.007)	0.007 (0.013)
最主要高管年龄的平方/100	-0.002 (0.008)	-0.01 (0.014)	-0.002 (0.008)	-0.013 (0.014)
最主要高管男性	-0.000 (0.029)	0.060 (0.049)	0.022 (0.029)	0.004 (0.046)

续表

被解释变量：小微企业创新	(1) 非金融排斥样本	(2) 金融排斥样本	(3) 高金融排斥样本	(4) 低金融排斥样本
最主要高管的受教育年限	0.002 (0.005)	−0.005 (0.006)	0.000 (0.005)	0.000 (0.006)
最主要高管的工作年限	0.005* (0.003)	−0.005 (0.006)	0.001 (0.003)	0.004 (0.004)
实际经营年限	0.001 (0.004)	0.00 (0.013)	0.005 (0.005)	−0.015* (0.008)
实际经营年限的平方/100	−0.002 (0.007)	−0.026 (0.035)	−0.015 (0.010)	0.055** (0.026)
流动资产占比	0.107** (0.050)	−0.074 (0.069)	−0.013 (0.047)	0.207** (0.086)
民间借款资产占比	−0.112 (0.154)	0.439* (0.264)	0.118 (0.158)	−0.325 (0.245)
非制度性交易成本占比	−0.065 (0.061)	−0.005 (0.106)	−0.120* (0.062)	0.087 (0.096)
Ln 基本账户开户时间	−0.068*** (0.020)	−0.081** (0.041)	−0.092*** (0.022)	−0.018 (0.030)
Ln 企业资产	0.034*** (0.008)	−0.004 (0.010)	0.015** (0.008)	0.035*** (0.011)
乡村	−0.169*** (0.065)	−0.076 (0.122)	−0.175** (0.070)	−0.069 (0.102)
独资企业	0.035 (0.109)	−0.023 (0.232)	−0.066 (0.126)	0.112 (0.131)
合伙企业	0.019 (0.111)	0.017 (0.234)	−0.056 (0.127)	0.045 (0.142)
有限责任公司	0.007 (0.115)	0.021 (0.246)	−0.084 (0.132)	0.089 (0.144)
股份公司	0.033 (0.116)	0.159 (0.250)	−0.001 (0.133)	0.051 (0.144)
农民合作社	0.026 (0.107)	−0.108 (0.235)	−0.084 (0.124)	0.081 (0.130)

续表

被解释变量：小微企业创新	(1) 非金融排斥样本	(2) 金融排斥样本	(3) 高金融排斥样本	(4) 低金融排斥样本
国有/国有控股	-0.146 (0.138)	-0.346 (0.256)	-0.092 (0.141)	-0.351 (0.227)
集体/集体控股	0.041 (0.121)	-0.148 (0.193)	0.029 (0.121)	-0.084 (0.203)
私营/私人（不含外资）	0.117 (0.108)	-0.006 (0.183)	0.097 (0.110)	0.048 (0.181)
外商独资	0.112 (0.150)		0.032 (0.158)	0.258 (0.284)
港澳台独资	0.284 (0.205)		0.267 (0.262)	0.121 (0.300)
中外合资	0.319* (0.170)		0.029 (0.174)	0.364 (0.267)
N	2050	432	1616	868
Wald chi^2 值	157.940	83.700	154.920	65.660
Log pseudolikelihood	-2301.341	-479.736	-937.911	-937.911
Wald test of exogeneity	4.240	12.060	10.100	1.490
p 值	0.039	0.001	0.002	0.222
DWH 值	4.346	12.242	10.100	1.476
p 值	0.037	0.001	0.002	0.225
第一阶段 F 值	92.025	45.220	92.302	46.872

注：*、**、***分别表示0.1、0.05、0.01的显著水平，括号内为稳健标准误，第（1）~（4）列报告的平均表中的 p 值分别指Wald内生性检验和DWH内生性检验的 p 值。

10.3 金融知识影响小微企业创新的异质性分析

金融知识对小微企业创新的影响在高经营年限样本、低经营年限样本、高资产样本、低资产样本、公有制样本、非公有制样本、有限责任样本和非有限责任样本下具有异质性。

如表10-7第（1）列、第（2）列、第（3）列、第（4）列、第（6）列、第（7）列、第（8）列所示，Wald内生性检验和DWH内生性检验发现金融知识是内生解释变量；如表10-7第（5）列所示，21.5%和20.5%的显著水平下 Wald 内生性检验与 DWH 内生性检验发现，金融知识是内生解释变量。如表 10-7 第（1）列、第（2）列、第（3）列、第（4）列、第（6）列、第（7）列、第（8）列的第一阶段 *F* 值所示，“小微企业有成文的财务管理制度”作为小微企业金融知识的工具变量不存在弱工具变量问题。如表 10-7 第（5）列的第一阶段 *F* 值所示，“小微企业有成文的财务管理制度”作为小微企业金融知识的工具变量近乎不存在弱工具变量问题。

如表 10-7 第（1）列、第（2）列的工具变量估计所示，在高经营年限样本和低经营年限样本中（高经营年限、低经营年限按照均值进行划分），金融知识均对小微企业创新有显著的正向影响，但在高经营年限样本中的影响更大。如表 10-7 第（3）列、第（4）列的工具变量估计所示，在高资产样本和低资产样本中（高资产、低资产按照均值进行划分），金融知识均对小微企业创新有显著的正向影响，但在高资产样本中的影响更大。如表 10-7 第（5）列、第（6）列的工具变量估计所示，在公有制样本和非公有制样本中，金融知识均对小微企业创新有显著的正向影响，但在公有制样本中的影响更大。如表 10-7 第（7）列、第（8）列的工具变量估计所示，在有限责任样本和非有限责任样本中，金融知识均对小微企业创新有显著的正向影响，但在非有限责任制样本中的影响更大。

表 10-7 金融知识影响小微企业创新的异质性

被解释变量：小微企业创新	(1) 高经营年限样本	(2) 低经营年限样本	(3) 高资产样本	(4) 低资产样本	(5) 公有制样本	(6) 非公有制样本	(7) 有限责任样本	(8) 非有限责任样本
金融知识	0.368*** (0.110)	0.326*** (0.084)	0.433*** (0.102)	0.272*** (0.093)	0.544* (0.308)	0.338*** (0.068)	0.296* (0.159)	0.371*** (0.063)
最主要高管的年龄	0.006 (0.013)	-0.001 (0.009)	0.016 (0.011)	-0.010 (0.009)	-0.019 (0.033)	0.001 (0.007)	-0.007 (0.008)	0.013 (0.010)
最主要高管年龄的平方/100	-0.011 (0.014)	-0.005 (0.011)	-0.019* (0.011)	0.003 (0.010)	0.006 (0.034)	-0.006 (0.007)	0.002 (0.009)	-0.021* (0.012)
最主要高管男性	-0.008 (0.040)	0.018 (0.032)	-0.009 (0.037)	0.016 (0.033)	0.057 (0.106)	0.011 (0.026)	0.003 (0.033)	0.034 (0.039)
最主要高管的受教育年限	0.002 (0.006)	-0.003 (0.005)	-0.003 (0.005)	-0.000 (0.006)	0.003 (0.014)	-0.001 (0.004)	0.007 (0.006)	-0.011** (0.005)

续表

被解释变量：小微企业创新	(1) 高经营年限样本	(2) 低经营年限样本	(3) 高资产样本	(4) 低资产样本	(5) 公有制样本	(6) 非公有制样本	(7) 有限责任样本	(8) 非有限责任样本
最主要高管的工作年限	0.004 (0.003)	-0.002 (0.005)	0.003 (0.003)	0.002 (0.004)	-0.007 (0.006)	0.004* (0.003)	0.003 (0.003)	0.003 (0.004)
实际经营年限	0.006 (0.006)	0.004 (0.025)	-0.006 (0.005)	0.006 (0.006)	-0.013 (0.015)	0.001 (0.004)	-0.001 (0.006)	0.002 (0.005)
实际经营年限的平方/100	-0.011 (0.010)	-0.058 (0.263)	0.013 (0.011)	-0.015* (0.009)	0.026 (0.033)	-0.002 (0.007)	0.007 (0.012)	-0.007 (0.010)
流动资产占比	0.095 (0.065)	0.024 (0.053)	0.044 (0.060)	0.037 (0.056)	-0.053 (0.128)	0.064 (0.043)	0.059 (0.055)	0.049 (0.065)
民间借款资产占比	-0.011 (0.223)	-0.029 (0.166)	-0.072 (0.258)	-0.003 (0.154)	-0.031 (0.481)	-0.008 (0.138)	-0.062 (0.195)	0.008 (0.184)
非制度性交易成本占比	0.003 (0.080)	-0.122* (0.072)	-0.001 (0.065)	-0.108 (0.081)	-0.104 (0.208)	-0.050 (0.054)	-0.009 (0.073)	-0.112 (0.076)
Ln 基本账户开户时间	-0.076*** (0.025)	-0.049 (0.031)	-0.050** (0.025)	-0.079*** (0.026)	0.002 (0.068)	-0.075*** (0.018)	-0.082*** (0.027)	-0.051** (0.024)
Ln 企业资产	0.028*** (0.010)	0.021** (0.009)	0.030** (0.014)	0.009 (0.010)	0.011 (0.026)	0.025*** (0.007)	0.033*** (0.010)	0.013 (0.009)
乡村	-0.093 (0.109)	-0.162** (0.066)	-0.169** (0.081)	-0.106 (0.086)	-0.195 (0.193)	-0.152** (0.059)	-0.273* (0.140)	-0.138** (0.062)
独资企业	-0.072 (0.129)	0.104 (0.124)	0.144 (0.100)	-0.199 (0.161)	-0.129 (0.173)	0.005 (0.119)		0.016 (0.092)
合伙企业	-0.133 (0.131)	0.117 (0.128)	0.077 (0.107)	-0.186 (0.162)	-0.305* (0.183)	0.002 (0.121)		0.001 (0.094)
有限责任公司	-0.134 (0.132)	0.129 (0.137)	0.205* (0.110)	-0.336** (0.170)	-0.269 (0.199)	0.025 (0.125)		
股份公司	0.023 (0.149)	0.088 (0.131)	0.184 (0.113)	-0.190 (0.168)	0.159 (0.240)	-0.029 (0.125)		0.007 (0.098)
农民合作社	-0.121 (0.125)	0.108 (0.126)	0.139 (0.099)	-0.237 (0.159)	-0.079 (0.157)	-0.013 (0.119)	-0.009 (0.044)	

续表

被解释变量：小微企业创新	(1) 高经营年限样本	(2) 低经营年限样本	(3) 高资产样本	(4) 低资产样本	(5) 公有制样本	(6) 非公有制样本	(7) 有限责任样本	(8) 非有限责任样本
国有/国有控股	-0.188 (0.176)	-0.181 (0.175)	-0.274* (0.147)	-0.087 (0.253)	-0.072 (0.110)		-0.193 (0.198)	-0.162 (0.160)
集体/集体控股	-0.198 (0.153)	0.134 (0.150)	-0.191 (0.141)	0.230 (0.179)			-0.117 (0.179)	0.047 (0.133)
私营/私人（不含外资）	0.081 (0.141)	0.051 (0.132)	-0.012 (0.125)	0.233 (0.167)		0.071 (0.097)	0.071 (0.162)	0.061 (0.117)
外商独资	0.155 (0.200)	-0.041 (0.191)	-0.076 (0.160)	0.433 (0.307)		0.069 (0.140)	0.301 (0.268)	0.003 (0.167)
港澳台独资	0.120 (0.310)	0.296 (0.254)	0.096 (0.248)	0.472 (0.296)		0.238 (0.194)		0.036 (0.220)
中外合资	0.156 (0.189)	0.200 (0.264)	0.027 (0.163)			0.165 (0.146)	0.216 (0.228)	0.100 (0.186)
N	1024	1460	1207	1275	122	2362	1404	1076
Wald chi^2 值	99.720	111.340	110.950	87.200	34.380	178.080	104.120	97.110
Log pseudolikelihood	-1081.107	-1705.841	-1209.757	-1548.385	-92.249	-2698.389	-1494.506	-1278.894
Wald test of exogeneity	4.980	6.200	7.140	3.620	1.540	10.300	1.700	11.720
p 值	0.026	0.013	0.008	0.057	0.215	0.001	0.193	0.001
DWH 值	5.027	6.212	7.380	3.680	1.630	10.359	1.703	11.721
p 值	0.025	0.013	0.007	0.055	0.205	0.001	0.192	0.001
第一阶段 F 值	52.366	79.844	43.858	83.516	6.851	127.830	31.990	106.016

注：*、**、***分别表示0.1、0.05、0.01的显著水平，括号内为稳健标准误，第（1）~（8）列报告的平均表中的 p 值分别指 Wald 内生性检验和 DWH 内生性检验的 p 值。

10.4 稳健性检验

为了检验表10-5估计结果的稳健性，表10-8至表10-11分别采用2SLS估计、回答金融知识个数度量金融知识、金融知识单因子度量金融知识、金融知识综合因子度量金融知识进行估计，能够得出类似的结论，说明估计结果具有稳健性。

表 10-8 稳健性检验 1：采用 2SLS 估计

被解释变量：小微企业创新	(1) OLS	(2) 2SLS
金融知识	0.082*** (0.024)	0.389*** (0.098)
N	2484	2484
F 值/Wald chi^2 值	7.710	0.005
R^2	0.067	189.440
DWH 值		11.118
内生性检验 p 值		0.001
第一阶段 F 值		134.369

注：***表示 0.01 的显著水平；括号内为稳健标准误；限于篇幅，未报告其他变量估计结果。

表 10-9 稳健性检验 2：采用回答金融知识个数度量金融知识

被解释变量：小微企业创新	(1) Probit	(2) Ivprobit
金融知识	0.026** (0.010)	0.202*** (0.015)
N	1262	1262
Wald chi^2 值	70.680	456.670
Pseudo R^2	0.043	
Log pseudolikelihood	-837.169	-2960.323
Wald test of exogeneity		6.310
p 值		0.012
第一阶段 F 值		4.285

注：**、***分别表示 0.05、0.01 的显著水平；括号内为稳健标准误；限于篇幅，未报告其他变量估计结果。

表 10-10 稳健性检验 3：采用金融知识单因子度量金融知识

被解释变量：小微企业创新	(1) Probit	(2) Ivprobit
金融知识	0.045*** (0.010)	0.147*** (0.028)
N	1198	1198

续表

被解释变量：小微企业创新	(1) Probit	(2) Ivprobit
Wald chi^2 值	72.440	109.350
Pseudo R^2	0.048	
Log pseudolikelihood	-790.355	-2870.719
Wald test of exogeneity		4.750
p 值		0.029
第一阶段 F 值		25.908

注：*** 表示 0.01 的显著水平；括号内为稳健标准误；限于篇幅，未报告其他变量估计结果。

表 10-11 稳健性检验 4：采用金融知识综合因子度量金融知识

被解释变量：小微企业创新	(1) Probit	(2) Ivprobit
金融知识	0.039** (0.017)	0.307*** (0.029)
N	1198	1198
Wald chi^2 值	59.920	286.550
Pseudo R^2	0.039	
Log pseudolikelihood	-797.874	-2274.331
Wald test of exogeneity		6.730
p 值		0.010
第一阶段 F 值		6.300

注：**、*** 分别表示 0.05、0.01 的显著水平；括号内为稳健标准误；限于篇幅，未报告其他变量估计结果。

10.5 普及金融知识、降低金融排斥、促进小微企业创新的具体措施

第一，普及小微企业金融知识的专业化和通识化教育，提高小微企业的金融知识水平，缓解小微企业金融排斥，促进小微企业金融普惠性和高质量发展，进而促进小微企业创新。

第二，鼓励小微企业广泛征集金融建议，便于小微企业选择合适的金融产品，合理配置小微企业金融资产，克服小微企业金融排斥，促进小微企业

创新。

第三，拓宽小微企业的金融知识学习渠道，促使小微企业多途径获取家庭金融知识，促进小微企业创新。

第四，完善小微企业的金融知识培训体系，提高小微企业的金融专业化水平，促进小微企业创新。

11 做好预算规划，缓解金融排斥，促进小微企业创新

小微企业创新需要小微企业对未来资金的使用进行预算规划。预算规划对小微企业创新有什么影响，预算规划影响小微企业创新的金融排斥机制是否存在，预算规划对小微企业创新的影响有哪些异质性，是本章重点探索的三个基本问题。

11.1 预算规划影响小微企业创新的实证分析

11.1.1 理论分析与研究假设

对于小微企业创新而言，对未来资金的使用进行预算规划尤为重要。小微企业创新作为小微企业持续发展不竭的动力，持续的货币资金投入是必不可少的，这就要求小微企业为创新保持必要的、可持续的现金流储备，小微企业预算规划则是小微企业创新的重要环节。

就小微企业创新而言，小微企业对自身创新活动中设计、研发、测试、推广等环节所需资金提前做出计划（Maranas et al.，1997；Ameriks et al.，2003；Lusardi and Mitchell，2008）和安排，即进行预算规划尤为重要。小微企业创新作为小微企业可持续发展的经常性经营活动，需要持续性的资金投入，以适应日新月异的创新需求，这就要求对小微企业不断的创新需求做好预算规划，否则就会影响小微企业时时创新活动的开展，继而错失商机。鉴于此，本章提出以下假说。

假说1：预算规划对小微企业创新、技术创新和非技术创新均有正向影响。

小微企业在对来年的资金使用情况编制预算时，基本上要依靠小微企业

业已发生的经营状况，如小微企业已经发生的资产、负债、收入、支出等货币资金使用情况。而这些货币资金的使用情况均来源于小微企业的采购、生产及销售的经营活动，其能够充分反映出小微企业未来的发展前景，在这些前景中包含小微企业创新、技术创新和非技术创新足够多的信息。若小微企业能够对这些信息做好预算规划，实现小微企业货币资金使用的优化配置，为小微企业创新、技术创新和非技术创新提前安排好预算，必然有利于小微企业进行创新、技术创新和非技术创新。

假说 2：预算规划通过降低小微企业金融排斥促进小微企业创新。

小微企业在对来年的资金使用情况编制预算时，能够根据小微企业现实的货币资金状况为小微企业创新做好资金安排。若小微企业出现资金剩余，就会为小微企业做好创新资金储备；若小微企业出现资金短缺，就会积极寻求小微企业创新所需的外部货币资金而积极融通，扩大小微企业外部资金需求，从而努力克服小微企业的自我排斥问题。所以，预算规划可以通过降低小微企业金融排斥促进小微企业创新。类似分析，预算规划也可以通过降低小微企业金融排斥促进小微企业技术创新和非技术创新。

假说 3：预算规划影响小微企业创新存在异质性。

在不同样本下，预算规划对小微企业创新的影响可能存在异质性，我们将在高经营年限样本、低经营年限样本、高资产样本、低资产样本、公有制样本、非公有制样本、有限责任样本和非有限责任样本下进行验证。

11.1.2 研究设计

11.1.2.1 数据与变量

本章数据来源于西南财经大学中国家庭金融调查与研究中心的 2015 年 CMES 微观数据库[①]，这为本章经验验证的开展提供了权威数据（甘犁等，2013）支持。本章小微企业的界定标准依据是《中国经济普查年鉴 2018》中《统计上大中小微型企业划分办法》[②]。剔除金融业、2015 年成立、实际经营

① 数据来源于西南财经大学中国家庭金融调查与研究中心组织管理的“中国小微企业调查”（CMES）项目，https：//chfs. swufe. edu. cn/。

② 该办法以工业和信息化部、国家统计局、国家发展和改革委员会、财政部《关于印发中小企业划型标准规定的通知》（工信部联企业〔2011〕300 号），以《国民经济行业分类》（GB/T 4754—2017）为基础，结合统计工作的实际情况制定，筛选指标包括营业收入、从业人员、资产总额，http：//www. stats. gov. cn/tjsj/pcsj/jjpc/4jp/indexch. htm。

年限低于1年、资产为0、注册资本为0、交易成本为0的小微企业及缺失值（同时符合民间借款/总资产小于1），保留2983家独立企业法人的小微企业。本章重点讨论小微企业创新、金融排斥和预算规划，下面分别对小微企业创新、金融排斥和预算规划以及其他控制变量进行说明。

（1）小微企业创新变量。

根据CMES问卷中的两个问题：“贵公司目前或曾经是否有产品或技术上的研发与创新活动？1. 是；2. 否”，“贵企业是否有除了产品和技术外的其他创新？比如，组织、服务、营销、文化等方面。1. 是；2. 否”。参考文献（杨君等，2021；张号栋等，2023）对小微企业技术创新的虚拟变量度量形式，本章将回答“是”赋值为1，回答“否”赋值为0，分别生成“小微企业技术创新”和“小微企业非技术创新”两个虚拟变量，然后将选择“小微企业技术创新”或“小微企业非技术创新”赋值为1，否则赋值为0，最终形成小微企业创新变量。在本章样本中，中国小微企业创新比例、技术创新比例和非技术创新比例分别为54.3%、39.7%和29.9%。

（2）金融排斥变量。

根据张号栋等（2023）对信贷排斥、股权排斥和支付排斥的虚拟变量度量形式，小微企业同时面临信贷排斥、股权排斥和支付排斥时赋值为1，否则赋值为0，本章生成金融排斥变量。如表11-4所示，18.0%的中国小微企业面临金融排斥。中国小微企业面临的信贷排斥、股权排斥和支付排斥的比例分别是72.53%、76.75%和28.58%。

（3）预算规划变量。

根据CMES问卷中关于资金使用情况的问题：“请问贵企业对来年的资金使用是否编制预算？1. 是；2. 否”，本章将回答“是”赋值为1，否则赋值为0，继而生成小微企业预算规划变量。如表11-4所示，中国52.0%的小微企业编制预算，有48.0%的小微企业尚未进行货币资金使用方面的预算规划。

（4）预算规划与中国小微企业创新的描述性分析。

如表11-1所示，进行预算规划的小微企业比无预算规划的小微企业的创新比例、技术创新比例和非技术创新比例分别高20.30个百分点、16.57个百分点和15.98个百分点。可以看出，督促小微企业进行预算规划有利于小微企业创新、小微企业技术创新和小微企业非技术创新，也说明小微企业创新进行预算规划的重要性。

表 11-1　预算规划与中国小微企业创新的描述性统计（%）

类型	预算规划	无预算规划
小微企业创新	64.10	43.80
小微企业技术创新	47.70	31.13
小微企业非技术创新	37.62	21.64

资料来源：2015 年中国小微企业调查数据。

（5）预算规划与中国小微企业金融排斥的描述性分析。

如表 11-2 所示，进行预算规划的小微企业比无预算规划的小微企业的金融排斥低 3.08 个百分点。可以看出，小微企业进行预算规划将克服小微企业金融排斥，有利于小微企业金融普惠。

表 11-2　预算规划与中国小微企业金融排斥的描述性统计（%）

类型	预算规划	无预算规划
金融排斥	16.57	19.65

资料来源：2015 年中国小微企业调查数据。

（6）金融排斥与中国小微企业创新的描述性分析。

如表 11-3 所示，金融排斥小微企业比非金融排斥小微企业的创新比例、技术创新比例和非技术创新比例分别低 7.45 个百分点、9.13 个百分点和 0.90 个百分点。可以看出，小微企业金融排斥不利于小微企业创新、小微企业技术创新和小微企业非技术创新。

表 11-3　金融排斥与中国小微企业创新的描述性统计（%）

类型	金融排斥	非金融排斥
小微企业创新	48.24	55.69
小微企业技术创新	32.26	41.39
小微企业非技术创新	29.21	30.11

资料来源：2015 年中国小微企业调查数据。

（7）其他控制变量。

参考既有文献，其他控制变量包括小微企业高管特征变量（最主要高管的年龄、最主要高管年龄的平方/100、最主要高管男性、最主要高管的受教育年限、最主要高管的工作年限），小微企业特征变量［实际经营年限、实际经营年限的平方/100、流动资产占比、民间借款资产占比、非制度性交易成本占比、Ln 基本账户开户时间、Ln 企业资产、乡村，独资企业、合伙企业、有限责任公司、股份公司、农民合作社等小微企业组织形式，国有/国有控股、集体/集体控股、私营/私人（不含外资）、外商独资、港澳台独资、中外合资等小微企业所有制形式]，表 11-4 对这些变量进行了描述性统计。

表 11-4　描述性统计

变量	观察值	均值	标准差	最小值	最大值
被解释变量					
小微企业创新	2983	0.543	0.498	0	1
小微企业技术创新	2975	0.397	0.489	0	1
小微企业非技术创新	2976	0.299	0.458	0	1
关注变量					
预算规划	2983	0.520	0.500	0	1
工具变量					
小微企业有成文的财务管理制度	2983	0.703	0.457	0	1
机制变量					
金融排斥	2983	0.180	0.385	0	1
小微企业高管特征变量					
最主要高管的年龄	2983	43.527	9.668	16	94
最主要高管年龄的平方/100	2983	19.880	8.835	2.560	88.360
最主要高管男性	2983	0.836	0.370	0	1
最主要高管的受教育年限	2983	12.912	3.309	0	22
最主要高管的工作年限	2983	8.101	6.641	0	60
小微企业特征变量					
实际经营年限	2983	8.279	7.066	1	77
实际经营年限的平方/100	2983	1.185	2.620	0.010	59.290
流动资产占比	2983	0.094	0.243	0	1
民间借款资产占比	2983	0.016	0.065	0	0.990
非制度性交易成本占比	2983	0.914	0.177	0.001	1
Ln 基本账户开户时间	2983	1.798	0.758	0	4.094
Ln 企业资产	2983	14.548	2.112	0.693	21.512

续表

变量	观察值	均值	标准差	最小值	最大值
乡村	2983	0.031	0.172	0	1
独资企业	2983	0.266	0.442	0	1
合伙企业	2983	0.093	0.290	0	1
有限责任公司	2983	0.529	0.499	0	1
股份公司	2983	0.052	0.223	0	1
农民合作社	2983	0.048	0.214	0	1
国有/国有控股	2983	0.013	0.115	0	1
集体/集体控股	2983	0.034	0.181	0	1
私营/私人（不含外资）	2983	0.931	0.254	0	1
外商独资	2983	0.007	0.081	0	1
港澳台独资	2983	0.003	0.053	0	1
中外合资	2983	0.007	0.081	0	1

资料来源：2015 年中国小微企业调查数据。

11.1.2.2 模型设定

$$P(Enterprise\_Innovation=1 \mid X^3)=P(\lambda Budget\_Planning+X^3\gamma+\kappa>0 \mid X^3),\ \kappa \sim N(0,\ \sigma^2) \qquad (11-1)$$

本章选择 Probit 模型（11-1）考察预算规划对小微企业创新的影响。在模型（11-1）中，被解释变量是小微企业创新。*Budget_Planning* 是关注变量，表示小微企业预算规划。控制变量包括最主要高管的年龄、最主要高管年龄的平方/100、最主要高管男性、最主要高管的受教育年限、最主要高管的工作年限、实际经营年限、实际经营年限的平方/100、流动资产占比、民间借款资产占比、非制度性交易成本占比、Ln 基本账户开户时间、Ln 企业资产、乡村、独资企业、合伙企业、有限责任公司、股份公司、农民合作社、国有/国有控股、集体/集体控股、私营/私人（不含外资）、外商独资、港澳台独资、中外合资。

11.1.2.3 内生性讨论

在小微企业创新方程中，因为进行创新活动的小微企业很可能提前做好货币资金的安排或规划，致使小微企业预算规划与小微企业创新之间存在反向因果关系，所以关注变量小微企业预算规划是内生解释变量。

为了克服内生性问题，本章选择工具变量方法进行处理。经过反复试探，本章选择“小微企业有成文的财务管理制度”作为小微企业预算规划的工具变量。选择该工具变量的原因：一方面，小微企业成文的财务管理制度越完善，小微企业就越会经常编制货币资金的使用规划，所以“小微企业有成文的财务管理制度”与小微企业预算规划具有相关性；另一方面，小微企业在创建时就可能制定好的“小微企业有成文的财务管理制度”相对于小微企业创新具有滞后性，因此也具有外生性。所以，本章选择“小微企业有成文的财务管理制度”作为小微企业金融知识的工具变量具有合理性，下面针对小微企业预算规划的内生性问题进行检验。

11.1.2.4 预算规划对小微企业创新影响的实证分析

如表 11-5 第（1）列的极大似然估计所示，预算规划显著促进小微企业创新；表 11-5 第（2）列 Wald 内生性检验和 DWH 内生性检验均说明金融知识是内生解释变量；第一阶段 F 值显示，“小微企业有成文的财务管理制度”作为小微企业预算规划的工具变量不存在弱工具变量问题。小微企业预算规划的内生性问题处理后，如表 11-5 第（2）列的极大似然估计所示，编制预算规划小微企业的创新概率比没有编制预算规划小微企业的创新概率高出 31.6%，同样说明预算规划有利于小微企业创新。从其他变量来看，最主要高管的受教育年限、流动资产占比、Ln 企业资产、港澳台独资均显著促进小微企业创新，民间借款资产占比、Ln 基本账户开户时间、乡村均显著不利于小微企业创新。

如表 11-5 第（3）列的极大似然估计所示，预算规划显著促进小微企业技术创新；表 11-5 第（4）列 Wald 内生性检验（20.1%的显著水平上）和 DWH 内生性检验（18.0%的显著水平上）均说明预算规划是内生解释变量；第一阶段 F 值显示，“小微企业有成文的财务管理制度”作为小微企业预算规划的工具变量不存在弱工具变量问题。小微企业预算规划的内生性问题处理后，如表 11-5 第（4）列的极大似然估计所示，编制预算规划小微企业的技术创新概率比没有编制预算规划小微企业的技术创新概率高出 22.2%，同样说明预算规划有利于小微企业技术创新。从其他变量来看，流动资产占比、Ln 企业资产、私营/私人（不含外资）、港澳台独资、中外合资均显著促进小微企业技术创新，民间借款资产占比、Ln 基本账户开户时间、乡村均显著不利于小微企业技术创新。

如表 11-5 第（5）列的极大似然估计所示，预算规划显著促进小微企业非技术创新；表 11-5 第（6）列 Wald 内生性检验和 DWH 内生性检验均说明预算规划是内生解释变量；第一阶段 F 值显示，“小微企业有成文的财务管理制度”作为小微企业预算规划的工具变量不存在弱工具变量问题。小微企业预算规划的内生性问题处理后，如表 11-5 第（6）列的极大似然估计所示，编制预算规划小微企业的非技术创新概率比没有编制预算规划小微企业的非技术创新概率高出 35.1%，同样说明预算规划有利于小微企业非技术创新。从其他变量来看，民间借款资产占比、非制度性交易成本占比、乡村、农民合作社均显著不利于小微企业非技术创新。

综上所述，验证了假说 1：预算规划对小微企业创新、小微企业技术创新和小微企业非技术创新均有正向影响。

表 11-5　预算规划对小微企业创新影响的实证分析

被解释变量：小微企业创新	(1)	(2)	(3)	(4)	(5)	(6)
	创新		技术创新		非技术创新	
	Probit	Ivprobit	Probit	Ivprobit	Probit	Ivprobit
预算规划	0.161*** (0.017)	0.316*** (0.051)	0.135*** (0.017)	0.222*** (0.066)	0.135*** (0.016)	0.351*** (0.042)
最主要高管的年龄	−0.000 (0.006)	−0.001 (0.006)	−0.001 (0.006)	−0.002 (0.006)	0.005 (0.006)	0.002 (0.006)
最主要高管年龄的平方/100	−0.004 (0.007)	−0.002 (0.006)	−0.001 (0.007)	−0.000 (0.007)	−0.011 (0.007)	−0.007 (0.006)
最主要高管男性	0.003 (0.024)	0.002 (0.022)	0.029 (0.024)	0.028 (0.024)	−0.013 (0.022)	−0.013 (0.020)
最主要高管的受教育年限	0.008*** (0.003)	0.005* (0.003)	0.004 (0.003)	0.002 (0.003)	0.008*** (0.003)	0.004 (0.003)
最主要高管的工作年限	0.002 (0.002)	0.002 (0.002)	0.004* (0.002)	0.003 (0.002)	−0.000 (0.002)	−0.001 (0.002)
实际经营年限	−0.002 (0.004)	−0.001 (0.003)	0.000 (0.004)	0.001 (0.004)	−0.003 (0.004)	−0.001 (0.003)
实际经营年限的平方/100	0.002 (0.007)	0.001 (0.006)	−0.000 (0.007)	−0.003 (0.007)	0.004 (0.007)	0.003 (0.007)
流动资产占比	0.097** (0.041)	0.066* (0.040)	0.108*** (0.039)	0.094** (0.040)	0.013 (0.035)	−0.018 (0.033)

续表

被解释变量：小微企业创新	(1)	(2)	(3)	(4)	(5)	(6)
	创新		技术创新		非技术创新	
	Probit	**Ivprobit**	**Probit**	**Ivprobit**	**Probit**	**Ivprobit**
民间借款资产占比	-0.227* (0.137)	-0.223* (0.125)	-0.345** (0.155)	-0.342** (0.149)	-0.221 (0.141)	-0.211* (0.126)
非制度性交易成本占比	-0.077 (0.051)	-0.045 (0.049)	-0.012 (0.051)	0.002 (0.051)	-0.134*** (0.045)	-0.081* (0.043)
Ln基本账户开户时间	-0.040** (0.017)	-0.029* (0.016)	-0.044** (0.017)	-0.039** (0.017)	-0.036** (0.016)	-0.021 (0.015)
Ln企业资产	0.034*** (0.005)	0.023*** (0.006)	0.036*** (0.005)	0.031*** (0.007)	0.013*** (0.004)	0.001 (0.005)
乡村	-0.160*** (0.058)	-0.156*** (0.053)	-0.123** (0.058)	-0.125** (0.056)	-0.106* (0.058)	-0.108** (0.052)
独资企业	-0.060 (0.091)	-0.045 (0.083)	-0.065 (0.091)	-0.057 (0.089)	-0.009 (0.083)	0.001 (0.071)
合伙企业	-0.065 (0.093)	-0.050 (0.085)	-0.101 (0.094)	-0.093 (0.092)	0.066 (0.085)	0.066 (0.073)
有限责任公司	-0.025 (0.090)	-0.012 (0.082)	-0.043 (0.090)	-0.035 (0.088)	0.032 (0.082)	0.039 (0.070)
股份公司	-0.002 (0.097)	0.018 (0.088)	-0.011 (0.096)	-0.001 (0.094)	0.059 (0.088)	0.075 (0.075)
农民合作社	-0.088 (0.098)	-0.104 (0.090)	-0.051 (0.098)	-0.062 (0.096)	-0.111 (0.090)	-0.133* (0.077)
国有/国有控股	-0.160 (0.128)	-0.162 (0.125)	-0.119 (0.145)	-0.123 (0.144)	-0.140 (0.119)	-0.137 (0.114)
集体/集体控股	0.066 (0.114)	0.071 (0.114)	0.133 (0.128)	0.135 (0.128)	-0.025 (0.104)	0.003 (0.103)
私营/私人（不含外资）	0.131 (0.104)	0.136 (0.105)	0.205* (0.119)	0.208* (0.120)	-0.029 (0.095)	0.005 (0.096)
外商独资	0.111 (0.141)	0.088 (0.137)	0.134 (0.151)	0.123 (0.150)	-0.110 (0.131)	-0.107 (0.125)
港澳台独资	0.476** (0.201)	0.477** (0.185)	0.416** (0.198)	0.427** (0.193)	0.090 (0.154)	0.149 (0.138)

续表

被解释变量：小微企业创新	(1)	(2)	(3)	(4)	(5)	(6)
	创新		技术创新		非技术创新	
	Probit	Ivprobit	Probit	Ivprobit	Probit	Ivprobit
中外合资	0. 158 (0. 148)	0. 118 (0. 142)	0. 309** (0. 156)	0. 286* (0. 155)	-0. 032 (0. 133)	-0. 057 (0. 122)
N	2983	2983	2975	2975	2976	2976
Wald chi^2 值	239. 520	224. 180	186. 840	153. 940	212. 870	269. 860
Pseudo R^2	0. 063		0. 053		0. 063	
Log pseudolikelihood	-1927. 835	-3892. 023	-1896. 834	-3858. 624	-1691. 340	-3644. 603
Wald test of exogeneity		6. 730		1. 640		16. 110
p 值		0. 010		0. 201		0. 000
DWH 值		6. 801		1. 798		15. 788
内生性检验 p 值		0. 009		0. 180		0. 000
第一阶段 F 值		188. 615		185. 650		188. 789

注：*、**、***分别表示0. 1、0. 05、0. 01的显著水平，括号内为稳健标准误，第（1）～（6）列报告的是平均边际效应。

11. 2 预算规划影响小微企业创新的金融排斥机制分析

预算规划是通过什么机制影响小微企业创新的呢？本章将采用分样本回归方法（杨君等，2021）探讨预算规划影响小微企业创新的金融排斥机制。

如表11-6第（1）列、第（2）列、第（4）列、第（5）列、第（6）列所示，Wald内生性检验和DWH内生性检验［第（1）列中，Wald内生性检验在11. 1%显著水平上显著和DWH内生性检验在10. 8%显著水平上显著］发现，小微企业预算规划是内生解释变量。如表11-6第（3）列所示，70. 7%和67. 6%的显著水平上Wald内生性检验与DWH内生性检验发现，小微企业预算规划的内生性问题不严重。鉴于此，本章采用工具变量方法进行估计。表11-6第（1）列、第（2）列、第（3）列、第（4）列、第（5）列、第（6）列的第一阶段F值显示，“小微企业有成文的财务管理制度”作为小微企业金融知识的工具变量不存在弱工具变量问题。

如表 11-6 第（1）列、第（2）列所示，在非金融排斥和金融排斥分样本中，预算规划均对小微企业创新有显著正向影响，并且在金融排斥样本中，预算规划对小微企业创新的影响大于非金融排斥中预算规划对小微企业创新的影响，说明预算规划通过降低小微企业金融排斥促进小微企业创新。如表 11-6第（3）列和第（4）列所示，在非金融排斥样本和金融排斥样本中，预算规划对小微企业技术创新均有显著影响，并且在金融排斥样本中，预算规划对小微企业技术创新的正向影响更大，从而说明预算规划通过降低小微企业金融排斥程度促进小微企业技术创新。如表 11-6 第（5）列和第（6）列所示，在非金融排斥样本和金融排斥样本中，预算规划对小微企业非技术创新均有显著影响，并且在金融排斥样本中，预算规划对小微企业非技术创新的正向影响更大，从而说明预算规划通过降低小微企业金融排斥程度促进小微企业非技术创新。从而验证了假说 2：预算规划通过降低小微企业金融排斥促进小微企业创新。

表 11-6　预算规划影响小微企业创新的金融排斥机制分析：工具变量估计

被解释变量：小微企业创新	(1)	(2)	(3)	(4)	(5)	(6)
	创新		技术创新		非技术创新	
	非金融排斥	金融排斥	非金融排斥	金融排斥	非金融排斥	金融排斥
预算规划	0.259*** (0.066)	0.459*** (0.039)	0.144* (0.080)	0.433*** (0.050)	0.316*** (0.053)	0.439*** (0.043)
最主要高管的年龄	-0.002 (0.007)	-0.001 (0.010)	-0.001 (0.007)	-0.006 (0.010)	0.002 (0.007)	0.001 (0.011)
最主要高管年龄的平方/100	-0.002 (0.007)	-0.000 (0.012)	-0.001 (0.007)	0.005 (0.011)	-0.008 (0.007)	-0.003 (0.013)
最主要高管男性	-0.010 (0.025)	0.033 (0.045)	0.020 (0.027)	0.047 (0.046)	-0.022 (0.023)	0.006 (0.043)
最主要高管的受教育年限	0.007** (0.003)	0.001 (0.005)	0.005 (0.003)	-0.004 (0.005)	0.005* (0.003)	-0.001 (0.005)
最主要高管的工作年限	0.003 (0.002)	-0.006 (0.005)	0.005** (0.002)	-0.006 (0.005)	-0.000 (0.002)	-0.001 (0.004)
实际经营年限	-0.001 (0.004)	-0.000 (0.009)	0.000 (0.004)	0.001 (0.009)	-0.001 (0.004)	-0.004 (0.009)
实际经营年限的平方/100	0.001 (0.007)	0.011 (0.023)	-0.004 (0.008)	0.015 (0.024)	0.003 (0.007)	0.021 (0.022)

续表

被解释变量：小微企业创新	(1)	(2)	(3)	(4)	(5)	(6)
	创新		技术创新		非技术创新	
	非金融排斥	金融排斥	非金融排斥	金融排斥	非金融排斥	金融排斥
流动资产占比	0.110** (0.047)	−0.063 (0.069)	0.136*** (0.046)	−0.025 (0.071)	−0.028 (0.038)	−0.014 (0.061)
民间借款资产占比	−0.276* (0.145)	−0.060 (0.277)	−0.397** (0.162)	−0.259 (0.267)	−0.226 (0.145)	−0.255 (0.261)
非制度性交易成本占比	−0.074 (0.057)	0.104 (0.087)	0.003 (0.058)	0.079 (0.089)	−0.126** (0.050)	0.100 (0.076)
Ln 基本账户开户时间	−0.031* (0.019)	−0.018 (0.034)	−0.041** (0.019)	−0.024 (0.035)	−0.022 (0.017)	−0.012 (0.034)
Ln 企业资产	0.032*** (0.007)	−0.008 (0.009)	0.040*** (0.007)	−0.003 (0.009)	0.004 (0.006)	−0.009 (0.008)
乡村	−0.185*** (0.063)	−0.067 (0.087)	−0.186*** (0.069)	0.014 (0.086)	−0.091 (0.060)	−0.147 (0.102)
独资企业	−0.031 (0.096)	−0.045 (0.160)	−0.044 (0.100)	−0.019 (0.210)	0.003 (0.084)	−0.031 (0.097)
合伙企业	−0.034 (0.099)	−0.022 (0.163)	−0.070 (0.103)	−0.037 (0.214)	0.073 (0.086)	0.026 (0.102)
有限责任公司	−0.003 (0.095)	−0.013 (0.160)	−0.034 (0.099)	0.019 (0.211)	0.049 (0.082)	−0.026 (0.096)
股份公司	0.023 (0.103)	−0.016 (0.172)	−0.012 (0.107)	0.034 (0.222)	0.065 (0.089)	0.025 (0.116)
农民合作社	−0.090 (0.103)	−0.008 (0.175)	−0.049 (0.108)	0.070 (0.217)	−0.113 (0.090)	−0.229* (0.134)
国有/国有控股	−0.174 (0.138)	−0.083 (0.302)	−0.147 (0.159)	−0.001 (0.324)	−0.144 (0.129)	−0.135 (0.167)
集体/集体控股	0.110 (0.123)	0.009 (0.308)	0.191 (0.138)	0.020 (0.322)	−0.018 (0.117)	0.089 (0.131)
私营/私人（不含外资）	0.176 (0.112)	0.021 (0.297)	0.239* (0.127)	0.100 (0.313)	−0.007 (0.108)	0.042 (0.124)
外商独资	0.109 (0.145)		0.157 (0.159)		−0.142 (0.140)	

续表

被解释变量：小微企业创新	(1)	(2)	(3)	(4)	(5)	(6)
	创新		技术创新		非技术创新	
	非金融排斥	金融排斥	非金融排斥	金融排斥	非金融排斥	金融排斥
港澳台独资	0.506*** (0.196)		0.428** (0.204)		0.143 (0.151)	
中外合资	0.213 (0.158)		0.370** (0.168)		-0.037 (0.136)	
N	2462	518	2456	516	2457	516
Wald chi^2 值	185.240	109.630	134.600	95.960	205.690	129.120
Log pseudolikelihood	-3197.697	-655.225	-3194.792	-620.857	-3004.340	-613.284
Wald test of exogeneity	2.540	8.700	0.140	6.220	8.110	13.290
p 值	0.111	0.003	0.707	0.013	0.004	0.000
DWH 值	2.593	8.994	0.175	5.812	7.570	13.927
内生性检验 p 值	0.108	0.003	0.676	0.016	0.006	0.000
第一阶段 F 值	153.831	37.512	150.949	37.136	154.117	37.136

注：*、**、***分别表示0.1、0.05、0.01的显著水平，括号内为稳健标准误，第（1）~（6）列报告的是平均边际效应。

11.3 预算规划影响小微企业创新的异质性分析

预算规划对小微企业创新的影响在高经营年限样本、低经营年限样本、高资产样本、低资产样本、公有制样本、非公有制样本、有限责任样本和非有限责任样本下具有异质性。

如表11-7第（1）列、第（2）列、第（3）列、第（6）列、第（8）列所示，Wald内生性检验和DWH内生性检验发现，预算规划是内生解释变量；如表11-7第（4）列、第（5）列、第（7）列所示，12.9%和12.8%、31.0%和18.1%、65.8%和65.3%的显著水平下Wald内生性检验与DWH内生性检验发现，预算规划的内生性问题不严重。如表11-7第（1）列、第（2）列、第（3）列、第（4）列、第（6）列、第（7）列、第（8）列的第一阶段F值所示，“小微企业有成文的财务管理制度”作为小微企业预算规划的工具变量不存在弱工具变量问题。如表 11-7 第（5）列的第一阶段 *F* 值所示，“小微企业有成文的财务管理制度”作为小微企业预算规划的工具变量存在弱工具变量问题（很可能是样本量小的缘故）。

如表 11-7 第（1）列、第（2）列的工具变量估计所示，在高经营年限样本和低经营年限样本中（高经营年限、低经营年限按照均值进行划分），预算规划均对小微企业创新有显著的正向影响，但在高经营年限样本中的影响略大。如表 11-7 第（3）列、第（4）列的工具变量估计所示，在高资产样本和低资产样本中（高资产、低资产按照均值进行划分），预算规划均对小微企业创新有显著的正向影响，但在高资产样本中的影响略大。如表 11-7 第（5）列、第（6）列的工具变量估计所示，在公有制样本和非公有制样本中，预算规划均对小微企业创新有显著的正向影响，但在公有制样本中的影响更大。如表 11-7 第（7）列、第（8）列的工具变量估计所示，在有限责任样本和非有限责任样本中，预算规划均对小微企业创新有显著的正向影响，但在非有限责任制样本中的影响更大。

表 11-7　预算规划对小微企业创新的异质性：不同样本下的工具变量估计

被解释变量：小微企业创新	(1)	(2)	(3)	(4)	(5)	(6)	(7)	(8)
	高经营年限	低经营年限	高资产	低资产	公有制	非公有制	有限责任	非有限责任
预算规划	0.337*** (0.082)	0.317*** (0.063)	0.308*** (0.065)	0.302*** (0.085)	0.638*** (0.058)	0.310*** (0.052)	0.181** (0.081)	0.449*** (0.039)
最主要高管的年龄	0.003 (0.011)	-0.002 (0.008)	0.014 (0.010)	-0.01 (0.008)	0.021 (0.022)	-0.001 (0.006)	-0.004 (0.008)	0.005 (0.009)
最主要高管年龄的平方/100	-0.007 (0.011)	-0.002 (0.009)	-0.017* (0.010)	0.008 (0.009)	-0.025 (0.026)	-0.002 (0.006)	0.001 (0.008)	-0.008 (0.010)
最主要高管男性	-0.017 (0.035)	0.012 (0.029)	-0.000 (0.035)	-0.003 (0.029)	0.073 (0.065)	-0.001 (0.023)	-0.006 (0.030)	0.007 (0.032)
最主要高管的受教育年限	0.004 (0.005)	0.005 (0.003)	0.004 (0.004)	0.006 (0.004)	-0.017* (0.010)	0.006** (0.003)	0.010** (0.004)	0.001 (0.003)
最主要高管的工作年限	0.003 (0.002)	-0.002 (0.004)	0.003 (0.003)	-0.000 (0.003)	0.006 (0.004)	0.002 (0.002)	0.003 (0.003)	-0.001 (0.003)
实际经营年限	0.001 (0.006)	0.011 (0.022)	-0.004 (0.005)	0.002 (0.005)	0.003 (0.012)	-0.001 (0.004)	-0.005 (0.005)	0.003 (0.004)

续表

被解释变量：小微企业创新	(1) 高经营年限	(2) 低经营年限	(3) 高资产	(4) 低资产	(5) 公有制	(6) 非公有制	(7) 有限责任	(8) 非有限责任
实际经营年限的平方/100	−0.002 (0.009)	−0.130 (0.235)	0.006 (0.011)	−0.005 (0.008)	0.001 (0.023)	0.002 (0.006)	0.010 (0.011)	−0.003 (0.007)
流动资产占比	0.073 (0.059)	0.049 (0.053)	0.015 (0.061)	0.074 (0.052)	−0.089 (0.092)	0.069* (0.041)	0.065 (0.052)	0.083 (0.059)
民间借款资产占比	−0.190 (0.216)	−0.228 (0.153)	−0.380 (0.258)	−0.156 (0.143)	−0.220 (0.365)	−0.205 (0.129)	−0.166 (0.183)	−0.276* (0.143)
非制度性交易成本占比	−0.009 (0.073)	−0.096 (0.068)	−0.019 (0.065)	−0.070 (0.079)	0.044 (0.173)	−0.037 (0.052)	−0.054 (0.066)	0.026 (0.068)
Ln 基本账户开户时间	−0.017 (0.022)	−0.029 (0.026)	−0.031 (0.023)	−0.026 (0.025)	−0.025 (0.047)	−0.031* (0.017)	−0.053** (0.024)	0.005 (0.020)
Ln 企业资产	0.026*** (0.010)	0.018** (0.008)	0.032*** (0.012)	0.014 (0.009)	0.000 (0.021)	0.023*** (0.006)	0.034*** (0.008)	0.010 (0.008)
乡村	−0.210** (0.094)	−0.141** (0.063)	−0.214*** (0.074)	−0.104 (0.076)	−0.137 (0.137)	−0.163*** (0.056)	−0.391*** (0.147)	−0.088* (0.048)
独资企业	−0.106 (0.104)	0.032 (0.126)	0.119 (0.107)	−0.220* (0.118)	−0.048 (0.145)	−0.037 (0.099)		−0.010 (0.071)
合伙企业	−0.111 (0.112)	0.036 (0.129)	0.094 (0.111)	−0.212* (0.122)	0.038 (0.236)	−0.033 (0.102)		−0.014 (0.073)
有限责任公司	−0.108 (0.102)	0.092 (0.126)	0.150 (0.104)	−0.192 (0.117)	−0.035 (0.128)	−0.004 (0.099)	−0.023 (0.041)	
股份公司	−0.040 (0.110)	0.086 (0.136)	0.235** (0.114)	−0.258** (0.129)	0.023 (0.203)	0.046 (0.104)		
农民合作社	−0.145 (0.137)	−0.046 (0.132)	0.073 (0.118)	−0.281** (0.128)	0.011 (0.125)	−0.146 (0.106)		−0.111 (0.076)
国有/国有控股	−0.227 (0.204)	−0.123 (0.164)	−0.344** (0.163)	0.056 (0.220)	−0.122 (0.105)		−0.261 (0.185)	−0.115 (0.161)
集体/集体控股	−0.064 (0.194)	0.172 (0.148)	−0.111 (0.158)	0.308* (0.184)			−0.119 (0.175)	0.185 (0.136)
私营/私人（不含外资）	0.110 (0.183)	0.128 (0.131)	−0.020 (0.145)	0.330* (0.175)		0.124 (0.106)	0.026 (0.161)	0.184 (0.128)
外商独资	0.152 (0.217)	−0.014 (0.175)	−0.080 (0.178)	0.314 (0.225)		0.073 (0.138)	0.038 (0.223)	0.091 (0.164)

续表

被解释变量：小微企业创新	(1) 高经营年限	(2) 低经营年限	(3) 高资产	(4) 低资产	(5) 公有制	(6) 非公有制	(7) 有限责任	(8) 非有限责任
港澳台独资	0.379 (0.318)	0.526** (0.237)	0.223 (0.266)	0.743*** (0.267)		0.461** (0.186)		0.257 (0.182)
中外合资	0.005 (0.212)	0.345 (0.218)	-0.060 (0.174)			0.101 (0.142)	0.070 (0.219)	0.102 (0.168)
N	1201	1782	1433	1548	135	2848	1752	1225
Wald chi^2 值	126.930	134.300	107.790	107.240	442.720	202.590	109.120	154.340
Log pseudolikelihood	-1548.488	-2308.284	-1815.298	-2030.784	-147.663	-3718.854	-2262.894	-1596.921
Wald test of exogeneity	3.800	3.860	4.090	2.300	1.030	6.170	0.200	11.200
p 值	0.051	0.049	0.043	0.129	0.310	0.013	0.658	0.001
DWH 值	3.879	3.855	4.084	2.324	1.813	6.197	0.202	11.326
内生性检验 p 值	0.049	0.050	0.044	0.128	0.181	0.013	0.653	0.001
第一阶段 F 值	63.431	119.445	116.328	77.245	0.293	188.236	148.444	52.342

注：*、**、***分别表示0.1、0.05、0.01的显著水平，括号内为稳健标准误，第（1）~（8）列报告的是平均边际效应。

11.4 稳健性检验

为了检验表11-5估计结果的稳健性，表11-8采用2SLS进行估计，能够得出类似的结论，即预算规划对小微企业创新具有显著的正向影响，说明估计结果具有稳健性。

表11-8 稳健性检验1：2SLS估计

被解释变量：小微企业创新	(1) OLS	(2) 2SLS
预算规划	0.165*** (0.018)	0.359*** (0.078)
N	2983	2983
F 值/Wald chi^2 值	12.160	222.760

续表

被解释变量：小微企业创新	(1) OLS	(2) 2SLS
R^2	0.084	0.048
DWH 值		6.801
内生性检验 p 值		0.009
第一阶段 F 值		188.615

注：*** 表示 0.01 的显著水平；括号内为稳健标准误；限于篇幅，未报告其他变量估计结果。

11.5 做好预算规划、缓解金融排斥、促进小微企业创新的具体措施

第一，鼓励小微企业招聘熟悉预算规划方面的金融人才，提高小微企业的预算规划水平，缓解小微企业金融排斥，促进小微企业创新。

第二，做好小微企业预算规划方面的培训，提高小微企业规划货币资金的跨期配置能力，克服小微企业金融排斥，激励小微企业创新。

第三，做好小微企业预算规划方面的宣传，合理规划小微企业货币资金的使用，将创新活动的开展纳入小微企业日常预算规划中，时刻保持小微企业创新意识和创新劲头。

第四，激励小微企业将创新方面的预算规划作为日常性的金融工作，时刻将创新方面的预算规划工作作为重点工作来抓，提高小微企业预算规划方面的技术水平，提高小微企业创新活动的前瞻性，克服小微企业创新时面临的金融排斥问题，促进小微企业创新。

第五，将预算规划纳入国民教育中，促使预算规划走进小学、中学和大学课堂，促使更多预算规划人才持续进入小微企业，提高小微企业创新的预测性和可持续性，克服小微企业金融排斥问题的反复性，保持小微企业金融普惠的长期性，避免小微企业创新的随机性和盲目性，降低小微企业的创新风险，提高小微企业创新的成功率。

12 激发家庭创业精神，减缓小微企业信贷排斥，以创业带动小微企业创新

家庭作为社会经济活动的基本细胞，是国民经济内外双循环的重要参与主体，其经济行为主要体现在就业和创业两个方面，家庭这两种经济参与行为是家庭收入的主要来源。就家庭就业而言，家庭创业（尹志超等，2015）更具有挑战性和风险性，并且家庭创业能够有效带动家庭就业，甚至可以说，家庭创业是家庭的一种特殊就业形式，所以家庭创业对扩大家庭就业具有重要的现实意义。

从狭义上看，家庭就业主要通过家庭人力资本的投入获得家庭收入，而家庭创业要获得收入不仅涉及家庭人力资本投入，还涉及家庭实物资本投入。所以，家庭创业需要冒更大的风险，当然，家庭创业获得收入也可能会更高。家庭创业在追求家庭利润最大化的过程中所愿意冒更大的风险、保持的开拓进取精神，即家庭创业精神。由此可以看出，创业家庭和就业家庭的重要区别就是家庭是否具有创业精神，家庭创业精神是促进家庭积极进行创业的内生驱动力。家庭创业不仅关乎国民经济的投资端，而且密切关联到消费端。因此，激发家庭创业精神对激励家庭创业、提高家庭收入、扩大内需、增强经济活力具有鲜明的时代价值。

家庭创业精神是家庭人力资本的重要组成部分，若家庭缺乏金融知识，家庭投资倾向就会降低。一方面，家庭人力资本在现代化金融体系中会面临贬值风险而丧失创造力，家庭创业精神将受到压制；另一方面，家庭会遭受金融排斥，无法很好地利用主流金融工具实现家庭资产的优化配置，家庭实物资本就会遭受货币时间价值的侵蚀，家庭创业精神无法被有效激发。

然而，由于小微企业自身的特点，如财务制度不规范、信用等级低、没有有效抵押品等，另外，小微企业担心未来信贷资金的偿还问题，或者货币资金的价格问题，也可能是小微企业时下现金流比较充裕而不需要货币资金等，小微企业经常会面临信贷排斥问题，或者是需求型信贷排斥，或者是

供给型信贷排斥。前者更多体现为小微企业没有信贷需求，而后者主要体现为小微企业没有主流金融体系的信贷资源。第 2 篇的第 5 章、第 6 章、第 7 章、第 8 章重点论证金融排斥（同时涉及信贷排斥、股权排斥和支付排斥）对小微企业的抑制作用，第 9 章讨论了数字金融排斥对小微企业技术创新的抑制影响，第 10 章与第 11 章讨论了金融知识和预算规划通过降低金融排斥进而影响小微企业创新的问题。上面这些章节是基于西南财经大学中国小微企业调查数据进行验证的。本章将基于西南财经大学中国家庭金融调查与研究中心创业家庭数据，将创业家庭界定为小微企业（谢雅萍、黄美娇，2014），探究家庭创业精神对小微企业信贷排斥的影响以及家庭创业精神对小微企业创新的影响，继而探究激励家庭创业精神，降低小微企业信贷排斥，以家庭创业带动小微企业创新的具体举措。

12.1 家庭创业精神影响小微企业信贷排斥的研究假设

假说 1：家庭创业精神对小微企业信贷排斥有降低作用。

家庭创业精神是家庭人力资本的重要构成因素，是家庭创业的重要驱动力，富有创业精神的家庭加入小微企业，会围绕小微企业的经营活动积极寻求经营资源，尤其是货币资金，富有创业精神的家庭为了获得小微企业经营货币资金而积极满足其所需的条件，或者积极寻求货币资金的金融机构渠道，或者积极寻求获得货币资金的担保物，或者积极寻求增信途径等。富有创业精神的家庭这些为小微企业获得货币资金的努力终将会降低小微企业的信贷排斥程度。

假说 2：家庭创业精神通过家庭资产转移降低小微企业信贷排斥。

小微企业面临信贷排斥问题，很重要的原因是缺乏有效抵押品。富有创业精神的家庭加入小微企业，会通过家庭资产转移以解决小微企业获得信贷资金面临的抵押品问题，从而降低小微企业信贷排斥。

假说 3：家庭创业精神降低小微企业信贷排斥存在异质性。

在不同的样本下，家庭创业精神对小微企业信贷排斥的影响很可能存在异质性，我们将在高净资产、低净资产、高教育占比、低教育占比、东部地区、非东部地区、三线城市和非三线城市中分别进行验证。

12.2 家庭创业精神影响小微企业信贷排斥的模型设定

12.2.1 数据与变量

本章数据来源于西南财经大学中国家庭金融调查与研究中心的 2019 年 CHFS 微观数据库①，这为本节经验验证的开展提供了权威数据（甘犁等，2013）支持。剔除家庭创业所从事的金融业及缺失值，保留 3165 个创业主年龄超过 18 岁的创业家庭观测值。本节主要讨论家庭创业精神与小微企业信贷排斥的关系，下面对家庭创业精神、小微企业信贷排斥以及控制变量分别进行解释。

12.2.1.1 家庭创业精神指标的度量

本章将利用 CHFS 问卷中的调查问题“截至目前，您家一共经历过多少次创业？包括个体户、租赁、运输、网店、微商、代购、经营企业等”中回答的家庭累计创业次数度量家庭创业精神。如表 12-1 所示，从家庭创业的原因来看，“从事工商业能够挣得更多”“理想爱好/想自己当老板”“更灵活、自由自在”“社会责任，解决就业问题”“继承家业”“找不到其他工作机会”“其他”的家庭创业次数依次降低，说明创业为了赚钱、理想、热爱、抱负、责任、积极、主动的家庭更富有创业精神，因此使用“家庭创业次数”作为“家庭创业精神”的代理指标是合适的，即家庭创业次数越多，家庭越具有冒险精神，家庭创业精神也越强。在下文中，将依据“从事工商业能够挣得更多”“理想爱好/想自己当老板”“社会责任，解决就业问题”提取家庭创业精神虚拟变量进行稳健性检验。

表 12-1 创业精神指标的提取

家庭创业的原因	家庭创业次数
从事工商业能够挣得更多	1.733536
理想爱好/想自己当老板	1.656850
更灵活、自由自在	1.478281

① 数据来源于西南财经大学中国家庭金融调查与研究中心组织管理的“中国家庭金融调查”（CHFS）项目，https：//chfs.swufe.edu.cn/。

续表

家庭创业的原因	家庭创业次数
社会责任，解决就业问题	1.474411
继承家业	1.319338
找不到其他工作机会	1.288533
其他	0

资料来源：2019 年 CHFS 微观数据。

12.2.1.2 小微企业信贷排斥指标

根据 2019 年 CHFS 问卷，我们将创业家庭没有工商业贷款或者没有工商业循环贷款界定为小微企业信贷排斥，将创业家庭“生产经营中不需要资金”界定为需求型信贷排斥，将创业家庭没有“生产经营活动有尚未还清的银行/信用社贷款”界定为供给型信贷排斥，将同时面临需求型信贷排斥和供给型信贷排斥界定为小微企业信贷排斥 1。如表 12-2 所示，小微企业面临的信贷排斥比例和信贷排斥 1 比例分别是 95.95%和 76.04%，分别有 81.84%和 91.26%的工商业小微企业面临需求型信贷排斥和供给型信贷排斥。

表 12-2 中国小微企业信贷排斥的描述性统计（%）

排斥类型	比例
小微企业信贷排斥	95.95
小微企业信贷排斥 1	76.04
需求型信贷排斥	81.84
供给型信贷排斥	91.26

资料来源：2019 年 CHFS 微观数据。

12.2.1.3 家庭创业精神与小微企业信贷排斥之间关系的描述

如表 12-3 所示，无信贷排斥小微企业的创业精神比信贷排斥小微企业的创业精神高 57.69%，无需求型信贷排斥小微企业的创业精神比需求型信贷排斥小微企业的创业精神高 24.09%，无供给型信贷排斥小微企业的创业精神比供给型信贷排斥小微企业的创业精神高 43.66%。由此可以看出，家庭创业精神对小微企业信贷排斥、需求型信贷排斥和供给型信贷排斥有降低作用。

表 12-3　家庭创业精神与中国小微企业信贷排斥的描述性统计

排斥类型	家庭创业精神
信贷排斥	1.463498
无信贷排斥	2.307839
需求型信贷排斥	1.438479
无需求型信贷排斥	1.785013
供给型信贷排斥	1.442576
无供给型信贷排斥	2.072410

资料来源：2019 年 CHFS 微观数据。

12.2.1.4　控制变量

参考既有文献，本章选择创业主特征变量（创业主的年龄、创业主年龄的平方/100、创业主男性、创业主的受教育年限、创业主健康）、创业家庭特征变量（创业家庭教育娱乐支出占比、创业家庭资产社区占比、创业家庭金融资产占比、Ln 创业家庭净资产）、小微企业特征变量（股份有限公司、有限责任公司、合伙企业、独资企业、个体户/工商户、没有正规组织形式）和区域特征变量（一线城市、二线城市、三线城市、农村、东部地区、中部地区、西部地区和东北地区）为控制变量，具体见表 12-4。

表 12-4　描述性统计

变量	观察值	均值	标准差	最小值	最大值
被解释变量					
小微企业信贷排斥	3165	0.960	0.197	0	1
小微企业需求型信贷排斥	3131	0.818	0.386	0	1
小微企业供给型信贷排斥	3160	0.913	0.283	0	1
关注变量					
家庭创业精神	3165	1.498	1.331	1	20
关注变量					
社区其他家庭平均创业精神	3165	0.421	0.298	0	2
创业主特征变量					
创业主的年龄	3165	46.612	15.143	18	97
创业主年龄的平方/100	3165	24.019	14.611	3.24	94.090

续表

变量	观察值	均值	标准差	最小值	最大值
创业主男性	3165	0.520	0.500	0	1
创业主的受教育年限	3165	9.801	3.914	0	22
创业主健康	3165	0.573	0.495	0	1
创业家庭特征变量					
创业家庭教育娱乐支出占比	3165	0.093	0.125	0	0.930
创业家庭资产社区占比	3165	0.076	0.080	0.000	0.829
创业家庭金融资产占比	3165	0.086	0.123	0	0.955
Ln 创业家庭净资产	3165	13.327	2.093	0	18.596
小微企业特征变量					
股份有限公司	3165	0.010	0.098	0	1
有限责任公司	3165	0.038	0.190	0	1
合伙企业	3165	0.036	0.187	0	1
独资企业	3165	0.015	0.123	0	1
个体户/工商户	3165	0.808	0.394	0	1
没有正规组织形式	3165	0.093	0.291	0	1
区域特征变量					
一线城市	3165	0.240	0.427	0	1
二线城市	3165	0.180	0.384	0	1
三线城市	3165	0.580	0.494	0	1
农村	3165	0.357	0.479	0	1
东部地区	3165	0.430	0.495	0	1
中部地区	3165	0.285	0.451	0	1
西部地区	3165	0.224	0.417	0	1
东北地区	3165	0.061	0.239	0	1

资料来源：2019 年 CHFS 微观数据的统计和计算。

注：根据 2019 年 CHFS 的调查区域，东部地区包括北京市、天津市、河北省、上海市、江苏省、浙江省、山东省、广东省、福建省和海南省；中部地区包括山西省、安徽省、江西省、河南省、湖北省和湖南省；西部地区包括广西壮族自治区、重庆市、四川省、贵州省、云南省、陕西省、甘肃省、青海省、内蒙古自治区和宁夏回族自治区；东北地区包括辽宁省、吉林省和黑龙江省，以下相同。

12.2.2 模型设定

$$P(Credit\_Exclusion=1 \mid X^4)=P(\zeta Household\_Entrepeneurship+X^4\xi+\omega>0 \mid X^4),\ \omega \sim N(0,\ \sigma^2) \tag{12-1}$$

考虑小微企业信贷排斥虚拟变量的特性，本节选择 Probit 模型考察家庭创业精神对小微企业信贷排斥的影响及其影响机制。在模型（12-1）中，关注变量为 *Household_Entrepreneurship*，表示家庭创业精神；控制变量集为 X^4，包括创业主的年龄、创业主年龄的平方/100、创业主男性、创业主的受教育年限、创业主健康、创业家庭教育娱乐支出占比、创业家庭资产社区占比、创业家庭金融资产占比、Ln 创业家庭净资产、股份有限公司、有限责任公司、合伙企业、独资企业、个体户/工商户、没有正规组织形式、一线城市、二线城市、农村、东部地区、中部地区、西部地区。

12.2.3 内生性讨论

在模型（12-1）中，家庭创业精神很可能是内生解释变量。我们认为主要原因如下：小微企业信贷排斥越严重，其经营活动就越会因为货币资金的短缺而受到限制，加入小微企业的创业家庭的创业精神就越可能受到抑制，所以，家庭创业精神与小微企业信贷排斥之间很可能存在反向因果关系，家庭创业精神很可能是内生变量，这些内生性问题就会导致估计偏误。为了克服内生性问题，本节选择工具变量，拟采取 Ivprobit 模型进行估计。参考（黄宇虹、黄霖，2019；张号栋等，2023）工具变量构造方法，将“社区其他家庭平均创业精神”作为家庭创业精神的工具变量。之所以选择该工具变量，一是因为处于同一社区家庭的创业活动具有集聚效应，同一社区的积极创业行为会对家庭创业精神进行激发，因此家庭创业精神与“社区其他家庭平均创业精神”具有显著的相关性；二是因为该创业家庭加入的小微企业信贷排斥较“社区其他家庭平均创业精神”而言具有外生性，所以，本节选择“社区其他家庭平均创业精神”作为家庭创业精神的工具变量是合适的，实证分析部分也将给出相应的内生性检验。

12.3 家庭创业精神影响小微企业信贷排斥的实证分析

为了考察家庭创业精神对小微企业信贷排斥的影响、机制和异质性，我们采取实证分析的方法进行如下论证。

12.3.1 家庭创业精神对小微企业信贷排斥的实证分析

如表 12-5 第（1）列的极大似然估计所示，家庭创业精神显著降低小微企业信贷排斥的概率。针对模型（12-1）中可能存在的内生性问题，我们采用工具变量进行估计。如表 12-5 第（2）列的 Wald 内生性检验和 DWH 内生性检验所示，家庭创业精神确实是内生解释变量。如表 12-5 第（2）列的工具变量估计所示，家庭创业精神对小微企业信贷排斥有显著的负向影响。表 12-5 第（2）列第一阶段 F 值 17.074 超过 10 的经验值，说明不存在弱工具变量问题。鉴于此，说明表 12-5 第（2）列的估计是一致估计，从而验证了假说 1。采取类似的估计方法，我们在表 12-5 第（3）列、第（4）列、第（5）列、第（6）列的估计结果中发现，家庭创业精神显著降低需求型信贷排斥和供给型信贷排斥的概率。需要注意的是，表 12-5 第（4）列的 Wald 内生性检验和 DWH 内生性检验分别在 26.3%、20.8%的显著水平上，说明家庭创业精神是内生解释变量。

从表 12-5 第（2）列估计的其他变量来看，创业主健康、创业家庭金融资产占比、Ln 创业家庭净资产、一线城市和二线城市对小微企业信贷排斥具有显著的促进作用，而创业家庭教育娱乐支出占比、创业家庭资产社区占比、股份有限公司、独资企业、个体户/工商户显著降低小微企业信贷排斥的概率。创业主的年龄、创业主年龄的平方/100、创业主男性、创业主的受教育年限、有限责任公司、合伙企业、东部地区、中部地区和西部地区对小微企业信贷排斥没有显著影响。

表 12-5 家庭创业精神对小微企业信贷排斥影响的估计结果

被解释变量：小微企业信贷排斥类型	(1)	(2)	(3)	(4)	(5)	(6)
	信贷排斥		需求型信贷排斥		供给型信贷排斥	
	Probit	Ivprobit	Probit	Ivprobit	Probit	Ivprobit
家庭创业精神	−0.010***	−0.112**	−0.028***	−0.096*	−0.018***	−0.123***
	(0.002)	(0.047)	(0.005)	(0.056)	(0.003)	(0.042)

续表

被解释变量：小微企业信贷排斥类型	(1)	(2)	(3)	(4)	(5)	(6)
	信贷排斥		需求型信贷排斥		供给型信贷排斥	
	Probit	Ivprobit	Probit	Ivprobit	Probit	Ivprobit
创业主的年龄	-0.001 (0.001)	-0.002 (0.002)	0.002 (0.002)	0.002 (0.002)	-0.001 (0.002)	-0.000 (0.002)
创业主年龄的平方/100	0.002 (0.001)	0.002 (0.002)	-0.000 (0.002)	-0.001 (0.002)	0.001 (0.002)	0.000 (0.002)
创业主男性	-0.010 (0.007)	-0.015 (0.010)	-0.003 (0.014)	-0.006 (0.014)	-0.011 (0.010)	-0.014 (0.011)
创业主的受教育年限	-0.001 (0.001)	-0.001 (0.002)	0.000 (0.002)	0.001 (0.002)	-0.003** (0.002)	-0.002 (0.002)
创业主健康	0.014* (0.008)	0.022** (0.011)	0.024* (0.015)	0.027* (0.014)	0.015 (0.011)	0.019* (0.011)
创业家庭教育娱乐支出占比	-0.098*** (0.025)	-0.074* (0.042)	-0.150*** (0.052)	-0.110* (0.063)	-0.147*** (0.036)	-0.088* (0.050)
创业家庭资产社区占比	-0.186*** (0.041)	-0.143** (0.066)	-0.292*** (0.092)	-0.216* (0.113)	-0.274*** (0.061)	-0.169** (0.081)
创业家庭金融资产占比	0.147*** (0.046)	0.174*** (0.056)	0.209*** (0.064)	0.190*** (0.063)	0.266*** (0.053)	0.243*** (0.053)
Ln 创业家庭净资产	0.004*** (0.001)	0.009*** (0.003)	0.011*** (0.003)	0.013*** (0.003)	0.008*** (0.002)	0.011*** (0.003)
股份有限公司	-0.114*** (0.029)	-0.103** (0.042)	-0.137** (0.061)	-0.101 (0.067)	-0.158*** (0.040)	-0.117** (0.049)
有限责任公司	-0.098*** (0.023)	-0.065 (0.041)	-0.159*** (0.040)	-0.108* (0.061)	-0.111*** (0.029)	-0.047 (0.046)
合伙企业	-0.038 (0.025)	-0.010 (0.038)	-0.014 (0.046)	0.013 (0.049)	-0.110*** (0.030)	-0.065* (0.039)
独资企业	-0.073** (0.029)	-0.078* (0.042)	-0.071 (0.061)	-0.071 (0.057)	-0.102*** (0.038)	-0.085* (0.046)
个体户/工商户	-0.039** (0.018)	-0.041* (0.022)	-0.044* (0.026)	-0.037 (0.026)	-0.036* (0.020)	-0.028 (0.021)
一线城市	0.036*** (0.010)	0.039*** (0.013)	0.071*** (0.018)	0.063*** (0.019)	0.049*** (0.013)	0.041*** (0.014)

续表

被解释变量：小微企业信贷排斥类型	(1)	(2)	(3)	(4)	(5)	(6)
	信贷排斥		需求型信贷排斥		供给型信贷排斥	
	Probit	Ivprobit	Probit	Ivprobit	Probit	Ivprobit
二线城市	0.020* (0.012)	0.029* (0.016)	0.075*** (0.022)	0.073*** (0.022)	0.002 (0.015)	0.007 (0.016)
东部地区	-0.022 (0.016)	-0.020 (0.022)	0.023 (0.027)	0.025 (0.026)	-0.071*** (0.024)	-0.059** (0.025)
中部地区	-0.014 (0.017)	-0.016 (0.022)	0.041 (0.028)	0.040 (0.027)	-0.051** (0.025)	-0.046* (0.025)
西部地区	-0.038** (0.016)	-0.036 (0.022)	0.003 (0.027)	0.010 (0.027)	-0.109*** (0.024)	-0.091*** (0.026)
N	3165	3165	3131	3131	3160	3160
Wald chi^2 值	149.480	369.040	140.870	145.570	198.870	378.260
Pseudo R^2	0.124		0.048		0.102	
Log pseudolikelihood	-542.008	-5710.300	-1470.455	-6576.216	-910.354	-6070.410
Wald test of exogeneity		7.770		1.250		6.700
p 值		0.005		0.263		0.010
DWH 值		5.425		1.587		6.221
内生性检验 p 值		0.020		0.208		0.013
第一阶段 F 值		17.074		16.885		16.838

注：*、**、***分别表示0.1、0.05、0.01的显著水平，括号内为稳健标准误，第（1）~（6）列报告的是平均边际效应。

12.3.2 家庭创业精神影响小微企业信贷排斥的资产转移机制分析

家庭创业精神是通过什么机制影响小微企业信贷排斥的呢？这一节我们将通过工具变量方法，在高家庭资产社区占比和低家庭资产社区占比样本下进行验证。

如表12-6所示，在高家庭资产社区占比和低家庭资产社区占比样本中，家庭创业精神对小微企业信贷排斥均具有显著的负向影响，并且在高家庭资产社区占比样本中的抑制作用更大，说明家庭创业精神是通过降低家庭资产

（资产转移）缓解小微企业信贷排斥的，从而验证了假说2。

表12-6 家庭创业精神对小微企业信贷排斥影响的资产转移机制：工具变量估计

被解释变量：小微企业信贷排斥	（1）高家庭资产社区占比	（2）低家庭资产社区占比
家庭创业精神	-0.134* (0.079)	-0.115* (0.060)
创业主的年龄	0.001 (0.003)	-0.003 (0.002)
创业主年龄的平方/100	-0.001 (0.003)	0.003 (0.002)
创业主男性	-0.028 (0.020)	-0.009 (0.012)
创业主的受教育年限	-0.001 (0.004)	-0.000 (0.002)
创业主健康	0.008 (0.024)	0.023* (0.014)
创业家庭教育娱乐支出占比	-0.107 (0.095)	-0.062 (0.049)
创业家庭资产社区占比	-0.263*** (0.099)	-0.289 (0.328)
创业家庭金融资产占比	0.231** (0.113)	0.149** (0.064)
Ln 创业家庭净资产	0.025 (0.019)	0.007*** (0.003)
股份有限公司	-0.181** (0.078)	-0.095** (0.047)
有限责任公司	-0.112 (0.091)	-0.062 (0.041)
合伙企业	-0.112* (0.063)	0.054 (0.051)
独资企业	-0.152** (0.067)	-0.072 (0.045)
个体户/工商户	-0.120*** (0.026)	-0.025 (0.023)

续表

被解释变量：小微企业信贷排斥	(1)	(2)
	高家庭资产社区占比	低家庭资产社区占比
一线城市	0.021 (0.039)	0.038** (0.015)
二线城市	0.024 (0.038)	0.029 (0.018)
东部地区	0.001 (0.040)	-0.023 (0.026)
中部地区	-0.065* (0.038)	0.013 (0.029)
西部地区	-0.043 (0.044)	-0.028 (0.026)
N	904	2261
Wald chi^2 值	199.380	278.460
Log pseudolikelihood	-1818.299	-3816.023
Wald test of exogeneity	2.850	5.430
p 值	0.092	0.020
DWH 值	1.120	4.034
内生性检验 p 值	0.290	0.045
第一阶段 F 值	3.096	11.273

注：*、**、***分别表示0.1、0.05、0.01的显著水平，括号内为稳健标准误，第（1）~（2）列报告的是平均边际效应。

12.3.3 家庭创业精神影响小微企业信贷排斥的异质性分析

如表12-7的第（1）列和第（2）列所示，在高净资产样本中，家庭创业精神对小微企业信贷排斥没有显著影响；但在低净资产样本中，家庭创业精神显著降低小微企业信贷排斥的概率。如表12-7的第（3）列和第（4）列所示，在高教育占比（创业家庭教育娱乐支出占比）样本中，家庭创业精神显著降低小微企业信贷排斥的概率；但在低教育占比样本中，家庭创业精神对小微企业信贷排斥没有显著影响。如表12-7的第（5）列和第（6）列所示，在东部地区样本中，家庭创业精神显著降低小微企业信贷排斥的概率；但在非东部地区，家庭创业精神对小微企业信贷排斥没有显著影响。如

表 12-7的第（7）列和第（8）列所示，在三线城市样本中，家庭创业精神显著降低小微企业信贷排斥的概率；但在非三线城市样本中，家庭创业精神对小微企业信贷排斥没有显著影响，从而验证了假说 3。

表 12-7　家庭创业精神影响小微企业信贷排斥的异质性分析：工具变量估计

被解释变量：小微企业信贷排斥	(1)	(2)	(3)	(4)	(5)	(6)	(7)	(8)
	高净资产	低净资产	高教育占比	低教育占比	东部地区	非东部地区	三线城市	非三线城市
家庭创业精神	-0.084 (0.071)	-0.222** (0.092)	-0.124* (0.066)	-0.106 (0.066)	-0.127** (0.055)	-0.089 (0.088)	-0.138** (0.058)	-0.064 (0.082)
创业主的年龄	-0.004 (0.003)	0.002 (0.003)	-0.004 (0.003)	-0.000 (0.002)	0.004 (0.003)	-0.006*** (0.002)	-0.004 (0.003)	0.001 (0.002)
创业主年龄的平方/100	0.005* (0.003)	-0.002 (0.003)	0.005 (0.004)	0.001 (0.002)	-0.003 (0.003)	0.006** (0.003)	0.004 (0.003)	-0.000 (0.002)
创业主男性	-0.011 (0.013)	-0.016 (0.018)	0.004 (0.018)	-0.027* (0.016)	0.005 (0.017)	-0.026** (0.013)	-0.034** (0.014)	0.009 (0.013)
创业主的受教育年限	-0.001 (0.002)	0.002 (0.003)	-0.002 (0.003)	0.001 (0.002)	-0.000 (0.003)	-0.001 (0.002)	0.001 (0.002)	-0.002 (0.002)
创业主健康	0.009 (0.014)	0.039** (0.019)	0.029 (0.018)	0.014 (0.014)	0.053*** (0.018)	0.005 (0.013)	0.016 (0.015)	0.033* (0.018)
创业家庭教育娱乐支出占比	-0.121*** (0.045)	0.036 (0.107)	0.022 (0.074)	0.396 (0.343)	-0.180*** (0.060)	-0.031 (0.069)	-0.087 (0.063)	-0.063 (0.047)
创业家庭资产社区占比	-0.231*** (0.089)	-0.111 (0.227)	-0.282** (0.143)	-0.075 (0.076)	-0.127 (0.114)	-0.186** (0.076)	-0.093 (0.101)	-0.211*** (0.076)
创业家庭金融资产占比	0.146* (0.077)	0.199** (0.097)	0.408*** (0.098)	0.057 (0.059)	0.083 (0.076)	0.258*** (0.077)	0.262*** (0.084)	0.100 (0.071)
Ln 创业家庭净资产	0.009 (0.023)	0.005* (0.003)	0.013*** (0.005)	0.007** (0.003)	0.012*** (0.004)	0.007 (0.004)	0.011*** (0.003)	0.001 (0.004)
股份有限公司	-0.086** (0.041)	-0.133 (0.098)	-0.117* (0.065)	-0.129** (0.059)	-0.056 (0.062)	-0.113* (0.060)	-0.019 (0.047)	-0.066* (0.039)
有限责任公司	-0.063* (0.036)	0.069 (0.161)	-0.029 (0.066)	-0.129*** (0.047)	-0.039 (0.050)	-0.077 (0.085)	-0.005 (0.128)	-0.020 (0.037)
合伙企业	-0.005 (0.040)	0.005 (0.077)	0.105 (0.069)	-0.096*** (0.035)	0.094 (0.065)	-0.071 (0.044)	-0.051 (0.054)	0.047 (0.055)

续表

被解释变量：小微企业信贷排斥	(1) 高净资产	(2) 低净资产	(3) 高教育占比	(4) 低教育占比	(5) 东部地区	(6) 非东部地区	(7) 三线城市	(8) 非三线城市
独资企业	-0.061 (0.044)		0.004 (0.088)	-0.166*** (0.041)	0.017 (0.107)	-0.131*** (0.044)	-0.155*** (0.050)	0.025 (0.066)
个体户/工商户	-0.015 (0.025)	-0.073 (0.045)	0.003 (0.037)	-0.109*** (0.022)	-0.017 (0.034)	-0.060** (0.028)	-0.068** (0.029)	0.003 (0.027)
一线城市	0.028 (0.019)	0.040 (0.027)	0.054** (0.023)	0.031** (0.014)	0.009 (0.020)	0.058*** (0.018)		0.012 (0.014)
二线城市	0.021 (0.019)	0.035 (0.032)	0.017 (0.025)	0.052** (0.026)	0.010 (0.024)	0.040* (0.023)		
东部地区	-0.040 (0.036)	-0.012 (0.032)	-0.022 (0.036)	-0.036 (0.033)	0.000 (.)	0.000 (.)	0.006 (0.027)	-0.041 (0.042)
中部地区	-0.051 (0.036)	0.010 (0.033)	0.018 (0.036)	-0.048 (0.033)	0.000 (.)	-0.018 (0.022)	-0.012 (0.026)	-0.024 (0.045)
西部地区	-0.065* (0.034)	-0.018 (0.032)	-0.013 (0.036)	-0.060* (0.032)	0.000 (.)	-0.041* (0.021)	-0.024 (0.027)	-0.053 (0.044)
N	1874	1282	1121	2044	1199	1966	1846	1319
Wald chi^2 值	259.820	245.260	240.270	212.910	173.270	273.940	270.350	153.090
Log pseudolikelihood	-3602.739	-1947.538	-2073.891	-3599.617	-2233.464	-3429.667	-3372.233	-2310.223
Wald test of exogeneity	1.840	7.090	3.150	4.550	7.910	1.230	6.800	0.940
p 值	0.175	0.008	0.076	0.033	0.005	0.267	0.009	0.332
DWH 值	1.210	5.487	2.563	2.900	3.849	2.398	4.478	1.122
内生性检验 p 值	0.272	0.019	0.110	0.089	0.050	0.122	0.035	0.290
第一阶段 F 值	6.619	4.548	6.184	10.239	8.945	6.591	9.736	5.637

注：*、**、***分别表示0.1、0.05、0.01的显著水平，括号内为稳健标准误，第（1）~（8）列报告的是平均边际效应。

12.3.4 稳健性检验

为了检验上述估计结果的稳健性，表12-8和表12-9分别采用2SLS估计、更换被解释变量（同时面临需求型信贷排斥和供给型信贷排斥提取小微企业信贷排斥指标）进行检验，从而验证表 12-5 估计结果的稳健性。

表 12-8 稳健性检验 1：2SLS 估计

被解释变量：小微企业信贷排斥	(1) OLS	(2) 2SLS
创业精神	-0.019*** (0.005)	-0.115** (0.047)
N	3165	3165
Wald chi^2 值/F 值	4.990	81.320
R^2	0.056	
DWH 值		5.425
内生性检验 p 值		0.020
第一阶段 F 值		17.074

注：***表示 0.01 的显著水平；括号内为稳健标准误；限于篇幅，未报告其他变量估计结果。

表 12-9 稳健性检验 2：更换被解释变量

被解释变量：小微企业信贷排斥 1	(1) Probit	(2) Ivprobit
家庭创业精神	-0.036*** (0.006)	-0.112** (0.056)
N	3165	3165
Wald chi^2 值	176.910	188.700
Pseudo R^2	0.054	
Log pseudolikelihood	-1696.561	-6866.754
Wald test of exogeneity		1.410
p 值		0.235
DWH 值		1.874
内生性检验 p 值		0.171
第一阶段 F 值		17.074

注：**、***分别表示 0.05、0.01 的显著水平；括号内为稳健标准误；限于篇幅，未报告其他变量估计结果。

12.4 家庭创业精神影响小微企业创新的信贷排斥传导机制

家庭创业精神是如何影响小微企业创新的呢？本节将采用统计分析方法讨论家庭创业精神影响小微企业创新的信贷排斥机制。

12.4.1 家庭创业精神与中国小微企业创新的统计分析

根据2015年CHFS问卷中的“您家从事工商业的主要原因是？1. 找不到其他工作机会；2. 从事工商业能挣得更多；3. 理想爱好/想自己当老板；4. 更灵活，自由自在；5. 继承家业；6. 其他”问题，本节根据2、3、4选项赋值“1”，其他选项赋值“0”，生成家庭创业精神虚拟变量。然后，根据CHFS问卷中的“与去年相比/今年上半年，该项目在产品、技术、组织、文化、营销、服务等方面是否有创新活动？如研发、新点子、新做法等。1. 是；2. 否”问题，本节根据1选项赋值“1”，2选项赋值“0”，生成小微企业创新虚拟变量。

根据2015年CHFS数据统计可知，72.52%的创业家庭具有创业精神，10.72%的小微企业进行创新活动。如表12-10所示，具有家庭创业精神参与的小微企业创新比例比无家庭创业精神参与的小微企业创新比例高6.19个百分点。由此可以看出，家庭创业精神有利于小微企业创新。

表12-10 家庭创业精神与中国小微企业创新的描述性统计（%）

类型	小微企业创新比例
具有家庭创业精神	12.48
无家庭创业精神	6.29

资料来源：2015年CHFS数据。

12.4.2 家庭创业精神与中国小微企业信贷排斥的统计分析

根据2015年CHFS问卷中的“目前，您家因工商业生产经营活动有尚未还清的银行/信用社贷款？1. 是；2. 否”问题，本节根据1选项赋值“1”，2选项赋值“0”，生成小微企业供给型信贷排斥虚拟变量。根据CHFS问卷中“目前，您家是否因工商业生产经营需要贷款？1. 不需要；2. 需要，但没有申请过；3. 需要，申请过被拒绝；4. 需要，正在申请”问题，本节根据1、2

选项赋值“1”，其他选项赋值“0”，生成小微企业需求型信贷排斥虚拟变量。然后，根据同时面临供给型信贷排斥和需求型信贷排斥小微企业，生成小微企业信贷排斥虚拟变量。根据2015年CHFS数据统计可知，中国小微企业面临信贷排斥、供给型信贷排斥和需求型信贷排斥的比例分别是86.29%、89.63%和96.95%。由此可以看出，中国小微企业面临严重的信贷排斥，并且需求型信贷排斥比供给型信贷排斥更严重。

如表12-11所示，具有家庭创业精神参与的小微企业信贷排斥比例比无家庭创业精神参与的小微企业信贷排斥比例低2.54个百分点，具有家庭创业精神参与的小微企业供给型信贷排斥比例比无家庭创业精神参与的小微企业供给型信贷排斥比例低3.87个百分点，说明家庭创业精神有利于改善小微企业的信贷排斥和供给型信贷排斥。然而，奇怪的是，具有家庭创业精神参与的小微企业需求型信贷排斥比例比无家庭创业精神参与的小微企业需求型信贷排斥比例却高出0.52个百分点，很可能的原因是具有家庭创业精神参与的小微企业更有可能选择其他融资方式进行创新活动，如股权融资、自融资等，这也是非常有意思的研究话题，考虑CHFS问卷中的设计，尚无找到这方面的经验数据进行验证和说明。

表12-11　家庭创业精神与中国小微企业信贷排斥的描述性统计（%）

类型	信贷排斥比例	需求型信贷排斥比例	供给型信贷排斥比例
家庭创业精神	85.59	97.09	88.57
无家庭创业精神	88.13	96.57	92.44

资料来源：2015年CHFS数据。

12.4.3　信贷排斥与中国小微企业创新的统计分析

根据2015年CHFS问卷中的“目前，您家因工商业生产经营活动有尚未还清的银行/信用社贷款？1. 是；2. 否”问题，本节根据1选项赋值“1”，2选项赋值“0”，生成小微企业信贷排斥虚拟变量。根据CHFS问卷中的“目前，您家是否因工商业生产经营需要贷款？1. 不需要；2. 需要，但没有申请过；3. 需要，申请过被拒绝；4. 需要，正在申请”问题，本节根据1、2选项赋值“1”，其他选项赋值“0”，生成小微企业需求型信贷排斥虚拟变量。

如表12-12所示，面临信贷排斥的小微企业创新比例比无信贷排斥的小微企业创新比例低8.60个百分点，面临需求型信贷排斥的小微企业创新比例比无需求型信贷排斥的小微企业创新比例低8.17个百分点，面临供给型信贷排斥的小微企业创新比例比无供给型信贷排斥的小微企业创新比例低8.91个百分点。由此可以看出，若小微企业面临供给型信贷排斥，则更为抑制小微企业创新活动，可见小微企业创新中信贷货币资金获得的重要性。

表12-12　信贷排斥与中国小微企业创新的描述性统计（%）

排斥类型	小微企业创新比例	差额
信贷排斥	9.74	8.60
无信贷排斥	18.34	
需求型信贷排斥	9.74	8.17
无需求型信贷排斥	17.91	
供给型信贷排斥	9.94	8.91
无供给型信贷排斥	18.85	

资料来源：2015年CHFS数据。

12.4.4　在家庭创业精神样本下信贷排斥对小微企业创新的效应

在12.4.1中，我们已经知道中国小微企业的创新比例为10.72%，如表12-13、表12-14和表12-15所示，在家庭创业精神的作用下，无论是面临信贷排斥和无信贷排斥、需求型信贷排斥和无需求型信贷排斥、供给型信贷排斥和无供给型信贷排斥的小微企业创新比例都超过了10.72%，说明中国小微企业的创新比例都是提高的。在家庭创业精神样本下，下面分别分析信贷排斥、需求型信贷排斥和供给型信贷排斥对小微企业创新的效应。

表12-13　在家庭创业精神样本下信贷排斥对小微企业创新的作用（%）

类型	小微企业创新比例	差额
家庭创业精神×信贷排斥	11.39	8.97
家庭创业精神×无信贷排斥	20.36	

资料来源：2015年CHFS数据。

表12-14　在家庭创业精神样本下需求型信贷排斥对小微企业创新的作用（%）

类型	小微企业创新比例	差额
家庭创业精神×需求型信贷排斥	11.39	8.07
家庭创业精神×无需求型信贷排斥	19.46	

资料来源：2015年CHFS数据。

表 12-15　在家庭创业精神样本下供给型信贷排斥对小微企业创新的作用（%）

类型	小微企业创新比例	差额
家庭创业精神×供给型信贷排斥	11.59	9.29
家庭创业精神×无供给型信贷排斥	20.88	

资料来源：2015 年 CHFS 数据的统计和计算。

第一，从小微企业创新的信贷排斥效应来看，如表 12-13 所示，在家庭创业精神和信贷排斥交互项下的小微企业创新比例比家庭创业精神和无信贷排斥交互项下的小微企业创新比例低 8.97 个百分点（而表 12-12 中在没有家庭创业精神的作用下，低出 8.60 个百分点），说明家庭创业精神可以通过降低小微企业信贷排斥促进小微企业创新。第二，从小微企业创新的需求型信贷排斥效应来看，如表 12-14 所示，在家庭创业精神和需求型信贷排斥交互项下的小微企业创新比例比家庭创业精神和无需求型信贷排斥交互项下的小微企业创新比例低 8.07 个百分点（而表 12-12 中在没有家庭创业精神的作用下，低 8.17 个百分点，反映出家庭创业精神作用于需求型信贷排斥对小微企业创新的效应较作用于无需求型信贷排斥而言更大些），说明家庭创业精神可以通过降低小微企业需求型信贷排斥促进小微企业创新。

第三，从小微企业创新的供给型信贷排斥效应来看，如表 12-15 所示，在家庭创业精神和供给型信贷排斥交互项下的小微企业创新比例比家庭创业精神和无供给型信贷排斥交互项下的小微企业创新比例低 9.29 个百分点（而表 12-12中在没有家庭创业精神的作用下，低 8.91 个百分点），说明家庭创业精神可以通过降低小微企业供给型信贷排斥促进小微企业创新。

12.4.5　家庭创业精神影响小微企业创新的信贷排斥机制分析

从表 12-10 中，我们已经发现家庭创业精神是有利于小微企业创新的；从表 12-11 中，我们也发现家庭创业精神有利于缓解小微企业信贷排斥和供给型信贷排斥；从表 12-12 中，我们还发现家庭信贷排斥是抑制小微企业创新的；从表 12-13、表 12-14 和表 12-15 中，我们进一步发现，在家庭创业精神的影响下，信贷排斥、需求型信贷排斥和供给型信贷排斥的降低有利于小微企业创新。从中可以得出如下结论：家庭创业精神可以通过缓解信贷排斥促进小微企业创新。鉴于此，我们基于金融理论进行以下机制分析。

作为经营性家庭，家庭创业精神表现为积极性、主动性和开拓性，这对小微企业创新而言是动力的注入。富有创业精神的家庭参加小微企业，必定会主动承担小微企业创新风险，这一点，对小微企业创新而言尤为重要。

我们已经在12.3中论证，家庭创业精神通过资产转移克服小微企业信贷排斥，这实质上是为小微企业创新提供的实物抵押担保。同时，具有创新精神家庭加入小微企业还存在人力资本保证机制，因为富有创新精神家庭加入小微企业体现的是人力资本的一种投入。富有创新精神家庭人力资本的投入，会为小微企业积极寻求信贷资源，会为小微企业创新保持流动性（张号栋等，2023）而不懈努力，从而克服小微企业创新面临的信贷排斥问题。可以看出，家庭创业精神通过资产转移和人力资本投入降低小微企业信贷排斥，从而通过提高小微企业信贷资源的可获得性促进小微企业创新。

从表12-11中，我们惊奇地发现，家庭创业精神不利于小微企业需求型信贷排斥的克服，说明家庭创业精神降低小微企业信贷排斥的来源是小微企业供给型信贷排斥的克服。表12-12和表12-14显示，在家庭创业精神样本下需求型信贷排斥改善后小微企业创新比例提高程度低于在全样本下需求型信贷排斥改善后小微企业创新比例，也说明家庭创业精神通过降低需求型信贷排斥促进小微企业创新是面临阻力的。这就是家庭创业精神影响小微企业创新的不同类型信贷排斥机制的异质性。

通过上述分析，我们可以得出机制结论：家庭创业精神通过降低信贷排斥促进小微企业创新的机制在供给端而不在需求端。这也验证了12.3的实证论证中家庭创业精神缓解小微企业供给型信贷排斥资产转移机制的稳健性。同时，对5.4中得出的信贷排斥（供给型信贷排斥）显著抑制小微企业创新的结论而言也是一种稳健性。这就为通过家庭创业精神带动小微企业创新的路径选择提供了一种非常有趣的经验验证，也是一个非常有意义的发现。当然，这也得益于家庭创业精神变量和小微企业创新变量同在一个样本中非常难得的数据提供。

12.5 家庭创业精神减缓小微企业信贷排斥、带动小微企业创新的具体措施

根据12.3的实证验证，我们得出的结论是，家庭创业精神（用家庭创业次数度量家庭创业精神指标）显著降低小微企业信贷排斥、需求型信贷排斥

（用没有生产经营信贷需求衡量需求型信贷排斥）和供给型信贷排斥的概率。家庭创业精神通过家庭资产转移机制降低小微企业信贷排斥。

根据12.4的统计验证，我们得出的结论是，家庭创业精神（根据从事工商业能挣得更多、理想爱好/想自己当老板、更灵活和自由自在提出家庭创业精神指标）有利于小微企业创新。小微企业创业精神有利于缓解小微企业信贷排斥和供给型信贷排斥，但不利于需求型信贷排斥（不需要贷款和需要没有申请贷款界定需求型信贷排斥）的缓解。在家庭创业精神的作用下，小微企业信贷排斥、需求型信贷排斥和供给型信贷排斥的下降均能够提高小微企业的创新比例。全样本下信贷排斥和供给型信贷排斥下降提高小微企业创新比例的效果低于家庭创业精神样本下信贷排斥和供给型信贷排斥下降提高小微企业创新比例的效果，但是全样本下需求型信贷排斥下降提高小微企业创新比例的效果高于家庭创业精神样本下需求型信贷排斥下降提高小微企业创新比例的效果。

依据上述结论，我们提出以下具体措施。

第一，创建良好的创业环境，激发家庭创业精神，以家庭创业精神带动小微企业创新。

第二，制定减税降费政策，惠企利民，促使富有创业精神的家庭积极参与小微企业，以家庭创业精神激发小微企业创新。

第三，健全家庭创业风险分担机制，鼓励具有创业精神的家庭勇于开拓，合理配置家庭资产，改善小微企业信贷排斥，提高小微企业信贷资源的可获得性，促进小微企业创新。

第四，做好家庭创业培训，培育家庭创业精神，提高家庭人力资本水平，缓解小微企业信贷排斥，促进小微企业创新。

第五，主流金融机构为具有创业精神家庭提供优惠信贷政策，以此提高小微企业信贷资源的可及性，扩大小微企业信贷普惠半径，提高创业精神家庭促进小微企业创新的概率。

第4篇

走向现代化篇

当前国家的未来发展战略和远景规划是要建成现代化强国（国家发展和改革委员会，2021），而现代化强国的建成离不开小微企业这个重要贡献群体的可持续发展。创新通过提升小微企业价值（张瑞琛等，2022）促进小微企业的可持续发展。目前的关键问题是：创新是如何促使小微企业走向现代化的呢？这成为一个非常紧迫的时代课题。

基于前面篇章的经验验证可知，克服金融排斥在现金管理、融资约束和交易成本的机制下促使小微企业成长为创新型小微企业。从路径上来说，数字金融推广、金融知识普及、预算规划鼓励和家庭创业精神激发能够通过克服小微企业面临的金融排斥问题促进小微企业创新。如何使创新型小微企业走得更稳、走得更远？这仍然是一个非常现实的问题。针对这个问题，本篇将对小微企业现代化进行界定，阐述小微企业走向现代化的现实意义，探究创新促使小微企业走向现代化的理论逻辑，并对创新促使小微企业走向现代化的机制进行分析。

13 创新促使小微企业走向现代化

概述和理论逻辑

13.1 小微企业现代化的含义

从经济角度来看，现代化是市场经济的典型特征，只有放在市场经济的背景下，“现代化”词义才具有其内在的价值，小微企业现代化自然也离不开市场经济这个经济范畴。鉴于此，小微企业现代化，是指小微企业在经营过程中，依据市场竞争原则，以利润最大化为目标，在采购、生产、销售等环节具备自主决策能力，能够有效维持投入产出的合意均衡，以保证小微企业效率、规范、科学和持续运营的态势。

13.2 小微企业现代化的特点

（1）市场决定性。小微企业作为市场经济中重要的参与主体，其产供销的运营活动均于市场中，其中，产供销中形成的价格体系自动调节小微企业的决策行为，如采购价格、生产价格和销售价格等。自然，小微企业现代化的实现离不开市场的决定作用，市场决定性是小微企业现代化的根本特征。

（2）自主决策性。小微企业作为独立的利益主体，拥有所有权、经营权、使用权等权利，所以，小微企业有独立的、自由的自主决策权，这是市场经济中经济自由的体现，属于小微企业现代化的典型特征。

（3）持续经营性。小微企业现代化的基本特征是持续经营性。持续经营性反映小微企业的健康性，具体表现为小微企业良好的资产负债结构和损益状况，这是保障小微企业长期存在的经济基础。

（4）利润最大化。小微企业作为产品或服务的生产者，其经营目标是追求利润最大化，这是生产者投入产出的一般经济规则，是小微企业现代化的重要特征，也是小微企业得以继续生存的前提条件。

（5）治理科学化。治理科学化能有效降低小微企业运营的治理成本（如小微企业的内部交易成本和外部交易成本），尤其是非制度性交易成本，也能保证小微企业高效运转，从而使小微企业治理成本降低与经营效率提高得以兼容。所以，治理科学化是小微企业现代化的重要特征。

13.3 小微企业现代化的现实意义

（1）小微企业现代化是维持小微企业长期生存的基本条件。小微企业现代化的实现不仅使小微企业保持健康财务状况以达到财务自由，而且使小微企业保持可持续的增长势头，这就夯实了小微企业长期生存的经济基础。

（2）小微企业现代化是避免小微企业生产过剩的有力手段。生产过剩对于小微企业而言是最大的威胁，因为生产过剩不仅会造成资源浪费进而造成小微企业因财务恶化而不可持续，而且会破坏市场机制。小微企业生产过剩看似是市场无序的结果，实际上是小微企业无视市场的代价。小微企业现代化十分重视市场的决定作用，其使小微企业在价格体系的引导下自觉组织生产经营活动，在“利润最大化”和“治理科学化”双原则下，小微企业就不会出现盲目生产状况。尽管未来是不确定的，但市场本身是具有预判能力的。所以，自觉按照现代化标准行事的小微企业终究不会犯系统性错误，这样，小微企业生产过剩就不会存在，小微企业盲目生产造成的虚假增长，然后通过经济危机的形式出清，致使小微企业大幅衰退甚至破产的恶性循环也不会出现。

（3）小微企业现代化是从宏观视角稳就业、稳资本和稳增长的重要保障。从宏观视角而言，国民经济增长的两个重要来源是劳动和资本。首先，从经营主体数量来看，小微企业是经营主体的多数，能够吸纳众多劳动者，小微企业现代化的实现能够保持对人力资源的持续需求，所以小微企业现代化能够稳住就业这个最大的民生问题。其次，资本会流向经济效益好的经济主体，不管是债务资本还是权益资本，不管是民间资本还是非民间资本，不管是国内资本还是国外资本，不管是银行资本还是非银行资本，因为资金使用权让渡的前提条件是为其获得更高的收益。小微企业现代化的实现不仅为既有资本创造更大收益，而且会增加对增量资本的需求，所以，小微企业现代化具备稳定资本的内在机制。最后，小微企业现代化是稳增长的重要保障。在国民收入账户核算体系中，国民经济增长主要依靠消费支出增长、投资增长、政府支出增长以及净出口增长。小微企业作为重要的投资增长、净出口增长驱动的市场主体，小微企业现代化是这两类增长的根本助推力量，小微企业现代化的实现能够提高小微企业在国民经济内循环、内外双循环中的贡献程度，所以，小微企业是国民经济稳增长得以保障的重要力量。

13.4 创新是助力小微企业走向现代化的根本动力

（1）创新引致的市场决定力量促使小微企业走向现代化。市场决定性是小微企业现代化的根本特征，小微企业创新促使小微企业走向现代化终究也要依靠市场决定力量来完成。一方面，小微企业创新的来源离不开市场：小微企业创新离不开企业家精神，而企业家精神凝聚着企业家在市场中历练出来的经验、智慧和灵感，小微企业家会在市场中发现商机，继而从商机中孕育创新意识，不断积累自身的创新能力，然后在市场中付诸创新实践，最终形成小微企业的创新活动；另一方面，小微企业创新的成果要通过市场来实现：小微企业创新成果的实现最终要经过市场的检验，因为小微企业创新过程是不断试错的过程，创新可能成功，也可能失败，但最终走向成功靠的是市场力量，因为市场本身可以修正小微企业创新的偏误，一次成功的创新成果可能需要经过很多次市场验证。尽管小微企业创新可能面临多次市场修正，但是一旦成功将为小微企业带来丰厚的收益。所以，创新通过市场决定力量促使小微企业走向现代化。

（2）创新带来的持续超额利润保证小微企业走向现代化。因为小微企业产品或服务本身是具有生命周期的，随着市场的不断进入，小微企业利润呈递减趋势。小微企业进行创新，并且只有创新，才能使小微企业持续保持超额利润，才能长期保持稳健增长，保证小微企业走向现代化。

（3）创新下供给产生需求是小微企业走向现代化的动力机制。创新促使小微企业走向现代化的根本动力在于供给产生需求机制。小微企业供给之所以产生需求，根本原因在于小微企业创新。因为小微企业创新的产品或服务是小微企业根据市场商机中创造出来的新产品或服务，或者来源于市场中痛点的克服，或者来源于市场中盲点的填补，这些由小微企业创新出来的供给必将激发出市场中的消费欲望，即新需求被小微企业的供给创造出来了。由小微企业创新引致的供给也只有被新需求满足，小微企业创新的超额利润才最终尘埃落定，小微企业价值才得以增值，小微企业才真正迈向了现代化。

13.5 克服金融排斥、激励小微企业创新、助力小微企业走向现代化的理论逻辑

13.5.1 无创新条件下小微企业产品或服务的市场均衡分析

如图 13-1 所示，纵轴是小微企业产品或服务的价格，横轴是小微企业产品或服务的数量，小微企业产品或服务的供给曲线和需求曲线的交叉位置决定了小微企业产品或服务的均衡价格与均衡数量，该均衡作为初始状态，是无创新条件下小微企业产品或服务的市场均衡。其中，在小微企业产品或服务均衡价格的形成过程中，货币资金发挥着计价和交易媒介的职能，在小微企业商品或服务与货币资金的循环交易中促使了市场均衡的形成，在这种情况下，小微企业没有面临金融排斥。如果小微企业面临金融排斥，小微企业将面临流动性困难或者融资约束，小微企业供给曲线将向左平移，从而引起小微企业产品或服务均衡价格的上升和均衡数量的下降。若小微企业产品或服务是富有弹性的，则小微企业产品或服务的均衡价格上升的幅度会小于均衡数量下降的幅度，小微企业利润将下降；若小微企业产品或服务是缺乏弹性的，则小微企业产品或服务的均衡价格上升的幅度将会大于均衡数量下降的幅度，小微企业利润将上升。可以看出，当小微企业面临金融排斥时，小微企业能否盈利的关键是小微企业产品或服务是否富有弹性。所以，当小微企业产品或服务是富有弹性的，克服金融排斥、实现金融普惠将有利于小微企业利润的提高，促进小微企业价值的稳健成长，促使小微企业走向现代化，但是还受制于小微企业产品或服务的生命周期。从中可以看出，若小微企业不进行创新，那么小微企业走向现代化取决于小微企业产品或服务的弹性和生命周期问题，小微企业产品或服务本身的生命周期问题终将使小微企业走向现代化的过程陷入停滞。

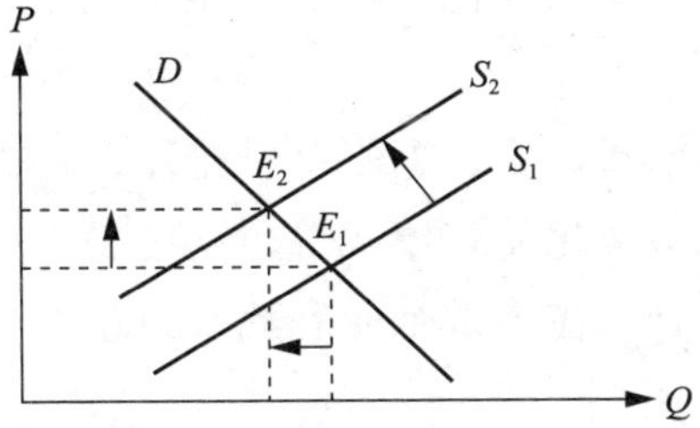

图 13-1　无创新条件下小微企业产品或服务的市场均衡分析

13.5.2　创新条件下小微企业产品或服务的市场均衡分析

如图 13-2 所示，假如小微企业产品或服务的初始均衡点为 E，若小微企业进行创新（尤其是颠覆性创新），在市场机制的作用下，小微企业供给将会自动创造需求（一种新需求），推动小微企业产品或服务需求曲线向右平移到 F，从而引起小微企业产品或服务均衡价格和均衡数量的提高。所以，不管小微企业产品或服务是否富有弹性，小微企业的利润都将增加，这也是小微企业创新的魅力所在，无论是均衡价格提高的幅度更大，还是均衡数量提高的幅度更大。这样，可以看出，创新是小微企业价值提升的终极来源，是小微企业发展过程中的惊险跳跃，这是小微企业不存在金融排斥的状况。若小微企业面临金融排斥，那么小微企业产品或服务的供给创造需求机制将无法发挥作用，也就是说，当金融普惠能够完全克服小微企业面临的金融排斥问题时，小微企业发展中的“惊险跳跃”，即创新，才能有效助力小微企业利润的形成和价值的提升。由此可以看出，金融排斥克服促进小微企业创新，小微企业创新带来持续提升的小微企业利润和价值将助力小微企业走向现代化。

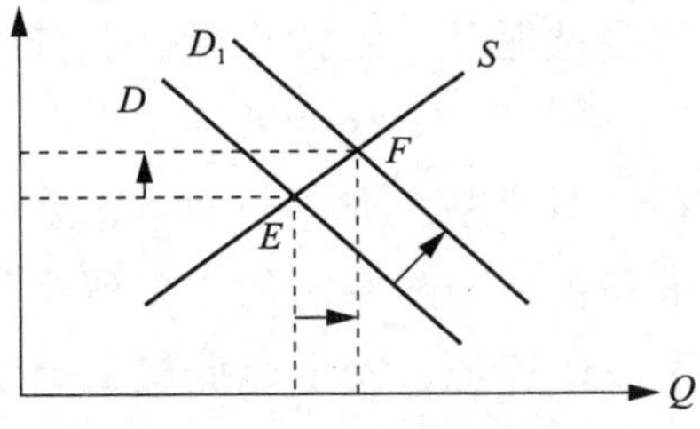

图 13-2　创新条件下小微企业产品或服务的市场均衡分析

对小微企业技术创新而言，克服金融排斥，小微企业将积极进行产品或服务的研发，创新创造需求，在创新产品或服务的价格和数量的作用下，促使小微企业走向现代化。

对小微企业非技术创新而言，克服金融排斥，小微企业将积极探索适配的组织模式、营销模式、文化品牌模式等，这些创新模式必将促使小微企业产品或服务需求得以提升，在小微企业利润和价值提升的机制下，促使小微企业走向现代化。

13.5.3 克服金融排斥，激励小微企业创新，助力小微企业走向现代化

（1）内生性激励路径。在小微企业面临的金融排斥问题中，很重要的是小微企业自我排斥问题，而解决小微企业自我排斥问题的关键措施是如何激励小微企业对创新资金的需求。具体而言，普及金融知识，提高小微企业人力资本水平，捕捉创新信息和创新投资机会，激发小微企业创新的资金需求，激励小微企业创新，尤其是自主创新，合理安排小微企业创新的投入和产出，提高小微企业利润水平，促使小微企业持续运营，使小微企业顺利实现现代化。

（2）外生性助推路径。小微企业除了面临内生性的自我排斥问题外，还面临外生性的供给排斥问题，解决小微企业外生性供给排斥问题的关键是克服主流金融系统对小微企业的歧视问题。也就是说，通过诸多途径让主流金融系统充分认识到小微企业的极端重要性，全面了解小微企业的经营状况和创新需求，客观、公正、全面地评估小微企业创新价值，完善小微企业担保体系，建设好与小微企业创新的交流平台，克服双方的信息不对称问题，保证小微企业创新的资金供给，解决小微企业面临的流动性约束和融资约束问题，使小微企业全身心投入创新活动，帮助小微企业通过创新创造超额利润，促进小微企业外部资金的良性循环，维持小微企业健康的财务结构，助推小微企业走向现代化。

（3）金融现代化路径。对小微企业创新而言，金融现代化很重要的体现是小微企业创新资金需求和主流金融系统的创新资金供给通过数字化、网络化、智能化、信息化等手段快速地、安全地促使资金供需双方的意愿均得到满足。具体路径为：鼓励小微企业注册、使用主流金融 App 终端平台，广泛了解该平台中的小微企业金融产品，提高小微企业创新资金需求意愿；同时，主流金融系统也可利用该平台充分了解大量小微企业创新的资金需求，扩大

主流金融系统对小微企业创新资金的供给范围；然后，双方不断进行识别、评估、谈判、交易、跟踪、监督、偿付等活动，资金双方的供需意愿得以达成和维护，数字金融排斥得以克服。这就为小微企业创新提供了源源不断的资金，从而促进小微企业创新市场的形成和发展，金融市场与创新市场的良性循环使交易成本不断降低，进而促使小微企业的自我完善和发展。所以，金融现代化带来的两个市场健康互动将助推小微企业走向现代化。

14 创新促使小微企业走向现代化的机制分析

14.1 创新促使小微企业走向现代化的市场机制分析

小微企业创新离不开市场，小微企业走向现代化同样离不开市场。小微企业创新在促进小微企业走向现代化的过程中同样是在市场机制的作用下进行的，也就是说，创新是通过市场机制促进小微企业走向现代化的。

小微企业作为微观决策主体，具有独立决策、自主决策的机制和能力，并且是市场经济中重要的参与主体。小微企业现代化的一个体现就是其自由决策能力。创新作为小微企业生存与发展的内生动力，该动力的具体体现是指小微企业创新活动或创新行为终将通过市场使小微企业现代化得以实现。具体而言，因为创新是一种颠覆性、革新性的经营活动，创新行为（尤其是创新信息）来自市场，而小微企业创新成果也是通过市场得以完成的。小微企业创新来源于市场，也供给于市场，创新在助力小微企业走向现代化的过程中必然提升小微企业在市场中自主决策的识别和判断能力，而这种高质量的自主决策能力是小微企业现代化必须具备的宝贵素养，这种素养源于小微企业在市场的持续创新中积累和经验所得。所以，创新对于小微企业而言，不仅是一种经营活动，而且是一种品质、一种气质。

事实上，小微企业只有持续创新，才能打破既定的边际收益递减规律和边际成本递增规律的约束。小微企业现代化的典型特征是市场性，这种市场性不是静止的、固定的，而是动态的、变化的。小微企业产品或服务受到边际收益递减和边际成本递增规律的制约性，使小微企业产品或服务不断进行进入和退出的循环，这种循环的助推力来自小微企业创新。

从市场的竞争机制来看，创新是通过竞争助力小微企业走向现代化的。根据 2015 年小微企业调查数据统计发现，创新小微企业比非创新小微企业产品或服务的“非常强”的竞争力高 5.59 个百分点，创新小微企业比非创新小微企业产品或服务的“比较强”的竞争力高 11.92 个百分点。小微企业创新能够提高小微企业产品或服务的竞争力，而这种竞争力应该是一种持续的竞争力，这就需要小微企业具备持续创新的能力和品格。小微企业走向现代化需要的是高质量的持续发展，自然离不开小微企业自身产品或服务的竞争力。具体而言，小微企业产品或服务高质量的竞争力表现在行业中不是同质的，而是异质的；不是简单地模仿，而是持续地更新。所以，创新是通过提升小微企业产品或服务的竞争力促使小微企业走向现代化的。

从市场的价格机制来看，创新是通过价格机制促使小微企业走向现代化的。尽管小微企业创新存在创新成本以及创新风险问题，但是创新成功，尤其是革命性创新将为小微企业带来巨大的价格优势，这种价格是包括创新溢价的。创新通过价格使小微企业获得走向现代化的经济基础。如果说小微企业产品或服务竞争力是创新带给小微企业走向现代化的内涵式发展优势，其价格机制则是创新促使小微企业走向现代化的成果优势。

综上所述，创新通过市场的竞争机制和价格机制促使小微企业走向现代化。

14.2 创新促使小微企业走向现代化的产权机制分析

创新作为小微企业自主决策的经营活动，自然，创新活动为小微企业所开展，而创新成果是小微企业作为经济参与主体的劳动和智力的成果。并且，小微企业冒着创新失败的风险，创新成果的归属自然为小微企业所拥有。小微企业对创新决策、创新努力和创新成果拥有所有权与控制权，所以，创新成果界定清楚是小微企业走向现代化的根本保障。

小微企业创新成功，必然对小微企业的产权结构产生很大影响。因为在小微企业创新活动中，大概率有投资者的加入，或者资金的投入，或者知识产权的投入，或者创新人才的引进，无论是哪一种形式，如自主研发、合作创新、委托创新等，都大概率会引起小微企业产权结构的变化。所以，创新会通过产权机制助力小微企业走向现代化，况且小微企业现代化的一个显著特征就是产权清晰。

从金融角度来看，克服金融排斥，尤其是股权排斥，在促进小微企业创新的同时，产权机制能够助力小微企业走向现代化。克服股权排斥，发挥股权本身的普惠性，小微企业自然吸收了创新风险的承担者，清晰的产权界定既是小微企业创新的动力，又是创新促使小微企业走向现代化的推动器。因为产权一端连接创新，另一端连接现代化。连接创新的产权是投资者资金的投入和风险承担，连接现代化的是小微企业产权结构的优化和激励机制。可以看出，创新既来源于小微企业股权排斥的克服，又是通过产权机制助力小微企业走向现代化的。

综上所述，创新促使小微企业走向现代化的产权机制是小微企业现代化的现代企业制度保障。

14.3 创新促使小微企业走向现代化的报表机制分析

创新促使小微企业走向现代化的报表机制主要体现为小微企业资产负债表效应、利润表效应和现金流量表效应。

根据2015年小微企业调查数据统计发现，小微企业创新方面的研发支出占小微企业资产比例平均值为1.05%（有研发支出的小微企业研发费用总额占研发小微企业资产总额），创新对小微企业资产规模的扩张具有以小博大的杠杆效应。若小微企业不进行创新，那么小微企业资产负债表终将走向萎缩甚至消亡。根据2015年小微企业调查数据统计还发现，创新小微企业的资产规模超出未进行创新小微企业的资产规模54.10%。可以看出，小微企业创新对小微企业资产规模的扩张效应相当明显。同时，我们也大胆预测，创新成功对小微企业资产负债表的扩张效应远远大于创新失败对小微企业资产负债表的收缩效应，也就是说，创新成功引起小微企业价值的提升作用远远大于创新失败造成小微企业价值下降的作用，除非小微企业经营上出现系统性、颠覆性的失败。这种资产负债表效应的不对称性也是非常值得研究的课题。尽管小微企业创新的周期可能很长，但是一旦创新成功，必将大大优化小微企业的资产负债表。况且小微企业走向现代化，规范的、健康的资产负债表是必需的，资产负债表恶化的小微企业是很难走向现代化的。所以，创新引起小微企业资产负债表效应的不对称性将使小微企业走向现代化。

从创新的利润表效应来看，小微企业创新能够优化小微企业的利润表。一方面，小微企业创新提升小微企业产品或服务的内涵式发展，必将提升小微企业的收入水平，而且通过创新能够有效降低小微企业的生产成本和交易成本，进而提升小微企业的利润水平，在利润最大化的条件下，获得创新带来的超额利润。另一方面，小微企业持续创新是小微企业利润水平持续提高的根本动力。同时，小微企业创新带来的非制度性交易成本的降低必定提升小微企业的运行效率，从而提升小微企业的新质生产力①水平，促进小微企业全要素生产力的提高，这是小微企业走向现代化所需要的。所以，创新能够通过利润表效应促进小微企业走向现代化。

从创新的现金流量表效应来看，小微企业生存和发展的根本，是要保持充足的现金流。小微企业现金流，不仅体现为小微企业当前的现金流，还体现为小微企业未来的现金流。本质上，小微企业当前现金流的获得来源于小微企业既有的创新，而小微企业未来现金流的获得来源于小微企业创新，代表着小微企业未来发展的前景，这也使小微企业持续投资创新成为必然。所以，小微企业创新能够促使小微企业当前现金流和未来现金流的跨期优化配置。如果说小微企业创新的资产负债表效应和利润表效应促使的是小微企业货币资金的横截面优化配置，那么小微企业创新的现金流量表效应体现出的是小微企业货币资金的跨时间配置。这也是小微企业克服金融排斥促进小微企业创新获得的。

综上所述，小微企业创新的资产负债表效应、利润表效应和现金流量表效应的报表机制将促使小微企业走向现代化。

14.4 创新促使小微企业走向现代化的理性机制分析

理性（利润最大化或效用最大化）不仅是经济金融的显著特征，而且有利于小微企业创新，也有利于促进小微企业走向现代化。

从表面上看，小微企业创新源自小微企业的“灵感”，但这种“灵感”终究是源自小微企业多年的“积淀”“经验”“积累”，只不过是以“灵感”的形式迸发出来而已。而创新本身又会使小微企业“理性”的形成。经过创新，小微企业仍然是追求利润最大化的，不以利润为目标的小微企业终将因其“非利润”而退出市场。因此，小微企业这种理性创新行为依旧促使小微企业时刻关注收入、支出这两个最基本的变量，而创新也通过收入、支出作用实现小微企业利润最大化的不断飞跃，最终促使小微企业理性的形成，促使小微企业走向现代化。

---

① 参见周文，许凌云．论新质生产力：内涵特征与重要着力点［J］．改革，2023（10）：1-2。其将新质生产力界定为“科技创新在其中发挥主导作用的生产力，尤其是关键性颠覆性技术实现突破的生产力”。

创新推动小微企业走向现代化怎么说都不为过。创新不仅是小微企业主观能动性的结果，而且对小微企业而言是一种客观存在，是主客观的有机统一。主观地说，创新体现了小微企业的天才智慧；客观地说，创新是小微企业赖以生存的物质基础。小微企业创新主观性和客观性的统一终究促使小微企业理性的形成。小微企业创新是在不断探索世界，更是在不断改造客观世界，终究归于理性。小微企业的理性终究归于这种秩序。小微企业创新看似不断打破旧的，实质上不断创造出新生事物，即新的产品或服务，这是小微企业走向现代化所必需的。小微企业走向现代化的过程，实质上是小微企业理性创新的过程。所以，创新通过理性机制促使小微企业走向现代化。

14.5 创新促使小微企业走向现代化的治理机制分析

治理是一种科学管理，是一种有序管理，是一种契约管理。对小微企业而言，创新是一种治理。创新有利于小微企业进行契约式管理，更具体地说，创新有利于培育小微企业契约精神的形成。契约有隐性契约，也有显性契约。“不以规矩，不能成方圆。”① 创新有利于小微企业规矩的创立和不断完善，而契约精神也是小微企业走向现代化所必需的。

针对隐性契约而言，创新能够促使小微企业凝心聚力，创新能够带给小微企业以希望、前景、未来。根据2015年小微企业调查数据统计发现，创新小微企业认为所在行业的未来前景“会更好”，超出无创新小微企业21.64%（前者为66.18%，后者为44.54%）。这种隐性契约促使小微企业众志成城、迈向未来。没有创新的小微企业将无斗志、无气质，何谈现代化？

针对显性契约而言，创新以契约形式规定小微企业创新活动的开展，创新成果的实现也以契约保障小微企业创新收益的分享，实质上是明确创新成果的归属问题，而小微企业现代化必须对这种约定落地进行明确。缺乏契约的小微企业将引起纠纷，使小微企业出现内耗，使小微企业运行成本加大，不利于小微企业的治理。小微企业创新活动必然促成小微企业的契约化治理，使小微企业的权利和义务合理匹配，促使小微企业走向现代化。

综上所述，推广数字金融、普及金融知识、鼓励预算规划、激发家庭创业精神，克服小微企业金融排斥，在做好现金管理机制、缓解融资约束机制

① 此句源于孟轲《孟子·离娄上》：“离娄之明，公输子之巧，不以规矩，不能成方圆。”

和降低交易成本机制的作用下激励小微企业持续进行创新活动，然后通过市场机制、产权机制、报表机制、理性机制和治理机制促使小微企业走向现代化。

随着小微企业走向现代化，小微企业新质生产力将得以提高，小微企业治理将得以契约化，小微企业效率将得以提高，小微企业效益将得以增进，小微企业活力将得以激发，小微企业运行将得以高效，小微企业高质量发展将得以实现，小微企业现代化制度将得以建构，小微企业对国民经济的贡献将得以提升，小微企业促进国民财富积累将得以加速，小微企业推动国强民富将得以保障。可以看出，小微企业现代化的前景令人向往，其必将助力中国式现代化得以完成。

其实，在克服金融排斥、实现金融普惠、促进小微企业创新、助力小微企业走向现代化的过程中，解决的是小微企业货币资金的获得和配置问题。同时，小微企业货币资金的使用效率问题也特别重要，这也是小微企业克服金融排斥后确实要重点关注的问题，即小微企业金融普惠的高质量发展问题，其对小微企业创新和走向现代化来说特别关键，这也是我们后续继续深入研究的重点方向。

参考文献

[1]ALLEN F, GALE D. Financial markets, intermediaries and intertemporal smoothing[J]. Journal of Political Economy, 1997, 105(3): 523-546.

[2]ALLEN F, MCANDREWS J, STRAHAN P. E-Finance: An Introduction [J]. Journal of Financial Services Research, 2002(1/2): 5-27.

[3]ALLEN F, SANTOMERO A M. What do financial intermediaries do? [J]. Journal of Banking & Finance, 2001 (25): 271-294.

[4]AMERIKS J, CAPLIN A, LEAHY J. Wealth accumulation and the propensity to plan[J]. The Quarterly Journal of Economics, 2003, 118(3): 1007-1047.

[5]AMIR S. Information asymmetry and financing arrangements: Evidence from syndicated loans[J]. The journal of finance, 2007, 62(2): 629-668.

[6]ASLI D-K, KLAPPER. Measuring financial inclusion: Explaining variation in use of financial services across and within countries[J]. Brookings papers on economic activity, 2013(spring): 279-340.

[7]BARBER B, ODEAN T. Online investors: Do the slow die first? [J]. The Review of Financial Studies, 2002, 15(2): 455-487.

[8]BECK T, DEMIRGÜC-KUNT A, PERIA M S M. Reaching out: Access to and use of banking services across countries[J]. Journal of Financial Economic, 2007, 85(1): 234-266.

[9]BERNANKE B, GERTLER M, GILCHRIST S. The financial accelerator and the flight to quality[J]. The Review of Economics and Statistics, 1996, 28 (1): 1-45.

[10]CALVET L E, CAMPBELL J Y, SODINI P. Measuring the financial sophistication of households[J]. The American Economic Review, 2009, 99(2): 393-398.

[11]CAMPBELL J Y. Household finance[J]. The Journal of Finance, 2006, LXI(4): 1553-1604.

[12]COASE R H. The nature of the firm[J]. Economica, New series, 1937, 4(16): 386-405.

[13]DEGRYSE H, ONGENA S. Distance, lending relationships, and competition[J]. The Journal of Finance, 2005, LX(1): 231-266.

[14]DEMIRGÜC-KUNT A, KLAPPER L. Measuring financial inclusion: Explaining variation in use of financial services across and within countries[J]. Brookings Papers on Economic Activity, 2013: 279-340.

[15]DENIS D J, MIHOV V T. The choice among bank debt, non-bank private debt, and public debt: Evidence from new corporate borrowings[J]. Journal of Financial Economics, 2003(70): 3-28.

[16]DIAMOND D W. Financial intermediation and delegated monitoring[J]. The Review of Economic Studies, 1984, (3): 393-414.

[17]DIAMOND D W. Monitoring and reputation: The choice between bank loans and directly[J]. The Journal of Political Economy, 1991, 99(4): 689-721.

[18]FURUBOTN E G, RICHTER R. Institutions and economic theory: The contribution of the new institutional economics[M]. Ann Arbor: The University of Michigan Press, 2000.

[19]GABRIEL J, SALAS V, SAURINA J. Determinants of collateral[J]. Journal of Financial Economics, 2006 (81) : 255-281.

[20]GLOUKOVIEZOFF G. Understanding and combating financial excusion and overindebtedness in Ireland: A European Perspective—What could Ireland learn from Belgium, France and the United Kingdom? [M]. First published 2011 by The Policy Institute Trinity College, Dublin 2, 2011.

[21]GOMBER P J K, SIERING M. Digital finance and FinTech: Current research and future research directions[J]. J Bus Econ, Published online, 2017, 25(2): 537-580.

[22]HERRERA A M, MINETTI R. Informed finance and technological change: Evidence from credit relationships[J]. Journal of financial economics, 2007(83): 223-269.

[23]HIMMELBERG C P, PETERSEN B C. R&D and internal finance: A panel study of small firms in high-tech industries[J]. The Review of Economics and Statistics, 1994, 76(1): 38-51.

[24]JAPPELLI T, PISCHKE J, SOULELES N S. Testing for liquidity in euler equations with complementary data sources[J]. The Review of Economics and Statistics, 1998, 80(2): 251-262.

[25] JIMÉNEZ G, SALAS V, SAURINA J. Determinants of collateral[J]. Journal of Financial Economics[J]. 2006 (81) : 255-281.

[26]KEMPSON E, WHYLEY C. Kept out or opted ou? Understanding and combating financial exclusion[M]. Bristol: The Policy Press, 1999: 14-21.

[27]KRAUSE A. The optimal exclusion length of borrowers after default[J]. Economics Letters, 2022(220): 1-4.

[28] LENGER A, TAYMAZ E. To innovate or to transfer? A study on spillovers and foreign firms in Turkey[J]. J Evol Econ, 2006(16): 137-153.

[29]LEYSHON A, THRIFT N. Geographies of financial exclusion: Financial abandonment in Britain and the United States[J]. Transactions of the Institute of British Geographers, New Series, 1995, 20(3): 312-341.

[30] LEYSHON A, THRIFT N. The restructuring of the U. K. financial services industry in the 1990s: A reversal of fortune? [J]. Journal of Rural Studies, 1993(3): 223-241.

[31] LUSARDI A, MITCHELL O S. Baby boomer retirement security: The roles of planning financial literacy, and housing wealth[J]. Journal of Monetary Economics, 2007b(54): 205-224.

[32]LUSARDI A, MITCHELL O S. Financial literacy and retirement preparedness: Evidence and implications for financial education[J]. Business Economics, 2007a(1): 35-44.

[33] LUSARDI A, MITCHELL O S. Planning and financial literacy: How do women fare? [J]. American Economic Review: Papers & Proceedings, 2008, 98 (2): 413-417.

[34]MARANAS C D, ANDROULAKIS I P, FLOUDAS C A, et al. Solving long-term financial planning problems via global optimization[J]. Journal of Economic Dynamics and Control, 1997 (21): 1405-1425.

[35]ODEAN T. Are investors reluctant to realize their loses[J]. The Journal of Finance, 1998, LⅢ(10): 1775-1798.

[36]OKEYO S A, MULAKU G C, MWANGE C M. Statistical analysis of

small holder farmer financial exclusion: Case study of migori county, kenya[J]. Open Journal of Statistics, 2022(12): 733-742.

[37] PANIGYRAKIS G G, THEODORIDIS P K, VELOUTSOU CLEOPATRA A. All customers are not treated equally: Financial exclusion in isolated Greek islands [J]. Journal of Financial Services Marketing, 2002, 7(1) : 54-66.

[38] PETER G, KOCH J-A, SIERING M. Digital finance and fintech: Current research and future research directions[J]. J Bus Econ, Published Online, 2017, 25(2): 537-580.

[39] PETERSEN M A, RAJAN R G. Does distance still matter? The information revolution in small business lending[J]. The Journal of Finance, 2002, LVⅡ (6) : 2533-2570.

[40] VAN ROOIJ M, LUSARDI A, ALESSIE R. Financial literacy and stock market participation[J]. Journal of Financial Economics, 2011(101): 449-472.

[41] SHAHROKHI M. E-finance: status, innovations, resources and future challenges[J]. Managerial Finance, 2008(5): 1-37.

[42] STIGLITZ J E, WEISS A. Credit rationing in markets with imperfect information[J]. The American Economic Review, 1981, 71(3): 393-410.

[43] SUFI A. Information asymmetry and financing arrangements: Evidence from Syndicated Loans[J]. The Journal of Finance, 2007, 62(2): 629-668.

[44] TOK Y W, HENG D. Fintech: Financial inclusion or exclusion? [D]. IMF Working Paper, 2022, 5(80).

[45] TULLIO J, PISCHKE J-S, SOULELES N S. Testing for liquidity constraints in euler equations with complementary data sources[J]. The Review of Economics and Statistics, 1998, 80(2): 251-262.

[46] YANG X, LI H J, TANG J Q. Research on the influence degree and effect of support on innovation incentives for R&D personnel in micro and small enterprises: An empirical study based on the China micro and small enterprise survey (CMES)[J]. Contemporary Social Sciences, 2022(5): 16-23.

[47] ZELDES S P. Consumption and liquidity constrains: An empirical investigation[J]. Journal of Political Economy, 1989, 97(2): 305-346.

[48]蔡宏宇，阳超．数字普惠金融、信贷可得性与中国相对贫困减缓[J]．财经理论与实践，2021(7)：24-30.

[49]蔡庆丰，陈熠会，林焜．信贷资源可得性与企业创新：激励还是抑制?：基于银行网点数据和金融地理结构的微观证据[J]．经济研究，2020(10)：124-140.

[50]曹廷贵，苏静，任渝．基于互联网技术的软信息成本与小微企业金融排斥度关系研究[J]．经济学家，2015(7)：72-78.

[51]陈前恒，林海，吕之望．村庄民主能够增加幸福吗?：基于中国中西部120个贫困村庄1800个农户的调查[J]．经济学(季刊)，2014(1)：723-744.

[52]德鲁克．创新与企业家庭精神[M]．蔡文燕，译．北京：机械工业出版社，2022.

[53]菲尔普斯，博吉洛夫，云天德，等．活力：创新源自什么又如何推动经济增长和国家繁荣[M]．郝小楠，译．北京：中信出版集团，2021.

[54]甘犁，尹志超，贾男，等．中国家庭金融调查报告2014[M]．成都：西南财经大学出版社，2015.

[55]甘犁，尹志超，谭继军．中国家庭资产状况及住房需求分析[J]．金融研究，2013(4)：1-14.

[56]郭沛瑶，尹志超．小微企业自主创新驱动力：基于数字普惠金融视角的证据[J]．经济学动态，2022(2)：85-104.

[57]郭守亭，金志博．数字普惠金融对区域产业结构升级的空间溢出效应研究[J]．经济经纬，2022(11)：77-87.

[58]国家发展和改革委员会．中华人民共和国国民经济和社会发展第十四五个年规划和2035年远景目标纲要辅导读本[M]．北京：人民出版社，2021.

[59]国家统计局．中华人民共和国2022年国民经济和社会发展统计公报[EB/OL]．[2023-02-28]．http：//www.stats.gov.cn/sj/zxfb/202302/t20230228_1919011.html.

[60]国家行政学院经济学教研部．新时代中国特色社会主义政治经济学[M]．北京：人民出版社，2018.

[61]何婧，岳靓．“不能”还是“不愿”？非认知能力对农户信贷排斥的影响研究[J]．上海财经大学学报，2021(3)：95-106.

[62]何韧，刘冰勇，王婧婧．银企关系、制度环境与中小微企业信贷可得性[J]．金融研究，2012(11)：103-115.

[63]黄益平，黄卓．中国的数字金融发展：现在与未来[J]．经济学(季刊)，2018(4)：1489-1502.

[64]黄宇虹，黄霖．金融知识与小微企业创新意识、创新活力[J]．金融研究，2019(4)：149-167.

[65]江静琳，王正位，向虹宇，等．金融知识与基金投资收益：委托投资能否替代金融知识[J]．世界经济，2019(8)：170-192.

[66]金碚．中国建设全国统一大市场的战略思维：兼论市场体系演化的自发性与建构性[J]．北京工业大学学报(社会科学版)，2022(11)：1-10.

[67]鞠晓生，卢荻，虞义华．融资约束、营运资本管理与企业创新可持续性[J]．经济研究，2013(1)：4-16.

[68]鞠晓生．中国上市企业创新投资的融资来源与平滑机制[J]．世界经济，2013(4)：138-159.

[69]雷辉，刘鹏．中小企业高管团队特征对技术创新的影响：基于所有权性质视角[J]．中南财经政法大学学报，2013(4)：149-156.

[70]李朝阳，潘孟阳，李建标．数字金融、信贷可得性与企业创新：基于金融资源水平的调节效应[J]．预测，2021(6)：39-46.

[71]李春涛，宋敏．中国制造业企业的创新活动[J]．经济研究，2010(5)：55-67.

[72]李建军，彭俞超，马思超．普惠金融与中国经济发展：多维度内涵与实证分析[J]．经济研究，2020(4)：37-52.

[73]李建军，张丹俊．中小企业金融排斥程度的省域差异[J]．经济理论与经济管理，2015(8)：92-103.

[74]李建军，张丹俊．中小企业金融排斥的财务结构效应：来自我国中小企业板上市公司的微观证据[J]．经济管理，2016(6)：86-99.

[75]李建军，周叔媛．高管金融素养是否影响企业金融排斥?：基于缓解中小企业融资难的视角[J]．中央财经大学学报，2019(5)：19-32.

[76]李军．城乡居民教育人力资本对金融理财参与的影响研究[J]晋阳学刊，2018(4)：106-114.

[77]李涛，王志芳，王海港，等．中国城市居民的金融排斥状况研究[J]．经济研究，2010(7)：15-30.

[78]林毅夫，李永军．中小金融机构发展与中小企业融资[J]．经济研究，2001(1)：10-18，53.

[79]林毅夫，孙希芳．信息、非正规金融与中小企业融资[J]．经济研究，2005(7)：35-44.

[80]刘长庚，罗午阳．互联网使用与农户金融排斥：基于 CHFS2013 的实证研究[J]．经济经纬，2019(2)：141-148.

[81]刘瑞明．金融压抑、所有制歧视与增长拖累：国有企业效率损失再考察[J]．经济学(季刊)，2011(1)：603-618.

[82]刘睿智，王京．技术竞争导向下的创新投入与企业成长性：来自科技型中小微企业的调查数据[J]，财务研究，2021(1)：94-103.

[83]卢爱珍，周亚军．新疆经济转轨中的金融约束研究[D]．乌鲁木齐：新疆财经学院，2009.

[84]马光荣，杨恩艳．社会网络、非正规金融与创业[J]．经济研究，2011(3)：83-94.

[85]彭宝玉，李小建．1990 年代中期以来中国银行业空间系统变化研究[J]．经济地理，2009(5)：765-770.

[86]彭向刚，周雪峰．企业制度性交易成本：概念谱系的分析[J]．学术研究，2017(8)：37-42.

[87]钱弘道，范凯文．民间融资：契约精神与理性规制[J]．法学研究，2013(1)：197-205.

[88]秦璇，朱晓琦，方军熊．非生产性支出损害还是促进了企业创新行为：直接效应与溢出效应的检验[J]．研究与发展管理，2020(6)：140-151.

[89]邱茜，徐向艺．上市公司高管团队知识结构特征对技术创新的影响研究[J]．东岳论丛，2011(2)：159-163.

[90]萨克斯，拉雷恩．全球视角的宏观经济学[M]．费方域，等译．上海：格致出版社，上海三联书店，上海人民出版社，2004.

[91]苏静．信息成本、经济水平与小微企业金融排斥演化趋势[J]．哈尔滨工业大学(社会科学版)，2018(1)：49-57.

[92]孙永苑，杜在超，张林，等．关系、正规与非正规信贷[J]．经济学(季刊)，2016(1)：597-626.

[93]孙早，肖利平．融资结构与企业自主创新：来自中国战略性新兴产业 A 股上市公司的经验证据[J]．经济理论与经济管理，2016(3)：45-58.

[94]唐松，伍旭川，祝佳．数字金融与企业技术创新：结构特征、机制识别与金融监管下的效应差异[J]．管理世界，2020(5)：52-66.

[95]梯若尔．公司金融理论[M]．北京：中国人民大学出版社，2007.

[96]王德群．小微企业银行融资非利息负担重[J]．中国金融，2012(15)：93.

[97]王桂堂，赵紫剑．家庭金融理财[M]．北京：中国金融出版社，2013.

[98]王修华，赵亚雄．数字金融发展是否存在马太效应？——贫困户与非贫困户的经验比较[J]．金融研究，2020(7)：114-133.

[99]王志军．金融排斥：英国的经验[J]．世界经济研究，2007(2)：64-82.

[100]温涛，刘渊博．数字素养、金融知识与农户数字金融行为响应[J]．财经问题研究，2023(2)：50-64.

[101]吴庆田，朱映晓．数字普惠金融对企业技术创新的影响研究：阶段性机制识别与异质性分析[J]．工业技术经济，2021(3)：143-151.

[102]吴卫星，吴锟，王琎．金融素养与家庭负债：基于中国居民家庭微观调查数据的分析[J]．经济研究，2018(1)：97-109.

[103]吴卫星，张旭阳，吴锟．金融素养与家庭储蓄率：基于理财规划与借贷约束的解释[J]．金融研究，2021(8)：119-137.

[104]习近平．高举中国特色社会主义伟大旗帜　为全面建设社会主义现代化国家而团结奋斗：在中国共产党第二十次全国代表大会上的报告[R]．北京："学习强国"学习平台，2022.

[105]谢雅萍，黄美娇．社会网络、创业学习与创业能力：基于小微企业创业者的实证研究[J]．科学学研究，2014(3)：400-409，453.

[106]熊彼特．经济发展理论[M]．何畏，易家详，等译．北京：商务印书馆，2015：297.

[107]许圣道，田霖．我国农村地区金融排斥研究[J]．金融研究，2008(7)：195-206.

[108]杨君，肖明月，吕品．数字普惠金融促进了小微企业技术创新吗?：基于中国小微企业调查(CMES)数据的实证研究[J]．中南财经政法大学学报，2021(4)：119-131.

[109]杨汝岱，陈斌开，朱诗娥．基于社会网络视角的农户民间借贷需求行为研究[J]．经济研究，2011(11)：116-129.

[110]姚东旻，姜丽，王斐然．管理费用、交易成本与企业全要素生产

率：一个基于“营改增”改革的准实验研究［J］. 世界经济文汇，2022（2）：36-52.

［111］尹志超. 金融普惠与京津冀协同发展［M］. 北京：首都经济贸易大学出版社，2017.

［112］尹志超，李青蔚，张诚. 金融知识与家庭财务脆弱性：基于中国家庭金融调查数据的实证研究［J］. 财经问题研究，2023（2）：39-49.

［113］尹志超，宋全云，吴雨. 金融知识、创业决策与创业动机［J］. 管理世界，2015（1）：87-98.

［114］尹志超，宋全云，吴雨. 金融知识、投资经验与家庭资产选择［J］. 经济研究，2014（4）：62-75.

［115］尹志超，杨阳，张号栋. 金融普惠和京津冀家庭收入差距：来自CHFS数据的证据［J］. 北京工商大学学报（社会科学版），2017a（3）：13-21.

［116］尹志超，张号栋. 金融可及性、互联网金融和家庭信贷约束：基于CHFS数据的实证研究［J］. 金融研究，2018（11）：188-206.

［117］尹志超，张号栋. 金融知识和中国家庭财富差距：来自CHFS数据的证据［J］. 国际金融研究，2017（10）：76-86.

［118］尹志超，张号栋. 金融知识、自信心和家庭信贷约束［J］. 社会科学辑刊，2020（1）：172-181.

［119］尹志超，张号栋，杨阳. 金融普惠和京津冀家庭财富差距：来自CHFS数据的证据［C］//对外经济贸易大学金融学院. 金融科学，2017b.

［120］喻平，豆俊霞. 数字普惠金融、企业异质性与中国小微企业创新［J］. 当代经济管理，2020（12）：79-87.

［121］岳彩申. 民间借贷规制的重点及立法建议［J］. 中国法学，2011（5）：84-96.

［122］展鹏辉，周奕嘉，李伟军. 社会资本、进入壁垒与小微企业创新：来自中国小微企业调查（CMES）的经验证据［J］. 产业经济评论，2022（4）：139-159.

［123］张号栋，王潇然，焦继军. 金融排斥、流动性与小微企业技术创新决策［J］. 征信，2023（5）：65-72.

［124］张号栋，尹志超. 金融知识和中国家庭的金融排斥：基于CHFS数据的实证研究［J］. 金融研究，2016（7）：80-95.

［125］张号栋，尹志超，彭嫦燕. 金融普惠和京津冀居民失业：基于中国

家庭金融调查数据的实证研究[J]. 经济与管理研究，2017(2)：61-71.

[126]张瑞琛，温磊，宋敏丽，等. 减税降费、企业金融化和企业价值创造[J]. 经济问题，2022(8)：79-85.

[127]张维迎. 重新理解企业家精神[M]. 海口：海南出版社，2022.

[128]张雪春，徐忠，秦朵. 民间借贷利率与民间资本的出路：温州案例[J]. 金融研究，2013(3)：1-14.

[129]张友俊，文良旭. 交易、契约机制与自律：合水县民间借贷个案研究[J]. 金融研究，2002(4)：125-130.

[130]郑伟宏，廖林. 政府审计促进制度性交易成本降低的效果研究[J]. 审计研究，2021(5)：29-41.

[131]郑霞. 政策视角下小微企业融资机制创新研究[J]. 中央财经大学学报，2015(1)：41-46，52.

[132]中共中央宣传部. 习近平新时代中国特色社会主义思想学习纲要[M]. 北京：学习出版社，人民出版社，2019.

[133]中国经济普查年鉴2018[EB/OL]. (2023-11-01). http：//www.stats.gov.cn/tjsj/pcsj/jjpc/4jp/indexch.htm.

[134]中华全国工商业联合会. 民营经济，走向更加广阔的舞台[N]. 人民日报，2020-11-27.

[135]周利，廖婧琳，张浩. 数字普惠金融、信贷可得性与居民贫困减缓：来自中国家庭调查的微观证据[J]. 经济科学，2021(1)：145-157.

[136]周叔媛，李建军. 中国企业金融排斥状况研究：构建普惠金融体系的企业视角[J]，福建论坛(人文社会科学版)，2021(9)：134-145.

[137]周文，许凌云. 论新质生产力：内涵特征与重要着力点[J]. 改革，2023(10)：1-13.

[138]周月书，王雨露，彭媛媛. 农业产业链组织、信贷交易成本与规模农户信贷可得性[J]. 中国农村经济，2019(4)：41-54.

[139]周中胜，何德旭. 民营企业的政治联系、非生产性支出与R&D投资[J]. 科学学研究，2013(12)：1854-1863.

后 记

经过多年的斟酌、思考、探索、设计、求证、论证，在多个方面的共同努力下，《金融排斥对小微企业创新的影响研究》最终得以完成，感谢一路走来多方的辛勤付出、大量贡献和众多支持。

笔者最早涉足金融排斥的研究开始于新疆财经大学硕士论文《新疆中小企业金融排斥问题研究》，在导师卢爱珍教授的精心指导下，笔者进入了金融排斥问题的学术研究领域，从此对金融排斥问题产生了浓厚的学术兴趣，这些对本书的书写做了非常好的准备，在此对卢老师的辛勤付出和悉心教导表示诚挚的感谢。

在西南财经大学攻读博士学位时，笔者又从家庭视角对金融排斥问题进行研究，在导师尹志超教授的精心指导下完成博士论文《金融知识影响家庭金融排斥的微观机制研究》，研究金融知识对家庭金融排斥的影响及其流动性约束、现金持有和跨期消费替代微观机制，从此对微观经济主体金融排斥问题的影响及其微观机制研究经常出现在研究设计中。其间，在尹老师的持续鼓励和帮带下，笔者经常参加家庭金融中心组织的学术研讨活动，在金融排斥、金融普惠、金融知识、互联网金融等领域形成了一系列学术成果，之后习惯采用微观计量方法和工具变量方法对学术问题进行研究。这些对于本书的书写是非常重要的，在此对尹老师的辛勤付出和悉心教导表示诚挚的感谢。

从 2017 年初入职河南财经政法大学金融学院到 2021 年“河南省哲学社会科学规划”项目立项，笔者在河南财经政法大学金融学院原院长郑秀峰教授的不断鼓励和持续激励下多次进行项目申请，从项目申请的小白到科学研究问题的提出也是经历了曲折，同时多次深感公司金融的理论功底不足。恰好赶上河南大学经济学院举办 2020 年秋季学期金融学教师高级研修培训项目，在郑院长的支持下笔者参加了该为期 12 周的培训项目，系统学习了对外经济贸易大学金融学院江萍教授主讲的公司金融课程。江老师除了全面讲授公司金融的理论知识，还围绕公司金融方向研究展开系统化训练，从而制订了《金融理财与中国小微企业创新》研究计划，其间笔者有幸参加中南财经政法大学金融学院主办的第二届香樟金融学论坛，聆听到多篇企业创新方面的高质量论文，2021 年，最终形成“金融排斥影响小微企业创新的微观机制研究”的立项题目。在项目申请过程中，郑秀峰教授和江萍教授进行了推荐，并提出宝贵的申请建议，同时在以后的项目建设中进行了建设性的专家指导。在此，诚挚感谢郑院长和江老师的项目前期准备基础、推荐与专家建议。在项目建设阶段，西南财经大学中国家庭金融调查与研究中心和世界银行提供了十分难得的权威小微企业调查数据，为项目进行微观计量论证提供了扎实的数据支撑，诚挚感谢家庭金融中心和世界银行的微观数据支持。在阶段性研究成果的发表过程中，《征信》编辑部郑天恩编辑在项目阶段性研究成果的审核、修改、完善和规范等方面多次提出中肯性建议，这对项目研究报告的完成和成功的结项是十分宝贵的，诚挚感谢郑编辑在阶段性成果发表和结项中的重要贡献。其中，团队成员不仅在项目申请中反复斟酌、修改和完善，而且在项目建设过程中反复进行讨论、论证、修改、咨询、投稿和发表等，经过项目团队成员的通力合作，2023 年，本项目最终得以成功结项。之后，河南省哲学社会科学规划项目专家又为本研究成果提出非常难得的修改建议，尤其是在各章节内容及逻辑、现实应用方面给出了具体的完善方向，这对本书整体的框架结构和路径篇无疑是十分宝贵的，对此表示诚挚的感谢。在项目建设和本书书写过程中，金融学院原副院长焦继军教授在项目建设、论文投稿和修改、书稿构思和完善、本书的完成和出版等方面做了大量工作，对此表示诚挚的感谢。

在本书的书写过程中，还得益于金融学院院长赵紫剑教授在不断激励下多次申请国家社会科学基金项目与进行期刊投稿中的努力和心血，这些都为本书的完成做了充分的学术积淀，对此表示诚挚的感谢。

教研是相长的，本书的完成自然离不开多年来的授课和教学研究。在金融学院副院长孙书章副教授和谢巧燕副教授的鼓励与努力下，“金融学”“国际金融学”“金融市场学”的日常授课为本书也注入了源源不断的学术思想和灵感。同时，河南财经政法大学本科教学工程专题项目——“国际金融管理”课程教学范式改革与实践研究项目的建设为本书的理论分析和数理模型做出了很重要的贡献，对此表示诚挚的感谢。

喻军副教授在本书数理模型的构建、求解和论证方面付出了大量心血，这对本书的完成无疑是相当重要的，对此表示诚挚的感谢。

本书的完成离不开河南财经政法大学多个方面的鼎力支持，诚挚感谢学校科研系统和教务系统的保障作用，诚挚感谢学校财务系统资金的大力支持，诚挚感谢学校图书馆提供顺畅的文献使用和文献传递支持，诚挚感谢学校网络信息中心提供便利和快捷的文献下载渠道。

本书的出版离不开中国经济出版社以及中国经济出版社编辑姜静老师、王西琨老师做出的重要贡献，对此表示诚挚的感谢。

最后，诚挚感谢金融学院在课程安排上提供的充足时间以及领导、同事、同学、朋友和家人为本书完成提供的帮助与支持。

张号栋

2024年4月23日